古代歷史文化 研究輯刊

七編

王明蓀 主編

第9冊

南宋高宗朝宋金水戰
（1127～1162）

劉川豪 著

國家圖書館出版品預行編目資料

南宋高宗朝宋金水戰（1127～1162）／劉川豪 著 ― 初版 ―
新北市：花木蘭文化出版社，2012〔民 101〕
目 4+218 面；19×26 公分
（古代歷史文化研究輯刊 七編；第 9 冊）
ISBN：978-986-254-819-6（精裝）
1. 海防　2. 軍事戰略　3. 南宋
618　　　　　　　　　　　　　　　　101002876

ISBN-978-986-254-819-6

9 789862 548196

古代歷史文化研究輯刊
七 編 第九 冊　　　　　　ISBN：978-986-254-819-6

南宋高宗朝宋金水戰（1127～1162）

作　　　者	劉川豪
主　　　編	王明蓀
總 編 輯	杜潔祥
出　　　版	花木蘭文化出版社
發 行 所	花木蘭文化出版社
發 行 人	高小娟
聯絡地址	新北市永和區中正路五九五號七樓
	電話：02-2923-1455／傳眞：02-2923-1452
網　　　址	http://www.huamulan.tw 信箱 sut81518@gmail.com
印　　　刷	普羅文化出版廣告事業
初　　　版	2012 年 3 月
定　　　價	七編 24 冊（精裝）新台幣 38,000 元

南宋高宗朝宋金水戰（1127～1162）

劉川豪　著

作者簡介

劉川豪，畢業於淡江大學歷史學系碩士班，目前為臺灣師範大學歷史學系博士生，研究興趣是
南宋政治、軍事、戰爭、外交。

提　　要

　　本書從南宋高宗朝水軍戰史的研究出發，觀察水戰對當時國防政策的影響以及水軍的重要
性。首先盡力還原高宗朝六次重要宋金水戰（明州之戰、海道之行、太湖之戰、黃天蕩之役、
膠西之役和采石之役）的詳細經過，並分析其特色、成敗因素及影響。

　　六次水戰南宋皆成功運用水軍對金國造成巨大的威脅，究其因除每場戰役中宋金雙方雙方
的決策得失，以及某些不可抗力的因素外，南宋水軍建置的普遍、將領水戰素養的平均及技術
方面的優勢，是南宋水軍常勝的整體性因素。

　　由於幾次水戰的影響，以及疆域的地理特性，南宋的國防政策中，江海防禦成為一大課題，
高宗朝君臣對此有許多討論，並提出具體的執行方案。因特殊的國防態勢，使南宋朝野對於海
道有新的認識，對於其在國防、經濟上的作用有不少新看法，並未將其視為安全的後方，而是
另一道國防線。

目

次

緒　論

一、研究動機

　　有宋一代雖然文治鼎盛，武功卻相對較弱，疆域版圖為歷代正統王朝之殿末，面對強敵，往往耗費大量財帛以換取和平。北宋末年甚至因策略嚴重錯誤，導致金軍兵臨汴京（今河南開封）城下。

　　十二世紀初崛起於東北亞的女真人，在完顏阿骨打（金太祖，1068～1123，1115～1123 在位）帶領下，屢次戰勝東亞強權的契丹遼政權，迅速建立大金國。女真的建國，一舉打破當時東亞地區的國際平衡，原本宋遼對峙（或是宋遼西夏三強鼎立）的局面，由於女真的興起，致使整個國際情勢面臨重整。金國出人意料的強橫軍事力量，快速攻滅遼、北宋，逼降西夏，橫掃黃河以北及關中地區，當時中國境內僅剩趙宋皇室的漏網之魚趙構（宋高宗，1107～1187，1127～1162 在位）的南宋政權，尚可苟延殘喘。

　　衡諸南北軍事實力的對比，南宋局面實不甚樂觀，前途堪慮。不過南宋政權透過種種努力，得以在江南地區重獲安定，並延續了一百五十三年（1127～1279）的政權統治。其中高宗朝三十六年的努力，是個相當重要的時期。

　　南宋政權肇建之初，如何在金軍鐵蹄之下存活，並能建立穩定統治的因素，歷來史家多有討論。劉子健認為宋代包容政治的特色，使南宋可以建立內聚力極強的政體。以江淮地區為國防前線，將大海當作退路，運用東南沿海的財富建立足以和金國抗衡的軍隊，是南宋立國的基本形勢。〔註 1〕寺地遵

─────────────

〔註 1〕 劉子健，〈背海立國與半壁山河的長期穩定〉、〈包容政治的特色〉，氏著《兩宋史研究彙編》（臺北：聯經出版事業股份有限公司，1987 年 11 月），頁 21～77。

從政治史的角度出發，認爲中央收回軍權、與金國良好關係的締結和財政制度的逐漸成形，是南宋政權確立與穩定的最主要因素。〔註2〕以上兩者是對南宋立國因素的整體探討。

另有從單一層面進行討論者，如從軍事角度來論述者，認爲南宋初期「四鎮」招撫群盜、潰軍，在穩定內部秩序的同時，也逐步建立堪與金國抗衡的軍隊。際此之時，金軍的實力卻盛極而衰，因此金國有與南宋建立和平關係的必要，故促成宋金的議和。〔註3〕

由於南宋疆土大幅縮小，而維持軍隊運作、供養大批官員，需要龐大的經費與物資，所以從財政角度進行探討者，認爲高宗初年幾位大臣的財經政策，不論其政治立場如何，皆不脫以重稅養兵，只是輕重有別而已。故財政窘境的舒緩，也是高宗統治得以穩定的關鍵。〔註4〕

然不論從何角度觀察，南宋朝廷軍事力量的逐漸茁壯，皆是高宗朝得以安定下來的重要關鍵。其中水戰技術的精良屢爲史家所樂道，早在1954年方豪就已提及南宋水戰的重要性。〔註5〕翌年，旅美學者羅榮邦教授在其文章內指出，海軍在南宋時代的戰爭中具有決定性的地位，中國史上第一個專門的海軍單位——「沿海制置司」，就是成立於南宋。〔註6〕據此，李約瑟（Joseph Needham）認爲宋廷的南遷，導致中國第一次正式成立海軍，引起一連串軍事及海防上的發明。〔註7〕李東華亦指出由於南宋時期帝國重心移往東南，所以

〔註2〕 〔日〕寺地遵著，劉靜貞、李今芸譯，《南宋初期政治史研究》（臺北：稻禾出版社，1995年7月），第一章〈南宋政權確立時期的政治課題與政治主體〉，頁23～52。

〔註3〕 石文濟，〈南宋中興四鎮〉（臺北：中國文化大學史學研究所博士論文，1974年）。張峻榮，《南宋高宗偏安江左原因之探討》（臺北：文史哲出版社，1986年3月）。

〔註4〕 楊宇勛，〈南宋紹興和議前的財政政策〉，《史耘》第三、四期（1998年9月），頁1～37。

〔註5〕 方豪，〈宋代戰史隨筆〉，《方豪六十自定稿》（臺北：臺灣學生書局，1969年，原題〈宋代戰史〉，《中國戰史論集》第一冊，臺北：中國文化出版事業委員會，1954年6月），頁1281～1298。方氏認爲火藥武器及合州釣魚城保衛戰，亦值得論述。

〔註6〕 Jung-Pang Lo（羅榮邦）"The Emergence of China as a Sea Power During the Late Sung and Early Yuan Periods"（〈宋元之際中國海權的萌芽〉）*The Far Eastern Quarterly*, Vol. 14, No. 4, Special Number on Chinese History and Society.（Aug., 1955）: pp. 489-503.

〔註7〕 〔英〕李約瑟（Joseph Needham）著，鮑國寶等譯，《中國科學技術史》，四

對海上防衛力量開始講求、重視。〔註8〕因此，許多前輩學者皆已觀察到水戰對南宋的重要性。

但以上皆非仔細探討過南宋水戰後的論述，而是在研究其他課題時所旁及，往往點到爲止。最顯著的例子之一，即言南宋對水軍建設的重視，十有八九必定提到李綱（1083～1140）在建炎元年（1127）出任宰相時的軍事計劃，提議大規模建造戰船，籌組水軍，認爲此舉是南宋對水軍建設的重視，但甚少有人注意到李綱任相僅七十餘天即下臺，任內一切的政策全部被摒棄，軍事政策更被認爲不切實際，故李綱的規劃皆未付諸執行，促使宋室正視水軍建設者實非李綱，應是建炎（1127～1130）年間幾次水戰的經歷。由此例可見歷來的研究尚缺乏深入、全面的討論。

目前有關高宗朝水戰的討論，多是從政治史或軍事科技史的角度進行研究，尚未有專著對南宋高宗朝的水戰進行整理，以「黃天蕩之役」（1130）爲例，歷來史家咸認爲此戰是扭轉宋金軍事力量對比的一場關鍵戰役，此後金軍懾於長江天險，及南宋水軍的威力，不敢再輕言渡江。但對於此戰役的詳細經過，迄今爲止仍未有周全的整理及分析，僅有部分史事經過考證，遑論其他水戰的研究，更是付之闕如。

此外，論者對高宗朝的宋金水戰，南宋多次取得勝利之因，大抵概言江南地形不利邊疆民族的騎兵，以及宋軍擅長水戰等，雖然言之成理，但失之籠統。江南地形不利騎兵一事，似已成爲刻板印象，然蒙元亦是游牧民族政權，卻多次與南宋在水戰對抗中取得勝利。〔註9〕另有學人指出女眞在建國前，曾長時間活躍於海上，多次從海上劫掠高麗、日本，〔註10〕故女眞族建立的金國，該國軍隊是否完全不善水戰，恐不宜憑刻板印象遽下定論。故宋軍擅水戰之說，似乎是一種結果論的反推，即宋軍多次在水戰中得勝，所以

卷二分冊《物理學及相關技術：機械工程》（北京：科學出版社，1999 年 9 月），頁 471。

〔註8〕　李東華，《泉州與我國中古的海上交通（九世紀末～十五世紀初）》（臺北：臺灣學生書局，1986 年 1 月），頁 133～137。

〔註9〕　李天鳴，《宋元騎戰史》（臺北：食貨出版社，1988 年）；蕭啓慶，〈蒙元水軍之興起與蒙宋戰爭〉，《漢學研究》八卷二期（1990 年 12 月），頁 177～199；黃德輝，〈宋蒙（元）戰爭背景下的南宋水軍〉（四川大學歷史文化學院碩士學位論文，2007 年 4 月）。

〔註10〕藍文徵，〈海上的女眞〉，《民主評論（半月刊）》1953 年 12 月 16 日，頁 2～4。

宋軍就比較擅於水戰。因此，針對南宋水戰勝利的因素，甚至宋金雙方在水戰中的表現，都還值得深入析論，方能得其實情。譬如應該仔細研究的一個關鍵問題，究竟是宋軍確實在水戰方面有獨到之處，抑或只是金軍的水戰實力太弱！？

故本文所欲探討者，爲高宗一朝重要水戰的經過，試圖釐清各場水戰的詳細情況，用以觀察南宋水軍作戰的特色，並分析其勝敗原因。希望能確實理解水戰在南宋肇建之初所扮演的角色及影響，並給予適當的評價。

二、研究範圍、問題意識及研究限制

南宋肇建之初，政局動盪不安，面對金軍的軍事進攻，倚靠長江天險對抗，相對的，內部有許多盜賊、流寇和潰軍，也倚靠江湖之勢、舟師之力和南宋朝廷周旋，甚至東南沿海地區，有許多海盜出沒，威脅地方秩序的穩定。〔註11〕所以水戰對南宋朝廷而言，既是抵禦外侮的利器，也是穩定內部治安的手段。這一現象，不僅肇建之初如此，南宋中後期亦復如是，抵禦蒙元、平定海盜以維持對外貿易的暢通，皆要倚靠水戰。

在南宋一朝水戰相當重要，也深具研究的價值，其中南宋初期的水戰，是南宋從內外情勢演變中得以安定下來的重要關鍵之一。不過要展開南宋水戰的全面研究，涉及範圍龐大，非我現階段能力所及，因此，僅擇取南宋高宗朝的宋金水戰作爲研究範圍，主要討論建炎元年到紹興三十二年（1127～1162），宋金雙方之間的水戰，而高宗禪讓後的宋金水戰，以及南宋內部爲穩定社會秩序所發生的水戰，本文不多加討論，僅在必須時附加敘述。

由於史料及個人能力所限，無法對研究範圍內的大小水戰，一一討論，故只挑選重要的水戰進行探討。

選擇的標準，一是對於整個宋金之間形勢有決定性影響的水戰。據此標準，以建炎三年至四年（1129～1130）的「明州之戰」和「海道之行」，建炎四年的「黃天蕩之役」，紹興三十一年（1161）「膠西之役」和「采石之役」等五個戰役最爲重要。

「海道之行」是南宋高宗爲躲避金軍追擊所展開的行動，也是宋室最接近滅亡的時刻，此次逃亡的成功不僅使南宋政府得以倖存，也使南宋確立以

〔註11〕 周寶珠，〈宋代沿海人民在海上舉行的起義鬥爭〉，《河南大學學報（社會科學版）》1977年第六期，頁68～75。彭友良，〈宋代福建沿海人民的海上起義〉，《福建論壇（文史哲版）》1993年第二期，頁67～72。

海洋為退路的政策。而「明州之戰」是配合「海道之行」所發生的一次阻擊戰，此次戰鬥為水陸協同的守城戰，成功地拖延金軍追擊的腳步，為高宗的脫逃爭取了不少時間。

「黃天蕩之役」是南宋打擊金國軍方南渡長江信心的戰役，對日後的政治局勢，有巨大影響。紹興三十一年的「膠西之役」和「采石之役」，地點分別在山東外海與長江下游，兩場戰役的獲勝，彌補宋軍在陸戰上的劣勢，瓦解金海陵帝的南侵行動，間接導致海陵被弒，挽救面臨巨大危機的南宋政權。因此，上述五場水戰均有仔細探討的需要。

二是戰役經過本身具有特殊性。此以建炎四年的「太湖之役」作為個案進行研究。「太湖之役」雖僅是一場小勝，卻是一次利用小部隊水軍，進行奇襲戰術成功的戰例，在高宗朝水戰中頗具代表性，故此一戰役，因其特殊性有仔細探討的價值。

歷史研究雖要盡力接近客觀，但歷次水戰對於南宋而言，皆有重要意義，而目前所保留的相關史料，大抵出自宋人之手。因此，本文在評論分析時雖力持客觀，然論述時難免有從南宋角度出發的缺失，此是資料所限制使然，只能盡力平衡觀察，避免偏差。

對於戰役的研究，首先當要釐清其詳細經過，力求還原戰役的面貌後，方可進行分析，做出接近客觀的結論。欲達到此一目標，需要有足夠的資料，然幾個戰役資料的多寡，差異甚大：一是資料稀少。如「太湖之役」的資料，大多僅言陳思恭的勝利，但對於經過的相關記載幾乎付之闕如。二是資料繁多，卻又互相衝突。韓世忠「黃天蕩之役」就是一例。〔註12〕三是資料充分，幾乎不衝突，又可互補。李寶「膠西之役」就是這樣的例子。前二種情況，會造成研究上的困難，需要花費相當大的心力進行考證，後者則相對容易進行。

研究水戰，除釐清戰役的經過，及分析雙方在戰役中所展現的優劣得失之外，敵對雙方看待水戰的態度，以及相應的政策，本文間亦有所涉及。然

〔註12〕　「黃天蕩」之役的史料異同分析，可參見楊倩描，〈宋金鎮江「金山大戰」考實──宋金黃天蕩之戰研究之一〉，收於姜錫東、李華瑞主編《宋史研究論叢：第五輯》（保定：河北大學出版社，2003年11月），頁162。其認為「黃天蕩之役」的相關史料，可從戰役內容區分為四類：(1)僅記鎮江之戰者；(2)僅記鎮江之戰和建康之戰者；(3)將鎮江之戰、黃天蕩之戰和建康之戰混記者；(4)將鎮江之戰、黃天蕩之戰和建康之戰分記者。

由於史料的限制，本文僅重點觀察南宋一方，對於水戰抱持何種態度，主要集中在對於水軍的建設，及江海要地的防禦措施兩方面。至於金國由於史料太過缺乏，無法進行探討，這也是本文目前為止，尚無法克服的弱點。

三、研究回顧

（一）軍事史

1. 中國歷代戰史、宋金戰史

本研究屬戰史的範疇，歷來戰史研究領域對此一課題並未有專門的研究，大多是在通史性的戰史論著中，略提及此，這方面的著作，以臺灣三軍大學主編《中國歷代戰爭史》（臺北：三軍大學，1972 年）和大陸軍事科學院主編《中國軍事通史》（北京：軍事科學出版社，1998 年）為代表。前者專論戰爭，後者及於軍事的各層面，兩者雖對南宋水戰的重要性持肯定態度。然兩部著作皆採用通史的寫作方式，在瞭解當代軍事史及戰史的背景時，會有不小的幫助，但對細部問題的討論並不多。因此，對於宋金之間的水戰僅有簡單的敘述，也未見深入分析。

專門討論宋金戰史的學術論著，目前僅見沈起煒《宋金戰爭史略》（武漢：湖北人民出版社，1958 年），然本書寫作年代較早，以敘述戰爭過程為主，論述上帶有意識型態，較缺乏分析，敘述內容稍嫌簡略，水戰部分亦著墨不多。但由於此書是目前少見專論宋金戰史的論著，故仍有其參考價值。

單篇論文方面，有不少針對單一水戰作研究的文章，由於「黃天蕩之役」以及「采石之役」的相關研究，部分與這兩場戰役的主要人物，韓世忠（1089～1151）及虞允文（1110～1174）的研究重複，故這兩場戰役的相關研究，容後再論。在此僅回顧另一場比較受到關注的戰役，「膠西之役」的相關研究。此戰役受到關注的原因有二，一是此戰為中國首次大規模的海戰，一是此戰中宋軍使用火器取得空前勝利，是世界史上首次將火器應用在海戰中的戰例。由此兩點展開論述的學者眾多，〔註 13〕然大多數都沒有對水戰的經過深

〔註 13〕 張墨，〈唐島海戰：世界上首次使用火藥兵器的海戰〉，《中學歷史教學參考》1998 年第四期，頁 25。施征，〈李寶黃海奔襲戰〉，《海洋世界》2002 年第四期，頁 41、40。王云裳，〈世界歷史上首次使用火藥兵器的著名海戰——膠西海戰〉，《軍事歷史》2000 年第二期，頁 22～23。王曾瑜，〈南宋對金第二次戰爭的重要戰役述評〉，《紀念陳寅恪先生誕辰百年學術論文集》（北京：北京

入研究，只就其在海軍史和火器史上的突破性意義，進行論述，也將勝敗因素分析的太過簡單。僅朱保書〈宋金陳家島大海戰〉對南宋勝利之因，做過比較仔細的分析，〔註14〕劉川豪〈宋金膠西海戰勝敗因素分析〉則是全面分析敵對雙方的勝敗因素。〔註15〕

　　總體而言，戰史研究者對於南宋水戰的相關問題研究並不多，並沒有專論性的著作，甚至連專論宋金戰史的論著都相當少見，多屬於零散的戰役研究，且集中在少數的幾場戰役或是人物上，大部分的文章，皆有論述多、分析少的情形。

2. 中國海軍史

　　戰史論著之外，會關注到中國古代水戰這個課題的，是中國海軍史的相關論著。雖然大部分中國海軍史的論著，關心的是中國近代海軍的發展，但仍有部分論著涉及中國古代海軍。言及中國古代海軍的著作中，皆肯定南宋水軍在中國海軍史上的重要性，其間自會提到宋金之間的幾場水戰。此類著作中，以包遵彭《中國海軍史》（左營：海軍出版社，1951 年 2 月）問世最早，另張鐵牛、高曉星合著的《中國古代海軍史》（北京：解放軍出版社，2006年 1 月）和史滇生主編的《中國海軍史概要》（北京：海潮出版社，2006 年 2月），都談及南宋高宗朝的幾場水戰。但以上三書對這些戰役，僅是略述其經過，並未做詳盡的討論。

　　目前中國海軍史的相關研究中，並未見專門研究「宋代水軍」此一課題的專著，僅香港學界有黎周寶珠所撰以〈宋代水師之建立及其影響〉（香港大學碩士學位論文，1970 年）為題的學位論文，是目前所見專言宋代水軍的首篇論著。該文全面觀察宋代水師的發展及其作用，主要以水師的設置與訓練，以及各朝的主要水戰為論述重點。但要以約六萬字的篇幅，說明兩宋水師的發展，難免有簡略之嫌。

　　以南宋水軍為觀察重點的論著就比較多見，日本學者曾我部靜雄曾經就

大學出版社，1989 年 12 月一版一刷），頁 315～332。王曾瑜，〈世界上首次使用火藥兵器的海戰〉，《軍事史林》1989 年第一期，頁 42～45。〔日〕中嶋敏，〈南宋海將李寶事蹟〉，《東洋研究》一一三期，頁 1～17。

〔註14〕朱保書，〈宋金陳家島大海戰〉，《開封大學學報》1994 年第一期（開封：開封大學，1999 年），頁 22～28。

〔註15〕劉川豪，〈宋金膠西海戰勝敗因素分析〉，《中國歷史學會史學集刊》第三十九期（2007 年 9 月），頁 33～53。

此問題撰寫過單篇論文，近年來大陸學界也有兩本學位論文對此領域展開研究。曾我部靜雄〈南宋的水軍〉一文，論述的重點主要是南宋海軍的編制，以及民船的徵用。〔註16〕但此文篇幅較小，許多問題僅是點到為止，如南宋水軍兵員的數量如何估算，就是相當複雜的問題，文中僅是簡單說明，並未詳論。

何鋒〈十二世紀南宋海上防衛力量考察〉（湖北大學碩士學位論文，2004年5月）和王青松〈南宋的海軍〉（河北大學碩士學位論文，2004年6月）兩篇學位論文，幾乎是同時問世，顯見近來此領域的研究逐漸受到重視。何鋒論文的重點，主要在探討南宋海軍的實力，標準是船隻的數量及大小。船隻數量的估計，由於資料零散，臆測之處頗多，故結論仍待商榷。戰船的大小，則是利用《宋會要輯稿》〈食貨門〉中記載的戰船各項數據，作為主要史料，採用現代造船工程的計算公式，換算出船隻的噸數，再以此兩種數據為標準，衡量南宋海軍的實力。然此作法太過簡化，畢竟海軍的實力，並不能僅從船隻的數量及大小來進行評量，士兵水手的素質、後勤工作的支援和水軍將領的優劣等因素，都必須加以考量。

王青松之作則是論述南宋水軍的發展、編制及佈防、使用的武器和戰術等，並評論其在國防和穩定內部治安上的作用。此文比較全面的對於南宋海軍進行研究，但是絕大多數的問題都還值得深入探索，而水戰方面由於該文重點不在此處，因此，僅論述幾場水戰的政治意義，對於戰役經過和相關分析，亦付之闕如。

總體而言，中國海軍史的研究者，對於南宋海軍皆持正面肯定的態度，然現有研究大多只是在單一課題上有所突破，較為系統性的研究尚未見到。

3. 宋代軍事制度史

本文研究重點，除水戰戰役經過，及其勝敗因素外，南宋朝廷是否從水戰中得到經驗，並反映在政策面上，也是本文所關切的另一重點，故會涉及到軍事制度史的相關部分。目前宋代軍制史的著作中，全面論述宋代軍事制度者，王曾瑜《宋朝軍制初探》（北京：中華書局，1983年）一書為研究宋代

〔註16〕　〔日〕曾我部靜雄，〈南宋の水軍〉，氏著《宋代政經史研究》（東京：吉川弘文館，1974年3月），頁279～271。中譯為〈南宋的水軍〉，收劉俊文主編，索介然譯，《日本學者研究中國史論著選譯：第五卷「五代宋元」》（北京：中華書局，1993年9月），頁370～391。

軍事史時必備的參考書。此書有專論水軍的章節，概略論述兩宋水軍的發展，以及水軍的番號、駐地和人數等。但由於本書重點不在水軍，所以比較複雜的關連問題，作者尚無暇討論，如「沿海制置司」的水軍，就是值得再深入探索的課題。

王曾瑜之作付梓時，臺灣學界也有學位論文專對此領域進行探討，即譚溯澄〈宋代之軍隊〉（臺北：國立政治大學政治學研究所博士論文，1983 年）一文，此文重點在析論與宋代軍隊相關的各項議題，與王氏之作各具特色，但是在水軍方面的論述卻有重北宋，輕南宋的現象。而其結論中雖對水軍的重要性及開創性，多有讚揚，但認為南宋水軍之盛，是承宋太祖（趙匡胤，927～976，960～976 在位）大力建設水軍之餘蔭，[註17] 卻有待商榷。

除以上王、譚兩作之外，未見其他比較全面探討宋代軍制的著作，但有個別學者都在南宋水軍的單一研究課題上，取得不錯成果，如：顧宏義〈南宋許浦御前水軍考論〉、〈南宋兩浙沿海的水軍〉兩文，[註18] 及熊燕軍〈南宋沿海制置司考〉。[註19] 只是大多與本研究關係不大。

綜上所述，軍事制度史領域對宋代水軍的研究成果並不多，仍待努力，可喜的是近年來已有不少研究者，在此方面投注心力，成果指日可期。

（二）人物研究

冷兵器為主的戰爭型態中，統兵主帥的良莠，往往是戰役勝敗的重要因素之一。因此，研究重要戰役時，幾位主要人物的個人因素，是需要注意的。反之，研究重要人物時，其建立的戰功，亦往往是被探討的重點之一。因此，在此需對兩位歷來較受重視的人物，韓世忠和虞允文之研究成果，稍作回顧，範圍自然限於本文課題相關者，論述重點與本研究無關者，暫不列論。

1. 韓世忠與「黃天蕩之役」

鄧恭三（鄧廣銘）《韓世忠年譜》（重慶：獨立出版社，1944 年），[註20]

[註17] 譚溯澄，〈宋代之軍隊〉，頁 10 之 5～10 之 6。
[註18] 顧宏義，〈南宋許浦御前水軍考論〉，龔延明、祖慧主編，《岳飛研究（第五輯）》（北京：中華書局，2004 年 8 月），頁 311～325。〈南宋兩浙沿海的水軍〉，朱瑞熙等主編，《宋史研究論文集（十一輯）》（成都：巴蜀書社，2006 年 8 月），頁 153～168。
[註19] 熊燕軍，〈南宋沿海制置司考〉，《浙江大學學報（人文社會科學版）》三十七卷一期，頁 47～55。
[註20] 此書日後多次翻印，本文使用臺灣商務印書館 1986 年發行的版本。

是近代學界首度對韓世忠生平進行整理的學術著作，將眾多史料彙整排列，雖然限於體例，僅對部分史實有所考訂，並沒有全面性的討論，但仍爲後來的研究者提供許多便利。在論述「黃天蕩之役」時，也只是排列史料，並未進行深入的評析。〔註 21〕然就研究「黃天蕩之役」而言，本書史料收集尚非完備，缺乏《要錄》及《金史》對於此戰的相關紀錄，排比亦略有小誤，〔註 22〕不過整體而言，瑕不掩瑜，對後續研究的開展相當有幫助。

周寶珠〈關於宋金黃天蕩之戰的幾個史實問題〉，〔註 23〕是第一篇專論「黃天蕩之役」的學術文章，考證金軍開河次數及地點、宋金兩軍交戰的時間，梳理出戰役的大致經過，對部分問題的解決做出貢獻。

楊倩描〈宋金鎮江「金山大戰」考實──宋金黃天蕩之戰研究之一〉，〔註 24〕說明關於此戰各種史料的分歧，並考證宋金雙方在鎮江附近的戰況，認爲宋金雙方在鎮江附近並未爆發大規模的戰事，此一結論尚待商榷。然此文指出金軍在鎮江有開通河道的舉動，並考證該河道的所在地，確是一大貢獻。

此戰以「黃天蕩」爲名，但該地在何處，卻沒有詳細的資料可供判斷，而且該處的水文狀況如何，更是難以知悉，對本研究的進行，有相當大影響。所幸今人袁曉國〈韓世忠激戰金兀朮故址黃天蕩究竟在何處〉一文中，〔註 25〕結合文獻記載、實地訪談和科學測繪技術，提出相當具說服力的結論，說明黃天蕩就位在南京東北方的長江江面上。而管秋惠〈險惡黃天蕩〉，〔註 26〕則是引用許多明清時人的詩句，說明黃天蕩水文的險惡。

學位論文中，將韓世忠作爲討論重點的並不多。僅見石文濟〈南宋中興四鎮〉（臺北：中國文化大學史學研究所博士論文，1974 年）和宋志紅〈南宋

〔註21〕 鄧恭三，《宋韓忠武公世忠年譜》（臺北：臺灣商務印書館，1986 年 6 月），頁 72～83。

〔註22〕 建炎四年九月最末兩條（頁 87），記韓世忠駐軍秀州之事，當繫於建炎三年冬。

〔註23〕 周寶珠，〈關於宋金黃天蕩之戰的幾個史實問題〉，《史學月刊》1981 年第五期（鄭州：河南人民出版社，1981 年），頁 35～39。

〔註24〕 楊倩描，〈宋金鎮江「金山大戰」考實──宋金黃天蕩之戰研究之一〉，收於姜錫東、李華瑞主編《宋史研究論叢：第五輯》（保定：河北大學出版社，2003 年 11 月），頁 160～178。

〔註25〕 袁曉國，〈韓世忠激戰金兀朮故址黃天蕩究竟在何處〉，《南京史志》1985 年第五期，頁 10～13。

〔註26〕 管秋惠，〈險惡黃天蕩〉，《江蘇地方志》2003 年第二期，頁 30～31。

名將韓世忠研究〉（廣州：暨南大學博士論文，2006 年）兩篇。兩篇文章皆有論及「黃天蕩之役」，但論述不多。石氏之文，談到韓世忠的軍隊組織，宋文則涉及韓軍麾下諸將，此二處對於瞭解韓軍水師稍有助益。

　　整體而言，目前關於韓世忠「黃天蕩之役」的相關研究，尚缺乏全面性的討論，雖然一些單篇論文曾解決部分問題，但待研究的問題卻更多。

2. 虞允文和「采石之役」

　　針對「采石之役」的研究，目前最為學界所知的是陶晉生《金海陵帝的伐宋與采石戰役的考實》（臺北：國立臺灣大學文學院，1963 年），依據詳實的史料，陳述戰事經過，並考證雙方兵力、船隻和戰損三方面的數據。雖非全面性對此戰役進行研究，但詳細的史料亦為後續的研究奠定基礎。楊培桂所撰論文與陶晉生的說法相類，唯在海陵戰略失誤的分析上，有其獨到見解，頗具參考價值。〔註 27〕

　　林建曾在〈采石之戰及其指揮者虞允文〉一文中指出采石之役的獨特性，即南宋一方缺乏堅強團結的指揮核心、訓練有素的精銳之軍和充分的準備時間等三點，因此更突顯虞允文指揮的重要性，也點出宋軍在開戰前的困難。〔註 28〕董克昌〈采石之戰新論〉則是對於參戰的人數及戰役規模，進行仔細的考證，認為金軍雖然動員數十萬大軍，但是分散在各個戰線上，采石戰場上的實際數量並不多，僅與宋軍的數量相當，故認為此戰的規模並不大。〔註 29〕

　　施平、王曾瑜和龔延明等人為文，皆對此戰過程有所論述，施平所言比較詳盡，但缺分析。王曾瑜對經過僅作重點論述，以闡述此戰的意義為主。龔延明之文則是一篇簡單明瞭的通俗性文章，只有簡短的評論。〔註 30〕

　　整體而言，通史性著作中，水戰對南宋的重要性，歷來研究者皆持正面肯定的態度，但缺乏深入討論。包含前已述及的李寶「膠西之役」在內，高

〔註 27〕 楊培桂，〈金宋采石之戰研究〉，《台北商專學報》1973 年第一期，頁 317～342。

〔註 28〕 林建曾，〈采石之戰及其指揮者虞允文〉，《華西師範大學學報（哲學社會科學版）》1982 年第二期，頁 69～75。

〔註 29〕 董克昌，〈采石之戰新論〉，《北方論叢》1993 年第四期，頁 50～56。

〔註 30〕 王曾瑜，〈南宋對金第二次戰爭的重要戰役述評〉，頁 315～332。龔延明，〈虞允文和采石大戰〉，《歷史月刊》第三十七期（1991），頁 52～56。施平，〈虞允文采石破金兵〉，《北京師範大學學報（社會科學版）》1975 年第四期，頁 77～80。

宗朝較受重視的水戰有三場，研究者分別以不同的目的及角度進行探討。「黃天蕩之役」的研究，大多只是考訂部分史實，少見全面分析。「膠西之役」大多是注意其在火器史及海軍史上的歷史性意義。「采石之役」的研究，除析論其政治意義外，大多是集中在軍隊人數及船隻數量等數字的考據上。因此，針對個別人物及戰役的研究，較少關注該役在戰術戰略上的得失。

此外，還有幾場頗具特色的水戰，雖然有單篇論文進行論述，如：張俊（1084～1154）「明州之役」，[註31] 陳思恭（～1131）「太湖之役」，[註32] 張榮「縮頭湖之役」，[註33] 但數量不多，也顯示宋金水戰的研究，還有許多發揮的空間。

四、文獻分析

歷史研究要從史料閱讀出發，宋代史料繁多，以下大略說明本文所運用的主要史料。史料的簡介主要參考陳高華、陳智超等著《中國古代史史料學》及燕永成《南宋史學研究》兩書進行敘述，[註34] 參照部分不多贅引。

（一）官修正史及主要編年體史書

研究南宋高宗朝的歷史，兩部編年體的史書《建炎以來繫年要錄》（此下簡稱《要錄》）和《三朝北盟會編》（此下簡稱《會編》）是主要史料。《要錄》二百卷，[註35] 約成於寧宗（趙擴，1168～1224，1194～1224 在位）年間，編纂者為李心傳（1167～1244），此書記載高宗一朝三十六年的歷史，以官方的《日曆》、《實錄》、《會要》為依據，並廣泛蒐集各種相關記載，經過考訂之後撰成。書中對各種記載的異同，有詳細注文，說明史料的來源及去取的原則。由於《要錄》經過縝密的考訂，許多不同的說法也被收錄在注文中，因此，具備相當高的可信度以及參考價值。故本文史料，主要取材於

[註31] 林瑞翰，〈建炎明州之戰及紹興宋與偽齊之戰〉，《大陸雜誌》十一卷十二期（1955 年 12 月），頁 18～23。

[註32] 劉川豪，〈南宋初期將領陳思恭〉，《中正歷史學刊》第十期（2007），頁 229～265。

[註33] 殷勇，〈梁山泊水軍泰州抗金〉，《江蘇地方志》1999 年第四期，頁 55。

[註34] 陳高華、陳智超等著，《中國古代史史料學（修訂本）》（天津：天津古籍出版社，2006 年 9 月），第六章〈宋史史料〉、第七章〈遼金西夏史史料〉，頁 223～285；燕永成，《南宋史學研究》（蘭州：甘肅人民出版社，2007 年 1 月）。

[註35] 〔南宋〕李心傳，《建炎以來繫年要錄》（北京：中華書局，1988 年，據商務印書館《國學基本叢書》重印，此下簡稱《要錄》）。

此書。

　　《要錄》的傳世頗爲曲折，現今常見的《要錄》主要有三種版本，光緒五年（1879）仁壽蕭氏本、光緒八年（1882）廣雅書局本兩種刻本，以及 1936年商務印書館排印本。三個版本皆源自《四庫全書》，因《要錄》原本已佚失，是清修《四庫全書》時從《永樂大典》中將《要錄》輯出。因爲編撰《永樂大典》時曾在注文中加入其他後人著作，編撰《四庫全書》時又竄改許多文句、名詞，加上多次傳抄、翻刻所造成的誤漏、錯簡。因此，三個版本都有許多問題。商務印書館的排印本，雖然斷句錯誤甚多，然閱讀比較方便，故以此版本爲主，另參以《文淵閣四庫全書》本。

　　徐夢莘（1126～1207）《三朝北盟會編》二百卷，〔註36〕是研究宋金關係的重要史料。該書記宋徽宗（趙佶，1082～1135，1110～1125 在位）、欽宗（趙恒，1100～1156，1126～1127 在位）和高宗三朝與金國和戰、交涉的情形，將各項事件，按時間順序排列，把相關資料收錄在各事件下。該書徵引大量資料，且所轉錄原文未加改寫，因此，保存許多未傳世的珍貴材料。此書專記宋金關係，許多事件與《要錄》頗有不同，可以互相對照、補充。

　　《宋史》四百九十六卷，〔註37〕是元朝官修正史。雖然歷來對於《宋史》的批評甚多，且明代開始就有許多人著力於宋代歷史的重修，但都不能取代《宋史》的地位，可見此書自有其價值。《宋史》最主要的價值，在於留下大量原始史料。由於《宋史》的編撰過程短促，歷時僅二年半，許多內容都是存錄宋代《國史》、《實錄》和《日曆》等史館的官方資料，可以和《要錄》、《會編》參看。

　　研究戰史時，需要參照敵對雙方的資料，故清人趙翼（1727～1814）《廿二史箚記》嘗言：「宋金用兵需參觀二史」。〔註38〕因此，《金史》一百三十五卷，〔註39〕是本研究必須參考的資料。《金史》同樣是元朝官修的正史，費時僅一年零八個月，但歷來都認爲元朝官修的三部正史中（另一部爲《遼史》），

〔註36〕　〔南宋〕徐夢莘，《三朝北盟會編》（上海：上海古籍出版社，1987 年，據清光緒三十四年（1908）許涵度校堪本影印，此下簡稱《會編》）。關於《會編》尚可參看陳樂素，〈三朝北盟會編考〉，《中央研究院歷史語言研究所集刊》第六本（1936），頁 193～341。

〔註37〕　〔元〕脫脫等撰，《宋史》（北京：中華書局，1986 年 6 月新一版）。

〔註38〕　〔清〕趙翼著，王樹民校證，《廿二史箚記校證（訂補本）》（北京：中華書局，1984 年 1 月），卷 27，「宋金用兵需參觀二史」條，頁 611～613。

〔註39〕　〔元〕脫脫等撰，《金史》（北京：中華書局，1975 年 7 月新一版）。

以《金史》的質量最佳。此因金朝文獻相較遼宋兩國被保留的較爲完整，且許多金朝遺老，入元後致力於整理金國文獻。由於《金史》的修撰是在前人良好的基礎下進行，所以相對品質較好。而《金史》在記載戰事經過時，由於立場的不同，許多敘述可以補充宋人記載的不足，有助於考辨宋方記載的歧異。

（二）政書及次要編年體史書

上述幾項史料，是本文的基本史料，此外尚有一項史籍也是基本史料，即宋代政書《宋會要》，然此書全帙現已不存，所幸清嘉慶十四年（1809）時，徐松（1781～1848）奉命根據《永樂大典》進行《全唐文》的編輯工作時，利用職務之便，以官方資源進行《宋會要》的輯錄工作，後又屢經波折，方才使此一宋代重要政書的吉光片羽，得以《宋會要輯稿》（後此書簡稱《宋會要》）之名重新問世。〔註40〕此書收錄許多宋代政府施政的內容，對於本研究相當有幫助。如：〈食貨門〉中就有專記「戰船」的子目。

宋代政書尚有兩部對本研究有所幫助，一是馬端臨（1254～1323）《文獻通考》，〔註41〕該書編撰於宋末元初，書中專門列有「水戰」、「戰船」等的篇章。記錄雖然不多，但是評論相當有參考價值。一是李心傳《建炎以來朝野雜記》，〔註42〕此書雖然寫作方式近似筆記，但卻是以政書的形式編纂，對於許多水戰的經過及評價，可供參考。

南宋時人私修的編年體著作甚多，最著名的自是《要錄》及《會編》兩書，此外尚有許多著作，其中涉及南宋高宗朝史事的著作不少，其中熊克《中興小曆》一書，在南宋時甚具權威。本書約成於南宋孝宗（趙昚，1127～1194，1162～1189 在位）年間，可能是第一部高宗朝的編年史，雖然李心傳在《要錄》的注文中，屢屢對其記載提出質疑及訂正，且歷來學者對此書的記載內容多所批判，但無論如何此書仍有其重要性。《中興小曆》現僅存從《永樂大典》中輯出的《四庫全書》本四十卷（避乾隆之諱改名《中興小紀》），現今

〔註40〕〔清〕徐松輯，《宋會要輯稿》（臺北：新文豐出版股份有限公司，1976 年 10 月，此下簡稱《宋會要》）。關於《宋會要輯稿》的相關研究，可參見陳智超，《解開《宋會要》之謎》（北京：社會科學文獻出版社，1995 年 5 月）。

〔註41〕〔元〕馬端臨，《文獻通考》（北京：中華書局，1986 年 9 月，據商務印書館萬有文庫十通本影印）。

〔註42〕〔宋〕李心傳撰，徐規點校，《建炎以來朝野雜記》（北京：中華書局，2000 年 7 月）。

可見的各種版本，皆源自於此。1984 年福建人民出版社出版簡體橫排的標點本，〔註43〕是比較容易閱讀的本子。

　　然此書經四庫館臣之手後，避諱、錯漏之處亦不少。近年來「北京國家圖書館」發現清抄本《皇朝中興紀事本末》，學人辛更儒認為此即《中興小曆》一書，只是書名不同而已。〔註44〕然王曾瑜認為要將兩書合而為一，似需慎重，不妨並存，供研究者選擇。〔註45〕比較兩者內容，鈔本雖未經四庫館臣之手，故錯誤較少，但卷帙不齊。標點本卷秩雖較齊，但所據底本不佳，也不宜全部採用。故本文以鈔本為主，缺漏部分輔以標點本。

　　南宋私修編年體史籍眾多，紀有高宗朝史事者，除上述諸書外，尚有李埴《皇宋十朝綱要》二十五卷、佚名《宋史全文》三十六卷、佚名《中興兩朝聖政》六十四卷、劉時舉《續宋編年資治通鑑》十五卷等。以上諸書，由於使用不多，茲不細論。

（三）地理書及方志

　　研究戰役經過時，最重要的一點，就是戰役的地點，以及當地的地勢，這些地方能夠親歷考察自然最好，然本文研究所涉及的地點多是水域，經過近九百年之久，滄海桑田，原貌難見，故透過當時文獻的記載，設法探知當時該地的情況，自有必要。故本研究要大量倚靠地理書及當時的方志。

　　對本研究幫助最大的地理書，是明清之際顧祖禹（1631～1692）所撰的《讀史方輿紀要》，〔註46〕此書雖然是明末清初之作，但從軍事地理的角度出發編撰，收錄各地險要之處，及歷史上發生過重大戰事的地點，說明其意義和重要性。因此，本文多所借助，然該書內容龐多，不免有誤，故使用時仍需要小心考證。

　　此外還有幾部相當著名的地理書，其中兩部對本文有相當大的幫助，一

〔註43〕　〔宋〕熊克著，顧吉辰、郭群一點校，《中興小紀》（福州：福建人民出版社，1984 年，據清光緒十七年廣雅書局廖廷相刻本整理）。

〔註44〕　〔宋〕熊克，《皇朝中興紀事本末》（北京：北京圖書館出版社，2005 年 3 月，據北京國家圖書館藏清抄本影印）。關於清抄本的相關論述，可參見辛更儒所撰之〈序〉。（頁 1～5）

〔註45〕　王曾瑜，〈就整理和校點《皇朝中興紀事本末》與辛更儒先生商榷〉，《古籍整理》2003 年第六期，http://www.guoxue.com/gjzl/gj386/gj386_05.htm，2008 年 12 月 31 日。

〔註46〕　〔清〕顧祖禹撰，賀次君、施和金點校，《讀史方輿紀要》（北京：中華書局，2005 年 3 月）。

是王象之《輿地紀勝》二百卷，一是祝穆《方輿勝覽》七十卷。〔註47〕兩書皆成於南宋，體例也頗相似，祝書雖有頗多轉錄王書之處，但也有王書所無者，可以互相參考。此二書所記主要內容以各地名勝為主，惜對於軍事要地較少關注，不過仍會有一些頗具價值的訊息。如「黃天蕩之役」中「龍王廟之戰」的正確位置，因有《輿地紀勝》的記載，才得以考訂。

除地理總志外，尚有約三十部宋元方志傳世，北京中華書局將其中二十九部匯為一編，於1990年以《宋元方志叢刊》之名出版。流傳下來的方志中，以江南和東南沿海一帶佔絕大多數，與本文研究所關注的重點區域相符，因此，對本研究幫助甚大。除戰役經過及地勢的形容外，從方志中可以觀察地方政府和官員，對江海防以及水軍舟師的建設，採取何種態度與方法，這些正是本文所關切的重點之一。

（四）筆記、文集、奏議

宋代雕版印刷術發達，文人著述風氣興盛，許多士大夫的筆記文集流傳世間，對於各領域的研究有相當幫助，其中有許多戰役的詳細經過，在主要史料中往往比較缺乏，但筆記文集卻記下許多的內容，以下試舉幾例說明。

王明清（1127～）《揮麈錄》中收錄王廷秀所記〈高宗六龍幸海事〉和李正民（～1151）〈中書舍人李正民乘桴記〉兩篇，〔註48〕皆是記高宗建炎三至四年「海道之行」的情形，以日錄的方式進行記述，將高宗「流亡」海上時所發生的各項大事，逐日記述。王廷秀家居明州（今浙江寧波），對當時東南沿海一帶的情況知之甚詳，所記頗具價值。李正民時為中書舍人，跟隨高宗登舟下海，親歷其事，所言自是第一手報導，史料價值極高。此書另外收錄錢穆〈收復平江記〉，記有建炎四年「平江之難」的詳細經過，〔註49〕其中透露許多「太湖之役」的蛛絲馬跡，由於此戰相關資料甚少，此文至為珍貴。

〔註47〕〔宋〕王象之撰，李勇先點校，《輿地紀勝》（成都：四川大學出版社，2005年10月）。〔南宋〕祝穆撰、祝洙增訂，施和金點校，《方輿勝覽》（北京：中華書局，2003年6月，《中國古代地理總志叢刊》）。

〔註48〕〔宋〕王明清，《揮麈錄後錄》（上海：上海書店出版社，2001年8月），卷9，「穎秀又記高宗六龍幸海事」條，頁152～154；《揮麈錄三錄》，卷1，「中書舍人李正民乘桴記」條，頁176～181。

〔註49〕〔宋〕王明清，《揮麈錄後錄》，卷10，「錢穆〈收復平江記〉」，頁158～162。

王明清另一部筆記作品《玉照新志》，中收錄有胡舜申〈避亂錄〉一文，
〔註50〕記建炎三年冬金軍南侵之時，當時兩浙宣撫司參謀胡舜陟（1083～1143）
一家的逃亡過程，其中提到「太湖之役」前平江府城中的一些情況，對「太
湖之役」的研究頗有助益。更重要的是，當時胡家被韓世忠軍襄脅前往鎮江
（今江蘇鎮江）數日，目睹宋金兩軍在鎮江的對峙，有學者據以考證韓世忠
「黃天蕩之役」的經過。〔註51〕

對於建炎三至四年的戰役經過，除王氏兩書有相關內容外，趙鼎（1085
～1147）《建炎筆錄》，〔註52〕與王廷秀、李正民一樣，以日記的方式敘述當
時經過，趙鼎亦是親歷「海道之行」的官員，提供另一個觀察視野。以上這
幾項記錄，珍貴之處在於皆是第一手史料，雖然彼此之間略有出入，正可從
中看出身處不同環境之下的人，所體會的經歷是如何，對於部分事件的細節，
能有比較清楚的認識。

李綱的各種文集，經整理點校後以《李綱全集》為名出版。〔註53〕李綱
是南宋首任宰相，雖然執政時間僅七十餘天，但日後歷任各地地方大員，其
中許多奏議書信，有其對水軍建設及江海防禦等的意見，正可反映當時水軍
的情況。

上述史料中，兩部編年體史書是基本的材料，以《要錄》為主，《會編》
為輔，其他材料則是用以補充細節的部分。政書類則是在論述制度及政策時，
幫助較大，地理書則是用於瞭解當時的地理形勢。除這些原典之外，許多背
景論述的部分，本文引述今人專著或論文，作為背景概述，將在正文中提及，
此處暫不細論。

最後尚須說明一點，由於《要錄》和《會編》採擇史料重複甚多，因此，
許多史事的敘述雷同，故徵引史料時，除非兩者有甚大的出入，否則舉《要

〔註50〕　〔宋〕王明清撰，汪新森、朱菊如校點，《玉照新志》（上海：上海古籍出版
　　　　　社，1991 年 2 月），卷 3，〈避亂錄〉，頁 51～56。
〔註51〕　周寶珠，〈關於宋金黃天蕩之戰的幾個史實問題〉，《史學月刊》1981 年第五
　　　　　期（鄭州：河南人民出版社，1981 年），頁 35～39。楊倩描，〈宋金鎮江「金
　　　　　山大戰」考實──宋金黃天蕩之戰研究之一〉，收於姜錫東、李華瑞主編《宋
　　　　　史研究論叢：第五輯》（保定：河北大學出版社，2003 年 11 月），頁 160～
　　　　　178。
〔註52〕　〔宋〕趙鼎，《建炎筆錄》（鄭州：大象出版社，2008 年 1 月，《全宋筆記》第
　　　　　三編第六冊）。
〔註53〕　〔宋〕李綱著，王瑞明點校，《李綱全集》（長沙：岳麓書社，2004 年 5 月）。

錄》爲代表。

五、文章結構安排

本文除緒論及結論外，分爲五章。第一章主要論述建炎三年至四年，高宗爲躲避金軍追擊，逃亡入海時的兩場水戰，即張俊「明州之戰」與高宗「海道之行」。張俊「明州之戰」，阻滯金軍追擊的速度，是南宋對金作戰中水陸協同作戰的一次戰例。宋高宗「海道之行」中，成熟的航海技術以及張公裕的挺身而出，是高宗得以躲過金軍追擊的重要關鍵。

第二章討論建炎四年金軍撤退時，兩度遭到南宋水軍襲擊的戰役，即陳思恭「太湖之役」和韓世忠「黃天蕩之役」。陳思恭「太湖之役」，雖只是一場小勝，但卻是南宋一方反擊的開始，及水軍襲擊戰術的展現。韓世忠「黃天蕩之役」，成功打擊金國軍隊的自信，展現南宋在水軍方面的優勢。以上二章說明水戰在建炎三年至四年金軍入侵中，影響南宋存亡的重要性。

第三章，以紹興末年兩場重大水戰爲主題，呈現水軍在經過高宗朝二十餘年建設後所展現的成果。李寶「膠西之役」是相當成功的奇襲戰，也是一場大規模的海戰，該役成功殲滅金國的南侵艦隊，解除南宋海面上的威脅。虞允文「采石之役」是一場著名的水戰，虞允文在宋軍全面潰退的情況下，組織殘兵成功阻止金軍的渡江行動，在政治上有重大的意義。

第四章則是檢討高宗朝南宋多次在水戰中得利之因。南宋水戰多次得勝，自有其因，本文前三章是從單一戰役進行分析，所得結果普遍性不夠，因此本章試圖觀察高宗朝水軍的建置、雙方將領的落差以及南宋水戰技術的特色等方面的領先優勢，從政策、人才及技術三個角度切入進行論述。

第五章旨在觀察水戰對高宗朝國防政策的影響。水戰關係南宋生死存亡甚大，因此宋廷在國防政策上，勢必要對水戰做出準備，故本章從江海防禦、水軍建設以及對海道的認識三方面，檢討高宗朝廷做出何種相應對策。

第一章　生死一線
——高宗「海道之行」與張俊「明州之戰」

建炎三年（1129）秋，金軍大舉南攻，兵分二路深入江浙，直指宋高宗和隆祐太后（1073～1131），意圖將趙宋皇室殘餘成員一網打盡。追擊高宗的金軍由兀朮（完顏宗弼，～1148）指揮，突破長江防線後，迅速向南推進。宋高宗倉皇之下，登上海舟，逃往溫台地區（今浙江溫州、台州），才躲過金軍的追蹤。此一逃亡海上的過程，是南宋朝廷肇建之初最接近滅亡的一次，但也因此次經驗，南宋確立將海道當成退路的國防戰略。

這次流亡行動中，水軍在幾次軍事衝突中都適時發揮力量，是宋室得以延續的重要因素之一。以下將論析「明州之戰」以及「海道之行」兩次戰役的經過、決策得失以及水軍所發揮的效用。

第一節　戰前概況

建炎三年，甫肇建的南宋朝廷，處於多事之秋。金軍於建炎二年（1128）八月，兵分兩路，發動攻勢，各地宋軍節節敗退，陝西防線崩潰，兩河地區全部淪陷。但駐蹕揚州（今江蘇揚州）的高宗，面對金軍的強勢進攻，提不出任何有效的對策，僅簡單布置防線，並寄望求和的使者能發揮緩和作用。然金軍對高宗的求和置之不理，持續發動攻勢，向兩淮地區進兵。

建炎三年初，高宗一行已做好南逃的準備，將太后六宮等眷屬送往杭州（今浙江杭州），〔註1〕各項物資亦已裝載上船待命。〔註2〕然高宗仍寄望可以

〔註 1〕　《要錄》，卷18，「建炎二年十月甲子」條，頁360；卷18，「建炎二年十二月乙卯」條，頁372。

與金軍和談，因此停留在揚州等待。但高宗與主政的黃潛善（1078～1130）、汪伯彥（1069～1141）等人，並未能掌握精確的情報，誤將逐漸逼近的金軍，當作是流寇李成的人馬，〔註3〕導致金軍兵臨揚州城下時，高宗方知情況緊急。於是高宗顧不及通知百官，僅帶數人隨行，於二月三日凌晨，倉皇逃離揚州，南渡至鎮江。〔註4〕

天明後，官員才發現高宗已南逃，及金軍逼進的危機，與此同時，消息也在揚州城中傳開，於是官員、軍隊、百姓，爭相南渡，但舟船有限且航道狹小，短時間內無法運輸大量人員，因此大部分的人員及物資皆未能於敵軍抵達之前撤離揚州，因而落入金軍之手。〔註5〕

南渡的高宗，稍微布置防務之後，迅即前往杭州。但抵達杭州後不久，護衛軍將領苗傅（～1129）及劉正彥（～1129），由於不滿高宗寵信宦官及任用與宦官交好的王淵（～1129）爲同簽書樞密院事，乃發動軍事政變，強逼高宗退位，由太子繼位，隆祐太后垂簾聽政，改元「明受」，〔註6〕故史稱「明受之變」。

此次軍事政變，苗劉二人並未獲得任何響應，反之駐守外地的方面大員及領兵武將，以呂頤浩（1071～1139）、張浚（1097～1164）、劉光世（1086～1142）、張俊和韓世忠等人爲首組成勤王軍，迅速往杭州推進，苗劉不敵勤王軍，逃出杭州城，高宗復辟。

此次軍變，是高宗朝最嚴重的叛亂之一，大幅影響此後高宗對武將的看法及態度。亂事稍息後，勤王軍諸領袖，以復辟之功受到重用，進而掌握朝政，由於呂頤浩、張浚等人的對金態度傾向積極主戰，故高宗將駐蹕地點移往建康（今江蘇南京），有重整旗鼓，積極與金國抗戰的宣示意義。〔註7〕

〔註2〕 《要錄》，卷20，「建炎三年二月庚戌朔」條，頁389。

〔註3〕 《要錄》，卷19，「建炎三年正月己酉」條，頁386～387。

〔註4〕 《要錄》，卷20，「建炎三年二月壬子」條，頁390。

〔註5〕 《要錄》，卷20，「建炎三年二月壬子」條，頁390～391。

〔註6〕 《要錄》，卷21，「建炎三年三月癸未」條，頁416～421。參見〔明〕馮琦、沈越、陳邦瞻，《宋史紀事本末》（臺北：鼎文書局，1978年3月），卷65，〈苗劉之變〉，頁663～671。〔日〕寺地遵著，《南宋初期政治史研究》，頁78～81。

〔註7〕 「明受之變」對南宋初期政局的影響，可參見〔日〕寺地遵著，《南宋初期政治史研究》，頁77～86。

　　然而高宗駐蹕建康後不久，金兵獲悉高宗在建康府的消息，準備舉兵侵入江浙，〔註8〕高宗聞訊後召集大臣、諸將，商議臨時政府應前往何地，〔註9〕最後決議遷回臨安（今浙江杭州），於是開始安排前線防務。整體的防備布置，以杜充（～1140）為首，將建康府作為長江防線的中心，駐守重兵十餘萬，另以韓世忠守鎮江府、劉光世駐太平州（今安徽當塗），將韓、劉二軍與多支御前、御營軍的指揮權，皆交給杜充。〔註10〕另以周望駐守平江府（今江蘇蘇州），節制巨師古、陳思恭、李貴等數支軍隊，〔註11〕高宗則是在張俊、辛企宗等軍的扈從下前往臨安。

　　金軍攻勢凌厲，接連攻陷淮南要地，直撲長江防線。高宗覺得不安全，於是渡過錢塘江，前往越州（今浙江紹興），其用意有二，一是藉錢塘之險，再構築一道防線；二是越州離航海重鎮明州較近，危急時方便登舟逃難。

　　主持長江防務的杜充，缺乏領導能力，御將無方，不能有效整合手下的部隊，甚至因為手段殘酷，動輒對將領處以重罰，導致韓世忠與劉光世都不願接受其指示。因此，金軍迫近長江時，宋軍雖有部分將領，進行零星抵抗，仍無法挽回頹勢，長江防線迅速崩解，杜充出逃，建康失守。

　　金軍渡過長江，攻陷建康後，在兀朮的領軍之下，迅速由太湖西側，經廣德軍（今安徽廣德）、湖州（今浙江湖州），翻越獨松關，直撲臨安。〔註12〕高宗見勢態緊急，隨即展開逃亡之旅。

第二節　戰役經過

　　「明州之戰」和「海道之行」雖是兩個不同的事件，但皆在高宗流亡行動中佔有重要地位。就時間先後而言，高宗先登舟出海後，才發生「明州之戰」，然「海道之行」比較緊張的時刻，則是在「明州之戰」後。簡言之，高宗流亡海上之際，「明州之戰」正在進行，如欲將兩者分開敘述，則不易連貫。因此，此處將敘述高宗流亡海上的始末，特別對這兩次事件作比較仔細

〔註8〕　《要錄》，卷25，「建炎三年七月壬寅」條，頁516。高宗駐蹕江寧府之後，改江寧府為健康府，見《要錄》，卷23，「建炎三年五月乙酉」條，頁483。
〔註9〕　《要錄》，卷27，「建炎三年閏八月丁亥」條，頁532。
〔註10〕　《要錄》，卷27，「建炎三年閏八月辛卯」條，頁549。
〔註11〕　《要錄》，卷28，「建炎三年九月庚午」條，頁557。
〔註12〕　《金史》，卷77，〈宗弼〉，頁1752。《要錄》，卷30，「建炎三年十二月癸未」條，頁585。

的說明。

由於高宗流亡的過程，有王廷秀、李正民和趙鼎三位當時人留下的紀錄，〔註13〕李、趙二人更是當時隨侍高宗於海上的朝臣。《要錄》記此段經過時，參酌許多資料，並考其異同，已進行初步整理，觀其注文，雖未提及趙鼎的說法，但其本文與趙鼎所言頗多暗合之處，當亦有所參考。故《要錄》雖是以旁觀者的角度撰寫，難以體會高宗一行的感受，但對研究卻提供相當大的便利性。因此，本文敘述此段史實時，將從王、李、趙三人的紀錄為主，再輔以《要錄》等資料，試圖從高宗一行人的角度，觀察這次行動的經過。

一、登舟前夕

金軍突破長江防線之際，南宋朝廷位於越州。十一月二十日，前線杜充傳來戰報，稱邀擊欲自建康渡江的金軍，獲得小捷，請高宗親征，鼓舞士氣。〔註14〕十一月二十二日，高宗與朝臣商議後，採納汪藻（1079～1154）、李正民的意見，準備前往第二道防線的平江府坐鎮指揮。此一決策的考量是，平江府有周望江淮宣撫司軍，稍北處的鎮江府有韓世忠軍，兩支軍隊足以保護高宗的安全。如戰事不利，還可迅速登上海船避敵，於是高宗決定率張俊和郭仲荀（～1145）兩軍前往平江。翌日（23），宋廷宣布即將親征的消息，並派三千人的先遣部隊出發。〔註15〕

十一月二十五日，宋高宗從越州出發，晚上至錢清堰，正在整備之際，前線傳來杜充軍潰的戰報，而且金軍已經於十一月十九日渡江，臨安守臣更是傳來金軍已迫近臨安界的急報，高宗一行遂倉促返回越州。〔註16〕隔日（26）返抵越州後，召集大臣於河次亭商議行止。前晚杜充敗訊送抵之時，高宗問計於輔臣，呂頤浩就建議登海舟避敵，其議曰：「今若車駕乘海舟以避

〔註13〕 〔宋〕王明清，《揮麈錄後錄》，卷9，〈穎彥又記高宗六龍幸海事〉（此下簡稱〈幸海事〉），頁152～154；《揮麈錄三錄》，卷1，〈中書舍人李正民乘桴記〉（此下簡稱〈乘桴記〉），頁176～181。〔宋〕趙鼎，《建炎筆錄》，卷上，〈己酉筆錄〉（此下簡稱〈筆錄〉），頁101～112。王廷秀，《要錄》作王庭秀，見卷29，「建炎三年十一月己巳」條注文，頁579。

〔註14〕 〈幸海事〉，頁152。

〔註15〕 〈筆錄〉，頁105。〈乘桴記〉，頁177。

〔註16〕 〈幸海事〉，頁152。〈乘桴記〉，頁177。趙鼎稱杜充軍潰於二十日。見〈筆錄〉，頁105。

敵，既登海舟之後，敵騎必不能襲我。江浙地熱，敵亦不能久留。俟其退去，復還二浙，彼入我出，彼出我入，此正兵家之奇也。」〔註 17〕該論頗得高宗認同。此次召集大臣商議，就是要討論逃亡入海的可行性及相關事宜，此議雖有反對意見，但高宗心意已決，下令前往明州避敵，〔註 18〕翌日（27）即遣張公裕前往明州徵集船隻。〔註 19〕當時雖然天候不佳，但情況緊急，仍在二十八日冒大雨出發，將張俊軍留在越州，以辛企宗的御營中軍和李質所率殿前司班直爲護衛。〔註 20〕

　　高宗一行沿途舟車勞頓，於十二月四日抵達明州，與此同時，年初前往福建招募海船的監察御使林之平，率所徵集的船隻陸續前來，〔註 21〕負責籌備船隻的張公裕也已準備好千餘船隻，其中林之平籌集的海船共有二百餘艘，〔註 22〕張公裕挑選出二十艘海船供高宗使用。〔註 23〕於是朝廷決議就在明州登舟出海。

　　不意十二月九日爆發禁衛騷動事件，使航海的計畫出現些許波折。動亂的導火線，綜觀各家的記載，大致有兩種說法，一是禁衛不願意出海，因而聚眾鬧事，他們質問大臣「欲乘海舟何往？」〔註 24〕更有甚者，還欲攻擊宰相。〔註25〕然趙鼎卻記錄另一種說法：

　　　　先是，遣監察御史林之平使閩廣發船運，至是米舟百隻至岸，朝廷以爲天賜此便。兼聞敵騎已犯建昌（今江西永修），且遣人傳檄邵武（今福建邵武），遂有乘桴之計。即下令每舟一隻載衛士六十人，人不得過兩口。衆輩相謂曰：「我有父母。」或曰：「我有二子，不知所以去留。」訴於皇城司內侍陳宥，宥率眾人同稟於朝。是日宰執入奏事，至殿門，宥迎諸公言之，衛士立砌下，人既眾，陳訴紛紛，

〔註17〕　《要錄》，卷29，「建炎三年十一月己巳」條，頁578。
〔註18〕　《要錄》，卷29，「建炎三年十一月庚午」條，頁579。
〔註19〕　《要錄》，卷29，「建炎三年十一月辛未」條，頁580。
〔註20〕　〈乘桴記〉，頁177～178。〈筆錄〉，頁105。
〔註21〕　〈幸海事〉，頁152。〈乘桴記〉，頁178。〈筆錄〉，頁105。三者對於抵達明州的時間，互有出入，然〈乘桴記〉及〈筆錄〉分別記爲五日及四日，相距僅一天，由於兩者皆是從行官員，當不致有太大誤差，兩者的差距，表示抵達時間可能爲深夜。本文姑從〈筆錄〉說法。
〔註22〕　《要錄》，卷30，「建炎三年十二月己卯」條，頁583。
〔註23〕　《會編》，卷135，「十九日癸巳車駕幸定海」條，頁7b～8a。
〔註24〕　〈乘桴記〉，頁178。
〔註25〕　〈幸海事〉，頁152。

> 稍出不遜語，間有斥罵者。殿帥李質挺身當立止遏之，諸公趨入殿
> 門，遂止。事出一時，非本謀爲亂也。〔註26〕

由此可見，事件起因於船隻數量有限，朝廷限制乘船人數，導致大部分的禁衛，無法顧全自己家眷。所以禁衛群聚陳情，卻因人數太多，導致場面失控，實非有意作亂。

不論事件起因爲何，總是因航海而起，甚至有宰執官險被攻擊，所幸處置得宜，沒有大臣受害，只是虛驚一場。然高宗君臣卻不能容忍這樣的事件再度發生，於是調辛永宗軍拘捕鬧事的禁衛，〔註27〕處斬爲首者數人，其他人分撥至各支軍隊，解散禁衛軍，此次事件暫告落幕。

二、上船避敵

在禁衛軍騷動事件發生的同時，金軍已在當天（12月9日）越過臨安重要關口獨松嶺，直撲杭州城。〔註28〕十二月十一日，金軍進犯臨安，錢塘（今浙江杭州）縣令率民兵力戰，臨安守臣康允之卻遁走赭山。〔註29〕十四日，金軍至杭州城下，康允之棄城的消息傳至南宋行在。〔註30〕情況日趨緊急，高宗下令解散百官，使其在明、越、溫、台等地自行躲避，僅留兩府大臣，及御營司參議官從行。〔註31〕翌日（15），高宗在大雨中登舟，群臣「去者有風濤之患，留者有兵火之虞」，〔註32〕彼此相顧失色，顯見情況之險惡。高宗登舟當天，臨安城即被金軍攻陷。〔註33〕

十六日，高宗一行到達出海口的定海，此時傳聞有金國使者前來，爲免金人得知高宗船隊的行蹤，乃於十七日派遣參知政事范宗尹（1098～1136）、御史中丞趙鼎和給事中汪藻等人，前往明州等待金使，高宗一行停留定海（今浙江鎮海）駐泊。〔註34〕

〔註26〕〈筆錄〉，頁105～106。
〔註27〕〈乘桴記〉，頁178。〈筆錄〉，頁105。王廷秀記爲張思正軍。見〈幸海事〉，頁152。
〔註28〕《要錄》，卷30，「建炎三年十二月癸未」條，頁585。
〔註29〕《要錄》，卷30，「建炎三年十二月乙酉」條，頁586。
〔註30〕〈乘桴記〉，頁178。〈筆錄〉，頁106。
〔註31〕〈乘桴記〉，頁178。
〔註32〕〈筆錄〉，頁106。
〔註33〕《要錄》，卷30，「建炎三年十二月己丑」條，頁587。《金史》記克杭州於丁亥日（13）。見卷3，〈太宗紀〉，頁60。
〔註34〕〈幸海事〉，頁152。〈筆錄〉，頁106。

圖 1-1：高宗越州至昌國路線圖

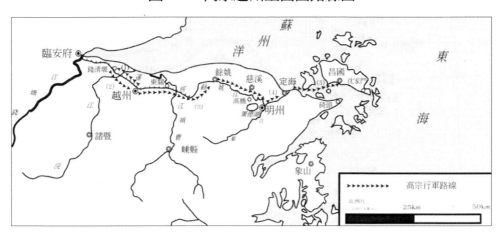

說明：據譚其驤，《中國歷史地圖集》（北京：中國地圖出版社，1982 年 10 月），第六冊「宋
　　　遼金時期」，〈南宋‧兩浙西路兩浙東路江南東路〉，頁 59～60 繪製。此下各路線圖皆
　　　以此圖爲底圖繪製，不另註出。
各段起迄時間：(1) 建炎三年十一月二十五日早出發，十一月二十五日晚抵達。
　　　　　　　(2) 建炎三年十一月二十六日早出發，十一月二十六日晚抵達。
　　　　　　　(3) 建炎三年十一月二十八日出發，十二月四日抵達。
　　　　　　　(4) 建炎三年十二月十五日出發，十二月十六日抵達。
　　　　　　　(5) 建炎三年十二月十八出發，十二月十九日抵達。

　　十八日傳聞中的金使抵達明州，才發現是南宋此前派出使者的官屬盧
伸，以及歸朝官程暉被兀朮逼迫攜帶國書前來，亦即前來的使者並非正式使
者，僅是傳遞書信而已，且所謂的「國書」，史稱「語極不遜」，〔註 35〕由此
推測，該封書信應是語帶恐嚇的勸降信，故與金國已無談判的可能，因此
高宗船隊迅速離開定海，於十九日航抵舟山群島的昌國縣（今浙江定海）。
〔註 36〕同一時間，金軍已渡過錢塘江，往越州推進。〔註 37〕二十日杭州城陷
的消息傳至明州，原留越州的張俊軍也開始往明州移動。〔註 38〕

　　宋廷將張俊留在越州，其本意應是希望張俊能抵擋金軍追擊的腳步，至
少也要阻滯金軍的速度，爲逃亡的高宗一行爭取時間。然張俊卻自行撤退，
於二十二日抵達明州，並向高宗要求海船，準備隨駕入海。但船隻數量本就
有限，才會有禁衛軍動亂的發生，此時自然無舟船可供給張俊軍搭乘，而且

〔註 35〕　〈筆錄〉，頁 106。
〔註 36〕　〈乘桴記〉，頁 178。
〔註 37〕　〈筆錄〉，頁 107。
〔註 38〕　〈辛海事〉，頁 178。

宋廷本意正是要張俊拖延金軍的追擊。故高宗下親筆詔，命令張俊軍留駐明州抵禦金軍，並承諾如擊敗金軍，即封以王爵。〔註39〕

三、明州之戰

明州之戰的指揮官張俊，字伯英，是南宋中興名將，少年從軍，北宋末參加多次對外戰爭，立下戰功。靖康末年，時為康王的高宗任兵馬大元帥，於河北開府號召各地軍隊勤王。張俊隨信德府（今河北邢台）守臣梁楊祖加入大元帥府。高宗即位後，張俊始終是其手下的重要將領之一，「明受之變」時張俊軍是勤王的主力，有復辟之功，對金齊作戰、清剿群盜等軍事行動，張俊軍多所參與，是相當重要的一支武力，日後長期駐守建康，建立許多功勞。〔註40〕但其人評價爭議性頗大，作戰並不如韓世忠、岳飛等人積極，甚至有數次棄城而逃的紀錄，他參與構陷岳飛一事，更是令人非議。〔註41〕

張俊在莫可奈何下，開始進行作戰準備。首先採納當地士人劉相如的建議，揭榜通衢，說明抵抗的決定，激奮民心士氣。接著展開堅壁清野的工作，張俊軍在明州城周圍三十里，徵集大量的戰鬥物資，除提供自身需求外，旨在斷絕金軍任何有用的資源。但此作為，卻引起民間的不滿，尤其許多軍事資源，原屬民生資源，強行蒐羅一空，形同盜匪，自會引發反彈，因而爆發許多衝突。〔註42〕與此同時，張俊號召死士前往偵察逐漸逼近的金軍情報，一名叫任存的軍兵，自願請行，取得金軍情報之餘，還獲金人二首而返。〔註43〕張俊在瞭解金軍的情況後，進行措置，做好準備，等待金軍前來。

金軍攻陷杭州後，兀朮派遣阿里、蒲盧渾率軍四千人續行追擊，〔註44〕沿途勢如破竹，十二月二十四日，越州城降，〔註45〕金軍未多停留，迅即攻

〔註39〕 《要錄》，卷30，「建炎三年十二月丙申」條，頁591。詔書見《宋史》，卷369，〈張俊〉，頁11471。

〔註40〕 張俊戰功可參見石文濟，〈南宋中興四鎮〉，頁253～256。

〔註41〕 張俊生平見《宋史》，卷369，〈張俊〉，頁11469～11476。《會編》，卷219，引《林泉野記》，頁3a～8a。

〔註42〕 《要錄》，卷30，「建炎三年十二月丙申」條，頁591。〈辛海事〉，頁152。

〔註43〕 《會編》，卷135，「二十五日己亥張俊敗金人於明州」條，頁9a。

〔註44〕 《金史》，卷77，〈宗弼〉，頁1752。

〔註45〕 《要錄》，卷30，「建炎三年十二月戊戌」條，頁592。

陷東關，渡過曹娥江，〔註46〕進犯餘姚（今浙江餘姚）。餘姚守臣李穎士率領鄉兵在險要處列旗幟虛張聲勢，金軍由於不熟悉地形，且又無法偵知宋軍數量，於是暫時退卻，因此延誤一天的追擊時間。〔註47〕

　　金軍於二十七日進入明州慈溪縣（今浙江慈溪）境內，沿慈溪而走，經藍溪市、車廄市，直抵廣德湖，屯駐於湖畔的民居之中。〔註48〕二十八日，雙方在高橋鎮爆發第一次衝突，宋軍失利，初戰遭挫。〔註49〕翌日，金軍進至明州城下，雙方展開激戰。關於此戰經過，《會編》記錄如下：

> 令統制劉寶與戰，不勝。再命王進、党用、邱橫迎敵，用與橫皆被傷。楊沂中（1102～1166）、田師忠再戰，又不勝。李寶繼進苦戰。李直率諸班直以舟師來助，劉洪道又率兵射其旁。金人乃敗而稍退去。〔註50〕

〈宋史‧張俊〉所記戰況略有不同：

> 癸卯除夕（29 日），金兵至城下，俊使統制劉寶與戰，兵少卻，其將党用、丘橫死之。於是統制楊沂中、田師中、統領趙密（1095～1165）皆殊死戰。沂中舍舟登岸力戰，殿帥李質以班直來助。守臣劉洪道率州兵射其旁，大破之，殺數千人。〔註51〕

劉寶的失利，應是在高橋鎮的戰鬥。金軍攻取高橋鎮後，推進至明州城下，以西門為目標，展開攻勢。〔註52〕宋方以張俊軍為主力，倚城而戰，採用車輪戰法，與金軍對陣。張俊逐一派出自己手中的軍隊，與金軍正面對抗，明

〔註46〕　《金史》，記云：「（天會七年十二月）戊戌，阿里、蒲盧渾敗宋兵于東關，遂濟曹娥江。」見卷 3，〈太宗紀〉，頁 61。

〔註47〕　〔宋〕王明清，《揮麈錄三錄》，卷 1，「高宗東狩四明日錄」條，頁 180。此事相關史料皆無記載確切日期，《要錄》認為按戰事的發展，當是在十二月二十六日，但也不敢確定。見卷 30，「建炎三年十二月庚子」條，頁 594。

〔註48〕　王廷秀記曰：「二十七日，虜引兵自餘姚道藍溪，入黃鄲車廄，直抵湖塘，分屯於湖中田舍。」見〈幸海事〉，頁 152。「藍溪」及「車廄」，都是慈溪縣南石臺鄉中的市，應該皆位於慈溪邊。參見〔宋〕胡榘修，方萬里、羅濬撰，《寶慶四明志》（《宋元方志叢刊》，北京：中華書局，1990 年，據清咸豐四年（1854）《宋元四明六志》本影印），卷 17，〈慈溪縣志卷二〉，「市鎮」，頁 2a。

〔註49〕　《金史》記曰：「（天會七年十二月）壬寅，敗宋兵于高橋。」見卷 3，〈太宗紀〉，頁 61。

〔註50〕　《會編》，卷 135，「二十五日己亥張俊敗金人於明州」條，頁 9a。此條徐夢莘所繫時間有誤。

〔註51〕　《宋史》，卷 369，〈張俊〉，頁 11471～11472。

〔註52〕　《要錄》，卷 30，「建炎三年十二月癸卯」條注引《中興聖政龜鑑》，頁 595。

州知州劉洪道則是率領民兵以拋射武器從旁協助，再加上李質所率領的班直適時來援，將金軍擊退。除以上部隊外，還有一支張思正軍也在明州城中，〔註53〕是否有參加此次戰鬥，史未明載，無法確認，可能是作為最後的預備隊，並未出擊。

此日的戰事中，楊沂中捨舟登岸力戰，顯見其原本是搭乘船隻，準備接戰。其作用可能有三，一是守衛水門。由於明州城西開有水門，〔註54〕金軍有可能進攻此地，故張俊安排楊沂中部乘舟師防備。二是以舟船進行埋伏。由於金軍可能沿著運河行軍，楊沂中部可以從船隻上以弓弩展開攻擊。三是從水門突出，對金軍側翼展開襲擊，迫使其多面受敵。以上三種可能性，因資料不足，無法判斷何者為是，但從戰役的進展來看，從水門突出展開襲擊的可能性比較大。至於李質所率領的班直，《宋史》雖僅稱以「班直來助」，然《會編》記其「舟師來助」，《要錄》所載亦同，〔註55〕則李質軍無疑是運用舟師進行機動作戰。

然不論如何，楊沂中部是在陸上戰鬥不利的情況下，棄舟登陸，支援其他部隊，李質亦率班直乘船前來，投入戰場，擊退金軍。在該日的戰鬥中，宋軍兩次運用舟師，打破戰局的平衡，使金軍無法反應，故不敵而走。因此，二次舟師的成功調度，成為此日戰事的關鍵。

金軍攻城失利後，遣人邀張俊談判向其勸降，但張俊沒有接受，雙方陷入短暫的僵持局面。〔註56〕面對此一情況，張俊仍然不敢掉以輕心，下令全軍做好戰鬥準備，不可輕敵，並「多以輕舟伏弩，閉關自守。」〔註57〕

建炎四年正月二日，當天西風忽起，金軍乘勢進攻。〔註58〕金軍在前次戰鬥中，由於宋軍舟船兩次成功的出擊，以致鎩羽而歸。故此次挑選西風大起的日子再度進攻，應是希望宋軍舟船會因逆風而無法順利出動（金軍進攻城西，宋軍船隊需迎風進擊），從而遏止宋軍舟師的作用，使其殺傷力降至最低。由於張俊對金軍再度進攻已有防備，與劉洪道二人於城樓之上調兵遣將，

〔註53〕 《要錄》云：「宜州觀察使張思正為浙東馬步軍副總管屯明州。」見卷30，「建炎三年十二月戊子」條，頁586。

〔註54〕 〔宋〕胡榘修，方萬里、羅濬撰，《寶慶四明志》，卷3，〈郡志卷第三〉，「城郭」，頁1b。

〔註55〕 《要錄》，卷30，「建炎三年十二月癸卯」條，頁595。

〔註56〕 〈幸海事〉，頁152～153。

〔註57〕 《宋史》，卷369，〈張俊〉，頁11472。

〔註58〕 《要錄》，卷31，「建炎四年正月乙巳」條，頁597。

指揮若定，〔註59〕張俊派精兵持長槍出城攻擊，大敗金軍。〔註60〕

　　此次金軍的敗退極爲狼狽，許多人「墮田間，或墜水」，但張俊並未乘勢追擊，反而急令收兵。金軍經此次失敗後，拔寨退回餘姚重整隊伍，並向金軍主將兀朮報告情況，請求援軍。〔註61〕

　　比較兩次戰鬥的情況，第一次的戰況較爲激烈，第二次張俊軍似乎很輕鬆的獲勝，此因金軍第二次進攻時，遭到宋軍「輕舟伏弩」的襲擊，金軍陣腳大亂，被張俊隨後派出的長槍兵所擊敗。

　　張俊擔心金軍大舉來攻，無法抵擋，便計畫前往高宗行在。於是正月七日在高橋抵禦一波金軍的進攻後，藉口高宗下令要求前去護衛，翌日（8）即率軍取道陸路前往高宗所在地台州，李質率領的班直隨後離開。〔註62〕此時城中大部分居民已離城避難，劉洪道、張思正等人也準備離開，獲悉張俊軍離開消息的士人，請求劉洪道留下禦敵，劉洪道假意答應，加以安撫，甚至允許遷居城外的居民，回城搬取財物。此令一下，大量民眾乘船入城，但劉洪道卻乘機收繳許多大型海船，裝運城中的錢財，於十三日晚間離開明州。城中的武力，僅剩由使臣李木所率領的廂軍無賴等千餘人。由於眾多武力的離開，面對隨後而來的金軍，明州城並無多大的抵抗能力，於十六日陷落。〔註63〕

　　因張俊等人的抵抗，所以金軍進入明州城後，大肆擄掠，還對逃亡到城外的民眾進行屠殺，以爲洩憤。〔註64〕除此之外，亦積極準備追擊逃亡海上的高宗。

　　整體而言，明州之戰雖在張俊等人的指揮下，獲得幾次小勝利，可惜幾名主要將領都無堅守的信心，因此，先後放棄明州逸逃，徒留無辜的百姓，遭金軍怒火的荼毒。然從整個局勢的演進來看，宋高宗由於禁衛軍的叛亂事件，以及爲等待金國使者的確切消息，逃亡的時間已有所拖延，而金軍追擊的腳步卻未放慢。所以，張俊等人在明州一地，至少遲滯金軍半個月的時間，對於高宗逃亡自然有相當大的幫助。

〔註59〕《要錄》，卷31，「建炎四年正月乙巳」條，頁597。
〔註60〕〈筆錄〉，頁108。
〔註61〕《要錄》，卷31，「建炎四年正月乙巳」條，頁597。
〔註62〕《要錄》，卷31，「建炎四年正月庚戌」條，頁598～599。
〔註63〕〈幸海事〉，頁153。
〔註64〕〈幸海事〉，頁153。

四、海道逃亡溫台

當高宗安排張俊留守明州之後，即有意立即離開昌國縣向台州移動，然當時天候不佳，不宜出海。〔註65〕但高宗已於二十四日先遣戶部官員前往台州籌集錢帛，以備高宗一行轉移至台州時可用。〔註66〕

二十五日，據越州守臣李鄴尚未投降前傳出的訊息，顯示金軍似乎有繞過越州直攻明州的計畫，由於情勢危急，朝臣商議後決定航海前往台州地區，翌日（26），天氣略見好轉，即航行出發。〔註67〕

航行的船隊在二十七日短暫停靠白峰寺，〔註68〕略事修整後，直航台州。船隊的組織及行動方式，趙鼎有如下的敘述：

> 先是，告報每聞御舟笛響，即諸舟起碇而發，御舟以紅絲纓為號，餘各以一字，如參政即以參字，樞密即以樞字之類，書之黃旗之上，插之舟尾。〔註69〕

顯見船隊和水手有嚴密的組織及指揮系統，並非臨時召集的烏合之眾，由此可知南宋的船隊航行技術頗為成熟。

但船隊出發後卻是連日南風，船上的水手云：「每歲盡，海上即數日南風，謂之送年風。」〔註70〕面對逆風，雖然船隊航行尚稱穩定，速度卻不如預期的快。〔註71〕就在高宗一行緩緩駛向台州之時，金軍已抵明州，與張俊軍展開激戰。

建炎四年正月一日，風浪甚大，高宗船隊暫泊海面。〔註72〕翌日一早，船隊出發經過石佛洋，〔註73〕晚上抵達台州港口略做停泊，三日早航抵章安鎮。〔註74〕同時軍前糧料使宋輝自秀州（今浙江嘉興）以海船運來糧米、錢

〔註65〕 根據趙鼎的紀錄其於十二月二十三日時從明州至定海，準備前往昌國縣，但當時天候不佳「大風鼓浪，舟反側不定，凡三日方止。」見〈筆錄〉，頁107。

〔註66〕 《要錄》，卷30，「建炎三年十二月戊戌」條，頁593。

〔註67〕 〈幸海事〉，頁178。趙鼎稱高宗出發的時間為二十七日，但當時趙鼎尚在定海，而李正民隨駕於高宗行在，故以李記錄為準，參見〈筆錄〉，頁107。《要錄》亦記於二十六日。參見卷30，「建炎三年十二月庚子」條，頁594。

〔註68〕 《要錄》，卷30，「建炎三年十二月辛丑」條，頁594。

〔註69〕 〈筆錄〉，頁107。

〔註70〕 〈筆錄〉，頁107。

〔註71〕 〈乘桴記〉，頁178。

〔註72〕 〈乘桴記〉，頁178。

〔註73〕 〈筆記〉，頁107。

〔註74〕 〈乘桴記〉，頁178。

帛等補給，〔註75〕稍微抒解高宗一行人的物質困乏，於是高宗就暫居於章安鎮祥符寺。〔註76〕

　　停留章安鎮的期間，前線戰報紛紛傳來。正月三日，餘姚把隘官陳彥來報，擊退進犯的金軍；〔註77〕往招韓世忠的使者帶來韓欲於長江邀敵的計畫。〔註78〕四日，象山縣（今浙江象山）來報金軍已入侵明州。〔註79〕六日，張俊使者到來，報告十二月二十八日及正月二日的戰況，並送上二個首級以表戰功。高宗隨後命辛企宗率軍千人前去明州策應，〔註80〕並命張公裕率海舟二百艘，等待張俊打退金軍後，接應其撤退。〔註81〕但辛企宗卻未行動，〔註82〕而由於張俊已先行撤退，故張公裕的船隊亦未展開行動（故之後朝臣對如何應用張公裕海船隊展開討論）。十日，張俊率軍由明州前來的消息

圖 1-2：〈臨海縣境圖〉

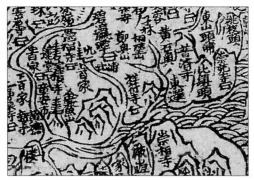

說明：
(1) 〔宋〕黃𡎴、齊碩修，陳耆卿纂，《嘉定赤城志》，〈臨海縣境圖〉。《宋元方志叢刊》本缺此圖。此圖錄自閻平、孫果清等編著，《中華古地圖珍品選集》（西安：西安地圖出版社，1995 年 7 月），「附圖 25」，頁 137。該圖選自明弘治十年謝鐸校刊本。
(2) 左為全圖，右圖為祥符寺、金鰲山和章安市（鎮）的相對位置。

〔註75〕　《要錄》，卷31，「建炎四年正月丙午」條，頁597。
〔註76〕　〈乘桴記〉，頁 178。〔宋〕趙彥衛，《雲麓漫鈔》（北京：中華書局，1996 年 8 月），卷 7，頁 123〜124。
〔註77〕　〈乘桴記〉，頁 178。
〔註78〕　〈乘桴記〉，頁 178〜179。
〔註79〕　〈乘桴記〉，頁 179。
〔註80〕　〈乘桴記〉，頁 179。
〔註81〕　〔宋〕張守，《毘陵集》（景印《文淵閣四庫全書》本，臺北：臺灣商務印書館，1985 年，據國立故宮博物院藏本影印），卷 1，〈明州奏捷賜詔〉，頁 25b。
〔註82〕　〈乘桴記〉，頁 179。

傳到行在，〔註 83〕朝臣聽聞此一消息，甚爲憂慮。〔註 84〕由於令張俊留守明州的用意，是在拖延金軍攻勢，一旦張俊率軍過來，非但不能阻滯金軍的腳步，反而可能洩漏高宗的行蹤。

此外，越州李鄴毫無消息，也讓宋廷憂心他已投降，若金軍以越州爲根據地，對江浙地區進行清剿，更不肯退兵。〔註 85〕十三日，根據台州傳來種種訊息判斷，越州很可能已經降金。以上資訊，皆顯示金軍尚未如呂頤浩的預期，有撤退的跡象，故此時情況仍然相當險惡，危機並未解除。

張俊軍於正月十四日抵達台州，趕赴高宗行在。〔註 86〕十五日，高宗接見張俊，並嘉獎張俊軍。〔註 87〕張俊棄明州而來，雖然讓南宋朝廷遲滯金軍攻勢的計畫產生變數，但張俊軍的前來，充實了高宗身邊軍隊的質量。〔註 88〕由於不久前明州的禁衛軍動亂事件，使高宗裁撤所有的禁衛軍，隨駕軍隊僅有辛永宗所率領的御營司中軍，其中又以呂頤浩的親信將領姚端所帶的軍隊最多。〔註 89〕建炎三年初，禁衛軍政變事件——「明受之變」，事變的主因之一，就是當時高宗身邊的禁衛軍勢力太過單一。因此，張俊軍的到來，充實高宗身邊軍力尚在其次，更重要的是讓高宗親衛軍性質趨向多元組合，彼此互相牽制，避免禍起蕭牆的危機，高宗安全才得保障。故當時有朝臣建議，派遣張俊手下的將領，帶領部分軍隊返回明州，高宗並未同意，認爲張俊軍的裝備及訓練皆爲行在諸軍之首，可應付許多意外情況，因此不願對張俊軍進行調動。〔註 90〕

由於張俊軍已離開明州，因此，高宗君臣多認爲明州陷落僅是時間問題，爲此朝臣之間對後續的行動方針展開討論。當時高宗有意讓張公裕率領船隊前往錢塘江口，攻擊金軍徵集的船隻，使其無法繼續追擊的行動。但大部分官員質疑張公裕的領兵作戰能力，擔心他若兵敗，船隻反而被金人所奪，因

〔註 83〕 〈筆錄〉，頁 108。
〔註 84〕 〈乘桴記〉，頁 179。
〔註 85〕 〈乘桴記〉，頁 179。
〔註 86〕 〈乘桴記〉，頁 180。
〔註 87〕 《要錄》，卷 31，「建炎四年正月戊午」條，頁 602。
〔註 88〕 〈筆錄〉，頁 108。
〔註 89〕 〈筆錄〉，頁 108。據趙鼎所言，當時高宗由於明受之鑑不遠，所以對姚端等將領厚愛有加，賞賜甚多，導致已經很拮据的國庫，更加捉襟見肘。范宗尹爲此請趙鼎向高宗進言，減少隨軍將士賞賜的次數及數量。
〔註 90〕 〈乘桴記〉，頁 180。

此反對。〔註91〕張公裕是否有被賦予此一任務，不可得知，然觀此後發展，他仍有率領海船前往明州外海進行某些任務，或可能依照原議襲擊金軍徵集的船隊，或是讓他在海上防堵金軍的追擊行動。

圖 1-3：高宗自昌國縣至台、溫兩州路線圖

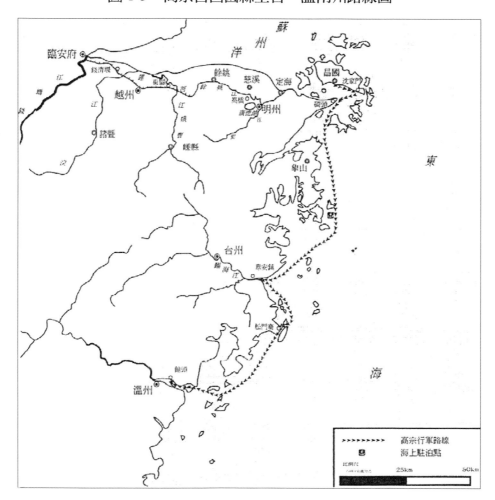

說明：
(1) 昌國縣至台州段，於建炎三年十二月二十六日由昌國出發，建炎四年正月三日抵台州章安鎮。二十七日短暫停留的白峰寺，地點待考。正月一日駐泊海上，翌日過石佛洋。由於明代象山南方有一大佛頭山（見《中國歷史地圖集》，第七冊「元明時期」，〈明‧浙江〉，頁68～69），故疑石佛洋即位於此，所以推測四年元日的碇泊點於象山南方各島之東。
(2) 台州至溫州段，於建炎四年正月十八日啟航，正月二十三日抵館頭，二月一日至溫州江心寺。途中停泊經過的青澳門、管市及二十五日後轉移的樂灣，三地尚待考。

〔註91〕〈乘桴記〉，頁180。

十六日，金軍再度進入明州的戰報送抵行在。〔註92〕翌日，劉洪道的奏報隨即送抵，稱金軍大至，〔註93〕他與張思正已於十三日晚間離開明州城撤至天童山。〔註94〕如此一來，雖然尚未有進一步的訊息，〔註95〕但無異宣告明州的淪陷。

如明州失陷，則台州也不安全，抱此意識的高宗等人，迅即於十八日離開章安鎮，〔註96〕前往溫州。十九日晚間停泊於松門，〔註97〕當夜雷雨大作。〔註98〕二十日，停泊於青澳門，二十一日，抵達溫州港。〔註99〕二十二日，航至管市。〔註100〕二十三日，移往館頭。〔註101〕二十五日，金軍攻陷明州，縱兵擄掠的消息傳來，由於擔心金軍的追擊，爲避開台州至館頭的海路追擊，御舟再度轉移至樂灣停泊，二十六日，至水陸寺，百官先後到來，二月一日，移至溫州江心寺駐蹕。〔註102〕

五、金國的追擊——「搜山檢海」

高宗轉移至溫州時，攻陷明州的金軍亦迅即展開追擊。負責追擊行動的金軍主將阿里和蒲盧渾，是金國名將。阿里，全名斜卯阿里，是金國將領中少數擅長水戰的人物，多次因水戰建立功勳，金國在江淮地區的戰事，無役不與，當時人稱「水星」。〔註103〕

這支金軍攻陷明州之後，俘虜一名南宋官員趙伯諤，得知高宗已經往溫台地區逃亡，甚至有往更南方的福州（今福建福州）地區移動的計畫。〔註104〕

〔註92〕 〈筆錄〉，頁108。
〔註93〕 《要錄》，卷31，「建炎四年正月庚申」條，頁602。
〔註94〕 〈乘桴記〉，頁180。
〔註95〕 《要錄》，卷31，「建炎四年正月庚申」條，頁602。
〔註96〕 〈乘桴記〉，頁180。
〔註97〕 〈筆錄〉，頁108。
〔註98〕 〈乘桴記〉，頁180。
〔註99〕 〈乘桴記〉，頁180。
〔註100〕 〈筆錄〉，頁109。
〔註101〕 《要錄》，卷31，「建炎四年正月丙寅」條，頁603。「館頭」，趙鼎記爲「管頭」。見〈筆錄〉，頁109。
〔註102〕 〈筆錄〉，頁109。
〔註103〕 《金史》，卷80，〈斜卯阿里〉，頁1798～1801。
〔註104〕 《金史》，卷77，〈宗弼〉，頁1753。除此處外，包括〈太宗紀〉和〈斜卯阿里〉，皆稱趙伯諤爲明州守臣。分見卷3，頁61；卷80，頁1800。但宋方紀錄中，皆無此人，故趙伯諤可能是心存僥倖，或是來不及逃走的官員而已。

圖 1-4：金軍追擊宋高宗路線圖

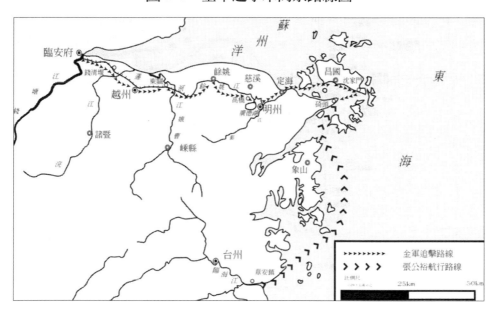

阿里等人循高宗逃亡的路線，先破定海，〔註 105〕從定海搭乘小鐵頭船，隨海潮至昌國縣，沿岸縱火劫掠至沈家門。〔註 106〕隨後欲攻象山縣，至碕頭時遭遇風雨，〔註 107〕張公裕又率領海船伺機進攻，將其船隊衝散，金軍只得放棄繼續尾追高宗，返回明州，此時高宗船隊正在前往溫州的途中，雙方僅相隔約一日的航程。〔註 108〕

金軍此次退回後，放棄海路追擊的計畫，而留在明州的金軍，於此期間，深入明州各地進行清剿，許多深山窮谷，平時人跡罕至之處，皆有金軍的蹤影，殺掠不可勝數。追擊高宗的船隊返回後，金軍向在臨安的主帥兀朮聲稱「搜山檢海」已畢，並請示下一步行動。兀朮指示依照揚州屠城的方式辦理，於是金軍在明州城各處縱火後，〔註 109〕於二月三日撤離前往臨

〔註 105〕 〈幸海事〉，頁 153。
〔註 106〕 《會編》，卷 136，「金仁陷昌國縣」條，頁 1b。據《要錄》李心傳自注，此記錄當是趙甡之《遺史》的內容。參見《要錄》，卷 31，「建炎四年正月丙寅」條作者注，頁 603。
〔註 107〕 〈幸海事〉，頁 153。亦有宋人記載稱金軍遇風雨而退。參見〔宋〕岳珂，《桯史》（北京：中華書局，1981 年 12 月），卷 5，「龍山舒城」條，頁 55～56。然其稱兀朮親自率軍則有誤。
〔註 108〕 《要錄》，卷 31，「建炎四年正月丙寅」條，頁 603。
〔註 109〕 〈幸海事〉，頁 153。

安。〔註110〕

六、高宗返航

　　高宗在溫州江心寺停留時，一直不敢離開港口太遠，直到二月十二日，接到金軍離開明州的訊息，方才於十七日進入溫州城。〔註111〕在溫州暫留期

圖1-5：高宗溫台返航越州路線圖

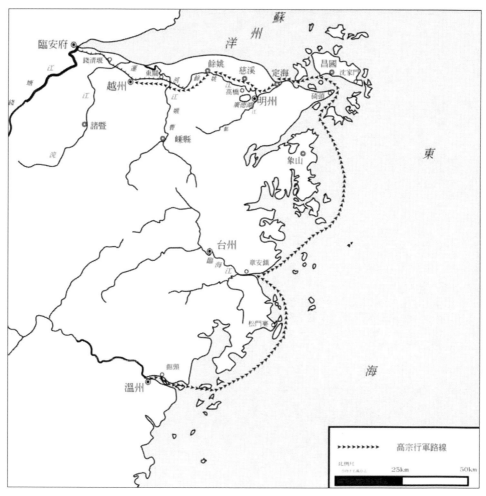

說明：建炎四年三月十九日從溫州出發，二十三日高宗御舟於松門擱淺，二十四日抵台州章安鎮，中途經過的海門，待考。二十七日由章安鎮出發，二十九日抵明州定海，四月十一日抵越州。

〔註110〕《要錄》，卷31，「建炎四年二月丙子」條，頁608。
〔註111〕〈筆錄〉，頁110。

間，前線消息斷續傳來，但都難以辨認其真實性。因此，高宗在三月四日時，本已有意於十日返航，但趙鼎認為待確認浙西安定，及建康的金軍渡江北返後才可返航，以免金軍忽然回騎衝殺，反應不及，故高宗將返航的時間延後到三月十五日。〔註112〕在這段期間，陸續傳來幾個重要的訊息，如十二日時，平江守臣棄城而逃，城池失守，居民慘遭屠城劫掠；金軍血洗杭州城後，於二月十四日開始撤離，兩個消息先後傳抵高宗行在。〔註113〕以上這些訊息都屬噩耗，令高宗君臣大感震驚，但亦顯示金軍已放棄追擊高宗的行動，開始撤離，於是高宗在三月十四日，下令返回越州。〔註114〕

三月十八日高宗登舟，翌日從溫州出發開始返航。〔註115〕高宗船隊循來路而歸，不再有金軍追擊的壓力，所以並無此前的緊張氣氛，但仍有小意外發生。甫從溫州出發，方行數里高宗御舟就擱淺，〔註116〕所幸並不嚴重，未耽誤太多時間。二十日，航至館頭。二十一日，至海門。二十二日，遇大霧，船隊停留不動。〔註117〕

二十三日，順風，船速甚快，各船隻相距甚遠，彼此之間互不相見，但抵達章安鎮時，卻不見高宗御舟。於是宰執官出海尋找高宗下落，並封鎖御舟失蹤的消息，做出種種高宗已經抵達的假象，所以大部分官員都不知道高宗御舟已失聯。翌日天明，趙鼎等臺諫官發現御舟失蹤，準備出海尋找時，高宗御舟已經到達，原來是經松門時再度擱淺，船隻幾乎翻覆。〔註118〕

船隊在章安鎮停留三天後，二十七日再度出發，二十九日返抵定海，四月二日至明州城。四日，抵餘姚換小船繼續前進，於十一日抵達越州城，〔註119〕終於結束三個多月的海上逃亡行動。

第三節 戰役評析

建炎三年末至建炎四年的兩次軍事行動「明州之戰」與「海道之行」，實

〔註112〕 〈筆錄〉，頁110。趙鼎反對的理由見《要錄》，卷32，「建炎四年三月丙午」條，頁620。
〔註113〕 〈筆錄〉，頁110～111。
〔註114〕 〈筆錄〉，頁111。
〔註115〕 〈筆錄〉，頁111。
〔註116〕 〈筆錄〉，頁111。
〔註117〕 〈筆錄〉，頁111。
〔註118〕 〈筆錄〉，頁111。
〔註119〕 〈筆錄〉，頁111。

難言雙方誰勝誰敗。從表面現象來看，金軍勢如破竹，接連擊敗宋軍，直逼高宗行在，迫使高宗逃亡三個多月，先後屠掠明州、杭州、平江、建康等幾個大城市，收穫之豐堪比四年前的「開封之圍」。但金軍此次行動的戰略目標，是為擒獲宋高宗，斷絕趙宋皇室再起的可能，因此，儘管其他成果豐碩，但主要目標卻沒有達成，並不能說是一次成功的行動。

相對的，南宋一方雖然損失慘重，但以空間換取時間的策略，是從一開始就定下的目標，此一作法雖會對南宋的經濟重地江浙地區造成重大傷害，但也換取逃亡的時間。因此，宋軍在此次的軍事行動中，成功達到預設的目標，可算是另類的勝利。

綜上而論，此次軍事行動，實難斷勝敗，故下文僅就南宋在戰役過程中的決策，討論其得失優劣，並分析此次軍事行動的特色、意義及影響。

一、「明州之戰」

（一）戰役特色

1. 水陸協同的守城戰

明州之戰雖然是一次城池攻防戰，但宋軍水師的調度，具有關鍵性的影響。建炎三年除夕之戰中，宋軍主動出擊，倚城而戰，面對金軍猛烈的攻勢，宋軍部隊次第投入戰場，一度陷入劣勢，付出多名將領陣亡的慘痛代價。之後因楊沂中部棄舟登陸力戰，才堪堪抵擋住金軍的攻勢。直至李質率班直乘舟師前來支援，打破雙方的平衡，方迫使金軍撤走。

宋軍兩次部隊的調度，應是利用舟船將軍隊運到金軍戰力薄弱之處，展開攻擊，使金軍在沒有準備的情況下，進行多線作戰，以致部隊難以協調，陷入混亂。因此，宋軍舟師的調度，成功扭轉劣勢，可謂居功厥偉。

建炎四年正月二日之戰，金軍乘西風驟起，大舉進攻，應是記取前次戰事中，受到宋軍舟船兩度襲擊的教訓，故乘宋軍逆風之際進攻，希望能使宋軍舟師行動困難，從而將其殺傷力降到最低。不意張俊對金軍再度進攻早有準備，設「輕舟伏弩」以待，於金軍中伏之際，遣精銳出城攻擊，一舉大敗金軍。此日戰事中，宋軍得以輕鬆獲勝，得益於舟師的伏擊成功。

因此，明州之戰中，宋軍妥適的在水陸之間進行調度，是得以二度擊退金軍的重要關鍵。

2.宋軍將領陣容的整齊

明州之戰宋軍出戰將領中，負責的主將是張俊，麾下主要將領有劉寶、楊沂中、田師中和趙密。不屬張俊節制的將領有張思正和李質，此外，尚有明州守臣劉洪道。〔註120〕

上述將領在日後大都成為高宗朝中晚期重要的將領，其中又以楊沂中最為著名。沂中，字正甫，紹興年間高宗賜名存中，為軍門之後，祖、父皆死王事。靖康二年，與張俊等同隨梁楊祖勤王，後屬張俊部下，張俊軍早期許多戰績，皆有沂中之力。紹興二年受高宗賞識，拔擢為神武中軍統制，兼提舉宿衛親兵，成為高宗最信任的將領。此後屢立戰功，位至三公，聲望不亞於中興四大將。〔註121〕

趙密，字微叔，北宋末為隊將，戍守燕地，高宗開大元帥府時，受檄率軍入援京師。建炎元年開始隨張俊轉戰各地，作戰能力可媲美楊沂中，甚至引起韓世忠的覬覦，試圖挖角。後歷任侍衛步軍、殿前都指揮使等要職，後亦位列三公。〔註122〕

田師中，與沂中等人隨梁楊祖勤王，然他一直在張俊麾下領兵作戰，曾參與柘皋之戰，娶張俊長子遺孀，故而深受張俊的照顧。紹興十二年（1142），受張俊力薦出任鄂州（今湖北鄂州）御前駐箚諸軍都統制，接收整編岳飛的軍隊，駐守長江中游二十餘年，數次撫平少數民族的動亂，累官至三公。〔註123〕

劉寶曾於「明受之變」時率軍支援韓世忠，在臨平一戰中立下戰功，長期在張俊麾下作戰。紹興十一年（1141），南宋朝廷收回三大將兵權後，歷任殿前軍選鋒、遊奕等軍統制、主管侍衛馬軍司、鎮江府御前諸軍都統制等

〔註120〕《會編》中尚有李寶，恐是劉寶之誤，故不列入討論。
〔註121〕《宋史》，卷367，〈楊存中〉，頁11433～11440。
〔註122〕《宋史》，卷370，〈趙密〉，頁11503～11504。《要錄》，卷99，「紹興六年三月乙亥」條，頁1626～1627。
〔註123〕田師中《宋史》無傳，主要履歷可參見《要錄》，卷1，「建炎元年正月辛卯」條，頁22；《要錄》，卷139，「紹興十一年二月丁亥」條，頁2234～2235；卷140，「紹興十一年五月甲子」條，頁2254；卷144，「紹興十二年三月丁未」條，頁2315～2316；卷162，「紹興二十一年五月戊午」條，頁2638；卷166，「紹興二十四年三月壬申」條，頁2714；卷168，「紹興二十五年四月丁亥」條，頁2746～2747；卷179，「紹興二十八年三月丁丑」條，頁2961；卷192，「紹興三十一年八月丁巳」條，頁3214；卷192，「紹興三十一年九月辛巳」條，頁3219。

要職。〔註124〕

劉洪道，進士出身，嘗爲金軍所擄，後爲義軍救出，任知青州（今山東青州）事兼主管京東路安撫司公事。青州失守後，劉洪道南逃至高宗行在，被任命爲御營使司參議官。明州之戰後，雖一度被貶，隨後迭被重任，數度擔任安撫使。〔註125〕

張思正，北宋末任統制官，開封城破時，神棍郭京南逃至襄陽（今湖北襄樊），被他捕獲。張思正後成爲王淵部將，「明受之變」後分率王淵部分舊部，成爲獨立領軍的將領。〔註126〕李質，當時爲殿前司主管，統領禁衛班直。

以上諸人中，張俊麾下諸將，當時雖皆聲名未顯，但日後卻地位重要，楊沂中、趙密之善戰，史已明載。田師中、劉寶雖然爭議頗多，但皆鎮守一方多年，其能力當不容置疑。劉洪道歷任各地方面大員，張思正、李質亦是當時的重要人物。然此戰之後，諸人命運卻大不相同，張俊建立莫大功勳，麾下眾將由此戰聲名初顯，展開各人的青雲之路，但非張系的張思正、李質二人卻從此消沈。

在單一戰場上，匯集如此多重要人物，是南宋初年少見的場面，尤其此戰並非計畫中的重要會戰，僅是一場單純的守城戰。故明州之戰因其是南宋國運的轉捩點而受人注意，但對參與此戰的南宋將領而言，也是許多人生涯的一大轉折。

〔註124〕南宋初年有二劉寶，一在韓世忠麾下，一爲張俊部下。此處所言自是後者。其人《宋史》無傳，主要經歷分見《要錄》，卷21，「建炎三年三月戊戌」條，頁441～442；卷22，「建炎三年四月庚戌」條，頁466～467；卷154，「紹興十五年八月戊寅」條，頁2481；卷155，「紹興十六年八月壬寅」條，頁2513；卷159，「紹興十九年五月丁酉」條，頁2585；卷159，「紹興十九年六月丁丑」條，頁2588；卷160，「紹興十九年八月壬子」條，頁2591。

〔註125〕劉洪道主要歷事，參見《要錄》，卷14，「建炎二年三月癸卯」條，頁303；卷29，「建炎三年十一月乙丑」條，頁575～576；卷32，「建炎四年四月癸酉」條，頁629；卷32，「建炎四年四月戊戌」條，頁636；卷35，「建炎四年七月甲辰」條，頁673～674；卷47，「紹興元年九月丙申」條，頁841；卷51，「紹興二年二月己丑」條，頁911；卷100，「紹興六年四月壬寅」條，頁1638；卷100，「紹興六年四月己未」條，頁1645；卷101，「紹興六年五月乙【己】卯」條，頁1653；卷107，「紹興六年十二月丙辰」條，頁1746。

〔註126〕《要錄》，卷4，「建炎元年四月乙亥」條，頁108；卷6，「建炎元年六月乙丑」條，頁153。

（二）意義及影響

1.宋軍首度與金軍正面抗衡

建炎三年金軍南侵行動，一路勢如破竹，各地宋軍幾乎喪失抵抗能力，或被金軍輕易擊敗，或望風而逃，毫無戰鬥意志。明州之戰雖是張俊出於無奈下，被迫在明州進行守城戰，但明州守軍在張俊等人的主持下，展現出背水一戰的旺盛士氣，數次擊退金軍，雖然最後未竟全功，但已是除宗澤（1059～1128）之外，宋軍首次能與金軍正面對抗而不落下風者。

此次戰鬥，明州守軍的抵抗，成為宋金雙方攻守氣勢的轉捩點，金軍雖仍持續追擊，但已是強弩之末，即使入海追擊三百餘里，再後便難以為繼。因此，南宋時人列中興戰功時，將明州之戰列為第一，〔註127〕箇中理由雖多，但代表宋軍開始具備正面對抗金軍的勇氣與能力，殆無疑義。

2.阻滯金軍的追擊腳步

高宗南逃行動十分匆促，原先前線杜充傳來的捷報，顯示宋室應能憑藉長江天險，抵擋住金軍的攻勢，高宗打算前往第二線的平江府督戰，以激勵士氣。然甫出發就收到杜充大敗，金軍渡江的噩耗，高宗一行震驚之餘，倉皇後撤，直奔明州準備出海。值此緊急時刻，卻發生禁衛軍叛亂事件，導致行程延誤，又在定海停留，等待傳聞中的金使，待確定要南行之時，卻逢天候欠佳，無法出海。

因此，高宗於十二月四日抵達明州，卻拖到二十七日才啟程前往台州，在明州地方停留二十餘日，但金軍的腳步卻絲毫沒有減緩，步步進逼高宗行在。

追擊的金軍沿途沒有遇到太大抵抗，各地守臣、將領，或逃或降，連張俊都未經一戰即從越州後撤至明州。在此一情況下，宋廷需要集結一批武力，在適當的地點，擋住金軍前進的步伐，而張俊等人就被迫擔負此一任務，留在明州阻擊金軍。

建炎三年十二月二十七日，高宗從昌國縣啟航前往台州，隔日明州之戰開始。建炎四年正月二日，金軍乘風搶攻明州，被張俊等人擊敗，當天晚上高宗甫抵台州港口。因此，張俊等人雖然未竟其功，卻能遲滯金軍追擊的腳步，迫使金軍暫退，待金人再度前來，攻陷明州，下海追擊時，已是半

〔註127〕〔宋〕李壁，《中興戰功錄》（《叢書集成續編》二七六冊，臺北：新文豐出版公司，1989年，據清宣統江陰繆氏刻本《藕香零拾》影印），頁1a～2a。

個月後的事情。張俊等人的堅守，有效彌補高宗在明州因種種事件所延誤的時間。

整體而言，明州之戰，替高宗爭取到約二十日的時間，讓他可以安全的撤退到台州，且從容思考下一步計畫，這些時間對高宗此行而言，相當寶貴。

（三）決策得失

張俊軍在明州之戰前後，有三項作法引起時人嚴厲非議，分別是藉清野之名掠奪百姓、大敗金軍後放棄追擊以及率先棄城而走。這三項行為都直接或間接造成明州區域的社會經濟、生命財產，遭到嚴重破壞，導致生靈塗炭。然而張俊採取這些措施，也有軍事上的考量，故以下將略析此三項決策的得失。

1. 清野的得失

金軍抵達明州城之前，張俊軍展開清野的舉動，但卻演變成嚴重擾民事件。據王廷秀所言，明州城環城三十里，皆受到張俊軍的騷擾，搶奪物品，毆傷百姓，行徑跡近強盜。〔註128〕

清野工作，本是守城戰中，必要的前置作業，《武經總要》將其列為守城前準備工作的第一要務，其載：

> 守城之法，凡寇賊將至，於城外五百步內，悉伐木斷橋，焚棄宿草，撤屋煙【文淵閣四庫本作「埋」】井，有水泉皆投毒藥，木石、磚瓦、芻芻糧糧、畜牧與居民什器，盡徙入城內，徙不逮者，焚之。〔註129〕

可見清野的動作，是宋軍在面對守城戰時的首要之務，其目的是要清除城外一切可用於攻城的資源，避免被對方利用。

雖說張俊清野的作為，是根據宋軍守城戰的原則而行，但其範圍似乎過廣，原本只需五百步（約 768 公尺），雖說可視需要進行彈性的調整，但是環城三十里（約 13.5 公里）皆進行清野，已超出原則太多。〔註130〕再則清

〔註128〕〈幸海事〉，頁 154。

〔註129〕〔宋〕曾公亮、丁度奉敕纂編，《武經總要前集》（《中國兵書集成》第三～五冊，瀋陽：解放軍出版社，1988 年 8 月，據遼寧省圖書館藏明萬曆金陵書林唐富刻本影印），卷 12，〈守城〉，頁 647。

〔註130〕1 步＝5 尺，1 尺＝30.75 公分，1 里＝150 丈，1 丈＝10 尺。故 500 步＝（500×5×30.75）／100＝768.75 公尺；30 里＝（30×150×10×30.75）／100,000＝13.8375 公里。

野是連居民都要遷移至城內安置，但張俊軍只管收集各項物資，棄人民於不顧。

因此，張俊軍清野之舉，雖是有其軍事上的需求，但是執行的軍隊手段太過激烈，範圍太過廣大，以及棄百姓生命於不顧的作法，對於明州地區造成極大破壞，確有「執法過當」之失。

2. 放棄追擊的得失

建炎四年正月二日，張俊等人大敗金軍，原可乘勢追擊，重創金軍，但張俊卻放棄追擊，放任金軍從容離開，此一作法形同縱敵，也引起部分人士的嚴厲指責。然細考張俊在一系列的行動中，大多以閃躲金軍為主，固守明州實非其本意，可見其並沒有與金軍正面對決的信心。

建炎三年除夕一戰，宋軍擊退金軍，卻守得異常驚險，戰況一度不利，多員將領死於沙場，金軍僅是後退而非潰敗，仍保有實力。觀戰後金軍試圖勸降明州城時，依然擺出相當高的姿態，可見金軍還有充分的自信，認為可以輕易攻陷明州城。

四年正月二日之戰，張俊等人雖以伏兵大敗強敵，然非正面作戰擊敗金軍，而且金軍方面參戰的僅是部分軍隊，是否有大隊兵馬跟隨在後，張俊軍並不清楚。此一情況下，張俊如繼續追擊，能否擴大戰果，不無疑慮，如稍有閃失，恐有全軍覆沒之虞。

因此，張俊不追擊，雖然失去重創金軍的機會，但此一謹慎的作法本無可厚非。然而數日之後，他棄城而走的行徑，難免令人有怯戰的負面聯想。

3. 棄城的得失

建炎四年正月八日，張俊藉口高宗要求其前往行在護衛，因此撤離明州，由陸路前往台州，與宋高宗會合，由此引發一連串的骨牌效應。首先是李質隨後離開，數日後劉洪道、張思正也跟著撤離明州城，躲入天童山山區。

因此，明州城僅剩下千餘名非正規武裝的軍力，面對捲土重來的金軍，幾乎毫無招架能力。由於先前的激烈攻防戰事，導致金軍陷城後，進行屠城之舉，大肆報復。所以，部分人士將明州遭難的原因，歸結於張俊為德不卒，既然要守城，卻不堅持到最後一刻，反而在激起金軍的怒氣後撤軍，使百姓承受金軍屠戮的慘況。

張俊是擔憂金軍大部隊到來，無法抵抗，所以棄城而走，可見他在衡量

雙方實力後，才決定是戰是走。戰前張俊尋求勇者前去偵察敵情，即是要確定金軍實力，是否為其力所能敵，如非自認足可以抵擋，恐怕前此張俊早已撤離明州，也不會有明州之役的發生。

所以，張俊基於保存實力的想法，選擇面對金軍小部隊，躲避金軍大部隊的想法，與呂頤浩「敵入我出，敵出我入」的戰略構想，有暗合之處。因此，純粹由軍事角度而論，張俊軍留在明州的目的，是拖延金軍腳步，故取得兩次小勝之後，已達到阻擊金軍的目的，高宗也泛海抵達台州，張俊認為無死守明州的必要。

高宗等人自然希望張俊能堅守明州越久越好，何況張俊在金軍注目下開赴高宗行在，很可能暴露高宗的所在。但從張俊抵達台州後，高宗不再調遣張俊支援前線，相較劉洪道、李質和張思正等人日後卻因棄明州而被嚴懲的情況，高宗等於默認曾要求張俊軍前來護衛，果真如此，似不宜追究張俊擅離之罪。但無可否認，正因張俊的率先撤離，導致明州城的主要武力迅速潰散，的確是明州失陷，慘遭屠戮的主因。

綜上所述，張俊受到批評的三項決策，如果排除各方面的因素，僅就軍事角度而言，其實皆有其合理之處，但執行此三項決策所付出的代價，卻是要由人民來承擔，這也就是他受批評的主因。

二、「海道之行」

（一）意義及影響

1.逃離金軍追擊的關鍵

金軍在建炎三年的進攻中，以高宗為追擊目標，而高宗則千方百計躲避金軍的進逼。由於南宋各地守臣皆望風而逃，加上金軍的進軍快速，宋室感受到莫大壓力。此前高宗已有多次被金軍追趕的經驗，甚至數度在金軍騎兵攻擊範圍內驚險脫離，因此他對於如何逃離金軍的追擊，十分關切。

「海道之行」就是一次新的嘗試，搭乘船隻逃亡海上，躲避金軍攻擊，金軍雖然也乘船出海追索，但由於天氣惡劣，以及南宋水軍的襲擊，以致船隊潰散。由此可見，高宗海道之行，可以成功逃過金軍追擊的主因，在於較佳的航海技術以及水軍實力。當時雖然天候惡劣，但顯然對於南行的高宗船隊，以及阻截金軍的張公裕船隊，影響相對較小，這自是雙方航海技術的高低，以及人船對於海上風浪的承受力不同，有以致之。

另外，張公裕船隊能夠在惡劣的天氣之下，衝擊金軍船隊，打亂其隊型，顯見南宋水軍的戰力，勝過追擊前來的金軍。金軍船隊被衝散後，已無信心繼續再度入海。因此，高宗君臣得以擺脫金軍，躲避入海是一大關鍵。

2. 確立視海道為退路的國防政策

高宗即位之初，即面臨金軍可能隨時進攻的龐大壓力，於是一路南下，躲避敵鋒，東都留守宗澤屢請還都開封，高宗皆敷衍以對。因此，高宗初期面對金軍的攻勢，皆採避敵方式，一路南逃。

此次金軍的進攻，高宗同樣是走為上策。建炎三年閏八月，金軍尚未進攻前，在建康府的高宗君臣，就已對要逃避到何方展開過爭論，顯示高宗君臣信心不足，並無堅決抵抗的意志。當時的候選地點包括四川、襄陽等地，留在建康抗敵也是提議之一，最終決定前往江浙地區觀變。〔註131〕從之後局勢的發展來看，選擇前往江浙，方便的海道，應該是考量的重點之一。

高宗入海之前，本欲前往平江府坐鎮指揮，除當地駐紮著兩浙宣撫司大軍外，從該地要登舟入海相當方便，情勢不利時，可迅速撤退。因此，高宗一行在此次軍事行動中的行止，沿途皆注意是否方便入海。由此次的經驗證明，一旦情況危急，逃亡海上，確實是可行的手段。

此後，南宋朝廷即將海道視為退路，臨安府及昌國縣備有大量的舟船，作為趙宋皇室撤退時所用。〔註132〕南宋末年，面對蒙古鐵騎的進攻，趙宋皇室再度逃亡入海，最後也亡於海上。

（二）決策得失

1. 逐層防禦策略的得失

建炎三年秋，南宋面對金軍來襲，布置出「逐層防禦式」的戰線。即在金軍進攻前，宋廷在江南及江浙地方布置兩道防線，第一線是長江防線，以建康府的杜充為主軸，輔以鎮江韓世忠、太平州劉光世，寄望緊守長江下游。

另為防備金軍繞過建康，從通州渡江，甚至由山東半島從海上直撲江南地區，又在平江府駐紮江淮宣撫司等數支軍隊。這是考量萬一不幸長江防

〔註131〕《要錄》，卷27，「建炎三年閏八月丁亥」條，頁532。
〔註132〕《金史》，卷77，〈劉豫〉，頁1761。

線遭突破，金軍可能循運河南下，則位於運河樞紐的平江府，即可承擔起第二道防線的重任。高宗則渡過錢塘江，駐蹕於越州，以錢塘江為第二道天險，如前線失守，可以憑藉錢塘江的地利，拖延一段時間，如此也多一份保障。

如此措置，大致不錯，如果執行得當，幾道防線發揮效用，金軍要渡過長江，深入江南，確實不易。但人事安排的錯誤，致使此一防禦陣勢幾無功用。首先是杜充、韓世忠及劉光世三人不和，三方無法協同作戰。再者，杜充本人才能有限，不能有效整合手下的軍隊，而且布置無方，面對金軍束手無策，甚至率先逃亡，於是長江防線很快就被金軍突破。

雖然金軍主力未沿運河南下，所以第二道防線並未發揮預期效用，但金軍沿運河北上撤退時，駐守在平江府的大軍幾乎不戰而潰，宣撫使周望、守臣湯東野（～1135）接踵而逃。由此想見，就算金軍當初沿運河南下，第二道防線也無法抵擋幾天。因此，用人不當，成為宋廷「多層次防禦措施」的致命傷。

2. 拖延戰術的得失

前線被敵突破，面對迅速來攻的金軍，高宗展開逃亡行動，途中多次布置拖延金軍腳步的武力。高宗離開越州前往明州時，安排張俊與郭仲旬駐留越州，準備抵擋迅速來襲的金軍，他自己前往明州，準備出海。但張、郭二人未戰先退，其中張俊退到明州，準備隨高宗出海，但被高宗威逼利誘留在明州，擔負攔阻金軍的任務，並留下劉洪道、張思正和李質多支軍隊，協助明州城防，而高宗僅帶千餘人的護衛軍隊，退往台州。

明州淪陷後，高宗準備由台州再度南逃前往溫州的同時，派遣張公裕率領水軍，前去攔阻金軍船隊。從上述兩次行動可以看出，高宗盡量與金軍相隔至少一個州的距離，並在兩者之間安排一支部隊，用以拖延金軍的腳步。

可見高宗在逃亡過程中，盡力利用手上有限的資源，設法遲滯金軍的步伐，是他得以有驚無險地脫離險境的主因。但運用此一辦法，也需要擔負上兵力分散的風險。在前往台州的航程中，高宗的護衛僅千餘人，萬一金軍循陸路趕往台州攔截，則高宗身邊的武力將不足以保護其安全。何況當時護衛的勢力單一，這支護衛軍如有貳心，將無人可制，「明受之變」可能再度重演。

3. 逃亡海上策略的得失

此次軍事行動中，高宗選擇逃亡海上，雖然成功逃過金軍追擊，但也付出相當大的代價，故此策略是否得當，值得討論。高宗本身落荒而逃，引發各地守臣或望風而逃，或不戰而降，導致金軍很輕鬆的佔領各城市後，大肆擄掠，對江南地區的社會經濟，造成難以估計的破壞。

再者，此一策略是否能成功，主動權並不在宋室一方，而是取決於金軍。如金軍從陸路繼續追擊，逼迫高宗不斷在海上流浪，使其失去陸上的根據地，得不到補給，「崖山之役」恐將提早出現。縱然當時進入江南的金軍，在數量及質量上並不具備遂行此一作法的條件。但若金軍攻佔江浙地區後，不採大肆擄掠後撤退的策略，而是直接佔領進行統治，或是扶植傀儡政權，其後果恐是南宋朝廷難以承受。所以，高宗海道之行得以取得預期的效果，原因之一是金國不經意的配合。

故稍後有論者認為海道之行，可一不可再。除上述原因外，逃亡海上風險太大，稍有不慎，不需敵軍動手，便可能因海難而自行覆滅。況且漂流海上，正表示退無可退，對民心士氣更是一大打擊。甚至連海道之行的倡議者呂頤浩，於建炎四年秋冬時，也提醒高宗切勿再輕易進行航海避敵的行動。〔註133〕顯見海道之行在時人眼中，確實是孤注一擲的冒險舉動，非至逼不得已，情況危急時不可採用。

因此，宋高宗逃亡海道一策能夠成功，可謂含有相當大的運氣成分。除主動權並非操之在己外，海上航行能否平安順利，尚須看天候海象的狀況，故從軍事的角度進行考量，海道之行的變數太多。再則，逃亡海上，使江浙地區遭到巨大的破壞，故從社會經濟的角度來看，付出的代價太過龐大，所以高宗海道之行實非上策。

整體而言，宋廷此次軍事行動的決策，並不理想。逐層防禦的措施設計不錯，但用人不當導致兩道防線均未發揮效用。逃亡過程中，盡力運用手中的資源，遲滯金軍追擊，雖成功拖延金軍的腳步，但也使宋廷防禦力量單薄，置身於禍起蕭牆的險境之中。逃亡海上的決定，則是付出龐大的代價，及背負很大的風險，來換取政權存續的利益。綜觀以上利弊互見的分析可知，南宋未亡於此次軍事行動，大部分歸因於金軍不擅運用情勢，而非南宋的策略成功。

〔註133〕《要錄》，卷37，「建炎四年九月辛丑」條，頁701。

第四節　宋軍舟師的作用

此次軍事行動中，宋軍舟師在不同的場合，都發揮相當大的戰力，甚至有著關鍵性的效果。

一、舟師在明州之戰中的作用

明州之戰中，宋軍舟師在水陸協同作戰中，主要擔負「機動運輸」和「伏擊敵軍」兩項任務。建炎三年除夕之戰中，楊沂中和李質運用舟船將部隊運抵金軍兵力薄弱之處，展開攻擊，迫使金軍多線作戰，成功減輕宋軍正面的壓力，從中可見宋軍舟師的機動性及運輸能力。

建炎四年正月二日之戰，金軍本欲乘宋軍逆風，舟船行動不便之際，大舉進攻。然張俊早有準備，設伏以待，伏兵當是乘輕舟出擊，潛伏在運河的隱蔽處。金軍的行軍路線，應是沿運河而行，故宋軍得以在船中，用弓弩襲擊金軍。

明州之戰本是一次城池攻防戰，通常水軍不會有太大的作用，但因明州城周圍的環境，利於舟師移動，而宋軍的戰術調度亦大膽積極，並未一昧採取守勢，時常主動出擊，故水軍得以在「機動運輸」及「伏擊敵軍」上，發揮相當大的作用。

二、逃亡的工具

高宗於建炎三年冬的逃亡路線，選定由海道前往更南方的浙南、福建一帶。因此，舟師作為最主要的交通工具，自然是絕對必要。選擇海道避敵，最明顯的優點就是速度，高宗花費一天的時間，從明州定海縣到昌國縣，建炎三年十二月二十七日從昌國出發，於建炎四年正月三日抵達台州，歷時六天。張俊軍於正月七日循陸路從明州往台州移動，正月十四日抵達，歷時八天。兩者相差雖僅二天，但高宗船隊甫出發就遇連日逆風，航速欠佳。建炎四年正月一日，還因風浪過大而在海中停留，因此航行並不順利，然所花費的時間還是較走陸路為快。再看高宗船隊日後返航時，由台州抵定海僅費三天的時間，可見航海在速度上的優勢。

雖然海路具有速度優勢，但風險甚大。由於在海上航行僅能藉助船隻，如果航程中發生意外，全船安危繫於船隻是否能夠維持續航力。高宗想利用海道，又需面臨幾個困難。一是需要龐大的船隊，以載運眾多的人員。二是

船隻之間如何保持聯繫，確認彼此的動向。三是海上狀況極多，天候、洋流、礁石、淺灘等等，稍有不愼，往往導致船毀人亡的慘劇。

欲克服上述問題，首先要具備鉅大的動員力量，在短時間內徵集大量的船隻及經驗豐富的水手，還要有成熟的航海技術和完善的船隊系統。南宋正因具備這些條件，才可進行此項行動。

總之，南宋充分運用其動員能力及航海技術，將舟師作爲其撤退的交通工具，發揮海路的速度優勢，以逃避金軍的追擊。

三、對抗金軍的利器

宋高宗選擇海道的原因，除速度優勢外，運用水軍抵抗金軍，較有信心，也是一大主因。高宗在台州聞知明州淪陷時，計畫派遣張公裕率領海船前往錢塘江南口，攻擊金軍船隊，使其不得出海。這是南宋少見的主動出擊計畫，雖然此一行動朝廷中有反對意見，擔心張公裕萬一失敗，舟船被金軍搶奪，對南宋反而不利。然觀日後情勢發展，張公裕仍率領船隊北航執行任務，雖不一定是執行原訂計畫，但至少是負責攔阻敵軍船隊之類的舉動，而張公裕也達成其目標，成功逼退金軍船隊。

由此可見，南宋君臣大多認爲宋軍在水面上與金軍對抗，比較佔有優勢，所以高宗才提出此一計畫，雖然有反對雜音，但支持者佔上風，所以才派張公裕前去施行阻截計畫。

從結果而論，水軍的確發揮出預期中的功效，建炎三年到四年宋廷局勢全面敗退情況下，憑藉水軍與金軍對抗，是南宋得以撐過金軍此波追擊的重要關鍵。

第二章 南宋的反擊
——陳思恭「太湖之戰」與韓世忠「黃天蕩之役」

金軍追擊高宗不果，遂大肆擄掠臨安，隨即北撤。北返的途中，許多南宋軍隊對金軍展開反擊。這些行動中，有兩場水戰獲得勝利，即「太湖之戰」和「黃天蕩之役」，前者雖是一次成功的襲擊，但規模較小，獲得的戰果也不大。後者則是一次眾寡懸殊的會戰，宋軍雖然先勝後敗，卻對金軍造成沈重打擊。

這兩場戰役對南宋初期政局的穩定，發揮不小的作用，「太湖之戰」因是一場難得的勝利，被大肆宣染，以提振士氣；「黃天蕩之役」則使金國軍隊認識到南宋水軍的優勢，對再次渡江多有顧忌。

第一節 陳思恭與「太湖之戰」

「太湖之戰」是一場小規模的襲擊戰，但在南宋初年曾被朝野當成一次大勝利來頌揚，某些記載中甚至聲稱金軍主帥兀朮幾乎被俘虜，[註1] 可見其在當時具有重大的意義，甚至被當作戰例加以討論。然而後世史家的相關論述，此役幾乎未被提及，甚至連作戰的指揮官陳思恭，在《宋史》中都未立傳，前後認知呈現很大的落差。

陳思恭是北宋名臣陳恕（953～1011）、陳執中（991～1059）之後，但由於其祖父陳世儒（～1079）涉嫌殺害生母一事，故後嗣甚難進入政府高層。

〔註1〕 〔宋〕熊克，《皇朝中興紀事本末》，卷 12，「建炎四年二月戊戌」條，頁 7a
～7b。

陳思恭本人則是以帶兵作戰的軍人身份出現，南宋初年時，先後在韓世忠和張俊的麾下，擔任軍官。他作戰時的態度較趨保守，有臨陣先退的不良紀錄。但在「明受之變」的勤王行動中，擔任海路方面的指揮官之一，率軍先達杭州城下，立下不小的功勞。亂事平定後，被拔擢為御營後軍統制，擔任獨當一面的領軍大將，他升任後軍統制之後不久，便發生「太湖之戰」。〔註2〕

一、戰役經過

（一）戰前金軍動向

建炎四年（1130）二月，追擊高宗未果的金軍，由於深入南宋腹地已久，開始進行撤退行動。根據宋人的記載，金軍是因為接獲消息，得知韓世忠已經前往鎮江，準備在長江佈防，阻斷金軍北返的道路，然此說似有誇飾之嫌。因金軍並未急忙北返，而是在搶掠明州、杭州等大城後，才帶著大量的戰利品，沿運河緩緩北行，如金軍果真是顧忌韓世忠的攔截，行動當不致於如此緩慢。因此，金軍的撤退應是認為已到達南進的極限。

金軍雖然勢如破竹的攻入江南地區，沿路僅遇到零星的抵抗，但孤軍深入敵境腹地，畢竟對金軍不利。金軍得以長驅江浙，就軍事角度分析，有兩大因素，首先是長江防線未發揮效果，金軍迅速地渡過長江，各地守軍措手不及。且十餘萬大軍駐守長江，卻瞬間被突破，塑造出金軍銳不可擋的形象，此一心理作用所導致的恐慌，使各地的軍隊皆失去與金軍正面對仗的勇氣。

第二，突破長江防線，攻陷建康後，金軍並未沿運河南下反而走廣德軍、湖州一線進攻，因此平江府大軍並未發揮第二道防線的效果，金軍推進迅速，使宋廷的戰略布置失靈，其間所造成的心理影響，不可低估。

然以上兩個因素所造成的恐慌，在金軍追擊至明州後，效果逐漸減低，南宋一方已逐步反應過來，如韓世忠軍就準備前往鎮江阻擊金軍。另因長江防線失守而潰散的軍隊，流竄到各地埋伏，伺機採取游擊行動，也對金軍造成相當威脅。如岳飛率軍退至宜興（今江蘇宜興）駐守，〔註3〕在金軍撤退時，於建康附近展開襲擊。

因此，深入敵境的金軍，在追擊高宗至明州後，已是強弩之末，如欲繼

〔註 2〕 陳思恭生平可參見劉川豪，〈南宋初期將領陳思恭〉，《中正學刊》第十期（2007 年 12 月），頁 229～265。

〔註 3〕 《會編》，卷 136，「岳飛屯於宜興」條，頁 2a。

續南侵，勢必面對另一個更不熟悉的戰場──海洋，擒獲高宗的目的更沒有把握。金軍表現雖然依舊強銳，但實際上容易陷入四面楚歌，如宋軍指揮得當，措置得宜，深入江南的金軍隨時有被殲滅的危機，故金軍的情況似安實危。再者，此時南方逐漸邁入濕熱的雨季，天候將會成為金軍的另一個難題。所以金軍已是到了必然要撤退的時機，恐非得知韓世忠要在長江攔截，才開始撤離。

金軍在大肆劫掠杭州、明州，縱火焚城後，開始撤離。由於要運送大量戰利品，故以船隻乘載沿運河而行。金軍臨近平江府時，宋方守臣及守軍皆不戰而逃，讓金軍輕易進入平江府。金軍洗劫平江府後，繼續北返，但就在主帥兀朮離開平江府的同時，金軍後隊在吳江縣（今江蘇吳江）境內的太湖中，被南宋將領陳思恭率水軍襲擊。

（二）金軍南侵前陳思恭在長江防線中的作用

陳思恭擔任御營後軍統制不久，金軍再度南下，宋廷將臨時政府遷回杭州，並命杜充、韓世忠和劉光世等十餘萬重兵，駐防建康、鎮江及太平州，以建康府為中心，建構江防，固守長江下游各戰略要地。

然此時陳思恭並不在建康府的防禦體系之下，而是與新任的御營使司都統制辛企宗、統制官王瓊，負責其他地方的防務工作：

> 御營使司都統制辛企宗守吳江縣，御營後軍統制陳思恭守福山口
> （今江蘇福山），統制官王瓊守常州（今江蘇常州）。〔註4〕

其中常州與吳江，是從鎮江至臨安一段運河的重要城鎮之二，顯見是高宗為前往臨安所派的先遣部隊。而陳思恭所駐守的福山口，則是位居長江邊上的重地，為平江府常熟縣（今江蘇常熟）轄下。〔註5〕《讀史方輿紀要》描述其形勢為：

> 福山，縣北四十里。下臨大江，形如覆釜，亦名覆釜山。唐天寶六
> 載（747）改曰金鳳山。天祐初，吳越於此築城戍守，控扼江道，亦
> 謂之金鳳城。朱梁乾化三年（913），吳越復改為福山，與大江北岸
> 通州（今江蘇南通）之狼山相值。周顯德五年（958），克通州，吳
> 越前將邵可遷等帥水軍屯江南岸，與周師相應，即此處也。時謂之

〔註4〕　《要錄》，卷27，「建炎三年閏八月辛卯」條，頁549。
〔註5〕　〔北宋〕王存撰，王文楚、魏嵩山點校，《元豐九域志》（北京：中華書局，1984年12月），卷5，〈兩浙路〉，「蘇州府」條，頁210。

福山鎮。宋南渡後治水軍砦，建炎三年（1129），韓世忠控守福山，以備金人海道之師。……蓋縣境之北門，亦吳郡之重險也。志云：

山周五里，東通大海，北枕大江，土人亦謂之福山岡。〔註6〕

從此一敘述，可以看出福山附近是適合部隊橫渡長江的地點。因此，由五代開始，此處便成為軍事要地。建炎三年初，高宗倉皇渡過長江時，御營司都統制王淵就已提到，「暫駐鎮江，止捍得一處，若金自通州渡，先具姑蘇，將若之何？」〔註7〕因此，陳思恭在此防守的用意，就是要防備金軍遣偏師輕騎從通州渡江，取道長江口，直攻平江府，攔截前往臨安的高宗一行人，所以福山在此時的戰略地位重要，陳思恭駐防此地，任務之重實不下於辛企宗等人。

（三）陳思恭在平江府防務中的作用

宋高宗安排好長江一線的防務，以及確保南行沿途的安全後，即從建康出發前往臨安，〔註8〕經鎮江、常州、無錫（今江蘇無錫），沿途相當順遂，不久後抵達平江府。〔註9〕在平江府稍做休整後，準備繼續南行，行前對平江府的防務安排如下：

詔休兵兼旬，可涓日進發。以尚書工部侍郎湯東野為徽猷閣直學士知平江府兼兩浙西路安撫制置使。留御營統制官巨師古、陳思恭、李貴以所部守平江，並受宣撫使周望節制。〔註10〕

〔註6〕 〔清〕顧祖禹撰，《讀史方輿紀要》，卷24，〈南直六〉，「蘇州府常熟縣福山」條，頁1178。引文中提到韓世忠駐守福山的敘述，應是引自《宋史》，卷25，〈高宗二〉，頁468。查閱《要錄》，此條的紀錄為：「時諜報金人陷登、萊、密州，且於梁山泊造舟，恐由海道以窺江浙。初命杜充居建康盡護諸將，至是輔臣言：『建康至杭州千里，至明、越又數百里，緩急稟命，恐失事機，請以左軍都統制韓世忠充兩浙江淮守禦使，自鎮江至蘇常界圍山、福山諸要害處，悉以隸之。』上曰：『未可，此曹少能深識義理，若權勢稍盛，將來必與杜充爭衡。止令兼圍山足矣。』」故韓世忠應未圍駐福山。由此段引文，可以看出當時福山在軍事上的重要性。參見《要錄》，卷28，「建炎三年九月丙午」條，頁553。

〔註7〕 《要錄》，卷20，「建炎三年二月癸丑」條，頁392～393。

〔註8〕 《要錄》，卷27，「建炎三年閏八月壬寅」條，頁551。

〔註9〕 《要錄》，卷27，「建炎三年閏八月壬寅、甲辰」諸條，頁551；卷28，「建炎三年九月己酉、庚戌、辛亥」諸條，頁553～554。

〔註10〕 《要錄》，卷28，「建炎三年九月庚午」條，頁557。亦可參見〔宋〕王明清，《揮麈錄後錄》，卷10，「錢穆〈收復平江記〉」條，頁161，所記文字略有不同。

此一布置，應是以平江府爲中心，組成第二道防線。平江府位於太湖東側，
屬經濟發達地區。南宋著名地理書《方輿勝覽》對此地有「四郊無曠土，有
海陸之饒，無墊溺之患」、「具區在西，北枕大江，水國之勝，旁連湖海，枕
江連海，爲東南冠」的評語。〔註 11〕從這些評論中，可看出平江府在軍事、
經濟方面的重要地位。

　　陳思恭原先駐守福山口，用意在防止金兵搶先高宗一步攻下平江府。高
宗既已順利到達平江府，準備繼續南下，福山口防務就非緊要，當務之急是
守住運河樞紐的平江府。因此，陳思恭部被調回平江府，增強防禦實力。

　　高宗安排好平江防務之後，啓程繼續南下。〔註 12〕宣撫使周望對轄下諸
將防務安排如下：

> 周望遣諸將各部署所隸兵，分護境內。河內降賊郭仲威領其下萬眾，
> 至自通州，屯泊於虎丘山。……望白謂虜不敢犯境而過，始少安，
> 遂倚郭仲威爲腹心，俾盡護諸將，與張俊、魯鈺居城中，遣巨師古
> 控扼吳江，陳思恭屯楞伽山，李閻羅（李貴）屯常熟縣。〔註13〕

從此次防務布置來看，陳思恭並未被周望規劃在城防部隊中，而是被派駐到
城外的楞伽山。楞伽山的戰略地位，明人鄭若曾《江南經略》中有如下的敘
述：

> 胥門石灰橋西行九里爲橫塘，橫塘西南三、四里爲楞伽山（原注：
> 俗呼上方山），山麓所匯白灧而連太湖者，石湖也，乃太湖之委瀦也。
> 週圍二十有六里，行春橋在焉。北屬吳縣界，南屬吳江縣界。民廬
> 四匝雜植花竹，而湖居其中。寇若進此，則或由橫塘而犯胥門，或
> 沿楞伽一帶山外而掠溪上、掠橫金、掠下保，或由橫塘彩雲橋之北，
> 而掠楓橋，犯閶門。故石湖守禦不可以已也。〔註14〕

此段論述說明石湖的重要性，連帶也點出位於石湖之旁的楞伽山，其關鍵性
的戰略地位。守住石湖，就可有效防備從太湖而來的攻擊，扼守石湖的重要
關鍵，就在其旁的楞伽山。同理，如果戰況不利，守住楞伽山，也可以確保

〔註11〕　〔宋〕祝穆撰，祝洙增訂，《方輿勝覽》，卷2，「平江府」條，頁31。
〔註12〕　《要錄》，卷28，「建炎三年十月戊寅」條，頁561。
〔註13〕　〔宋〕王明清，《揮麈錄後錄》，卷10，「錢穆〈收復平江記〉」條，頁160～
　　　　　161。
〔註14〕　〔明〕鄭若曾，《江南經略》（景印文淵閣四庫全書，第七二八冊），卷2上，
　　　　　「石湖險要說」條，頁57a。

城中軍民退往太湖的路線。〔註15〕

（四）陳思恭自行脫離周望節制

金兵很快地擊敗杜充渡過長江，肅清長江一線的宋軍力量。高宗雖然在運河沿線預先佈置，以防止金軍南下。但是金軍卻未如宋廷預期，由太湖東側沿運河進行追擊。而是從太湖的西側，取道廣德軍、湖州，進攻臨安，直撲高宗的所在地越州、明州。高宗逃亡海上，金兵追之不及，乃開始沿運河，取道秀州、平江府，往北方撤走。〔註16〕

面對金軍即將到來的攻擊，周望平時不重情報，事前準備不周。當時謠言四起，多云：「賊自越州躡來路返金陵。」或又謂：「自臨安府昌化縣（今浙江昌化鎮），道宣（今安徽宣州）、歙（今安徽歙縣）趨當塗（今安徽當塗）渡江而歸。」〔註17〕總之所有的傳言都顯示，金軍將沿太湖西側北返，平江府不會有遭到攻擊的危險，且臨安並未發現金軍的蹤跡。

圖 2-1：金軍行軍路線示意圖

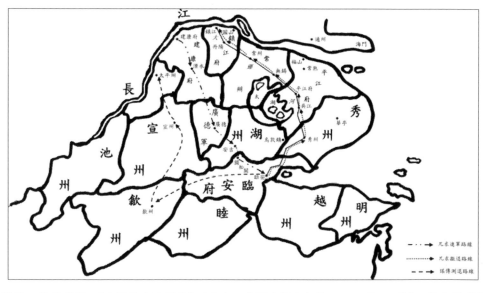

說明：據譚其驤，《中國歷史地圖集》（北京：中國地圖出版社，1982 年 10 月），第六冊「宋遼金時期」，〈南宋・兩浙西路兩浙東路江南東路〉，繪製。（頁 59～60）

〔註15〕 周望在金軍逼近時，就是逃往太湖。參見《要錄》，卷 31，「建炎四年二月丙申」條，頁 615。

〔註16〕 《金史》，卷 77，〈宗弼傳〉，頁 1752～1753。

〔註17〕 〔宋〕王明清，《揮塵錄後錄》，卷 10，「錢穆〈收復平江記〉」條，頁 161。

綜研以上情報，高宗命令周望派遣陳思恭前去收復臨安。〔註18〕但是陳思恭在半途發現情勢有變，金軍直撲平江府而來，於是他隨機應變，權宜行動：

> 思恭至秀州，偵知傳言之妄，間道走湖州之烏墩鎮（今浙江烏鎮）
> 以觀變。至是完顏宗弼過秀州。〔註19〕

陳思恭第一反應並非撤回平江府，通知周望增強守備力量，反而是潛伏於湖州地方觀變。此一舉止顯現陳思恭保守的作戰態度，早在建炎元年河南府（今河南洛陽）一戰，陳思恭已有自行引兵先退，導致主帥陷入重圍的紀錄。〔註20〕此次金軍的行動，出乎宋方意料之外，陳思恭也是引兵退走他處，靜觀其變。這樣的作法形同臨陣脫逃，對原本就不利的局勢，更添加不少的變數。

陳思恭退避至烏墩鎮後不久，金軍兵臨平江府，防守吳江的巨師古不戰而潰。〔註21〕在平江府城中的宣撫使周望與知府湯東野未戰先逃，將平江府城的防禦任務，全權交給統制官郭仲威。郭仲威曾在百姓面前對破敵一事誇下海口，聲言「敵行破矣」，卻在金軍大舉集結之際，縱火焚城，趁亂脫逃。金軍入城之後，大肆擄掠縱火焚城，大火延燒五日才熄滅，〔註22〕事後統計，平江府死者近五十萬人。〔註23〕雖然造成這麼大死傷的罪魁禍首，是周望與郭仲威兩人，但是陳思恭在探知金軍動向時，不予回報，也未回平江府協助守禦，實大違軍人職責。

（五）太湖之戰

金軍擄掠平江府，準備北返之際，後隊在吳江縣的太湖被陳思恭率軍襲

〔註18〕 張守，《毘陵集》，卷1，〈賜嚴州柳約詔〉，頁19a。《要錄》，卷31，「建炎四年二月辛卯」條，敘述派遣陳思恭收復杭州，是周望出於私心，想要乘金軍撤走，順勢進入杭州，搶取收復臨安的功勞。這個說法，可能是根據錢穆〈收復平江記〉，然而錢穆撰述〈收復平江記〉的本意，就是在抨擊周望對於平江府的防務不甚經心，導致平江府慘遭金軍屠戮。因此，某些敘述難免有渲染誇大之嫌。張守文集中的詔書，寫著「已令周望遣陳思恭統兵前去收復臨安」，所以派遣陳思恭進兵杭州，應該是高宗所發出的指示，而非周望自行決定。

〔註19〕 《要錄》，卷31，「建炎四年二月辛卯」條，頁612。

〔註20〕 《要錄》，卷15，「建炎二年四月丙寅」條，頁311。

〔註21〕 《要錄》，卷31，「建炎四年二月甲午」條，頁612。

〔註22〕 《要錄》，卷31，「建炎四年二月戊戌」條，頁615。

〔註23〕 《要錄》，卷32，「建炎四年三月丁未」條，頁620。

擊。此次的戰役，大部分的史料記載都相當簡單，可能皆源自李壁（1159～
1222）《中興十三處戰功錄》的紀錄，其記載如下：

> 三月癸卯朔，虜後軍泊吳江縣，下臨太湖，石岸險狹，陳思恭以兵
> 邀之，虜舟亂不整，思恭大捷而退。〔註24〕

《要錄》、《會編》對此事記載大多一致，最大的出入在於李壁稱陳思恭此戰
為「大捷」，對此戰給予較高的評價。而《要錄》與《會編》，一稱「小捷」
一稱「小勝」，都是較為穩健的估計。〔註25〕《要錄》作者在此有一條注文，
對戰績實情進行討論：

> 熊克《（中興）小曆》云：敵過吳江，思恭以舟師邀於太湖，擊敗
> 之，幾獲烏珠（即兀朮）。此據張匯《節要》所書也。以趙甡之《遺
> 史》考之，乃不然。錢穆〈收復平江記〉亦無此事，當更詳考。
> 〔註26〕

可知此次戰果有部分說法，甚至誇大到幾乎擒獲金軍主帥的程度，但從大部
分的史料來看，此次戰功應當未到如此程度。有研究者從地理上的相對位置
來探討，認為「如果三月癸卯朔這一天，兀朮確實離開平江繼續向西北方向
的常州撤退，那麼，又怎麼可能在同一天跟位於平江西南三十里太湖之中的
陳思恭部發生激戰呢？」〔註27〕所以此次戰役，應只是陳思恭對金軍後隊進
行襲擊，取得小勝之後又快速的退走，這可從他在四天後的丁未日（5 日），
才由烏墩鎮返回平江看出來。〔註28〕如果陳思恭取得巨大勝利重創金軍，他
大可揮軍進入平江城，或是更積極地對金軍北撤主力部隊進行追擊。從陳思
恭邀擊後的舉動來看，陳思恭只是像游擊隊一樣，進行騷擾式的襲擊，並未
對金軍主力造成嚴重的打擊，他略有所得之後，就迅速退回烏墩鎮，等確定
金軍全部退走，才率軍到達平江城。

　　所以陳思恭「太湖之戰」只是一場小勝，並不是重大勝利。關於這一場
戰爭經過情況，由於缺乏詳細的資料，無法進行全面討論，但根據少數幾條

〔註24〕　〔宋〕李壁，《中興戰功錄》，「陳思恭太湖」條，頁2a～2b。
〔註25〕　《要錄》，卷32，「建炎四年三月癸卯」條，頁619。《會編》，卷137，「三月
　　　　　癸卯朔陳思恭敗金人於吳江」條，頁9a～9b。
〔註26〕　《要錄》，卷32，「建炎四年三月癸卯」條，頁619。
〔註27〕　范立舟、曹家齊，〈「乾道十三處戰功」考辨〉，《徐州師範大學學報（哲學社
　　　　　會科學版）》1998年第一期，頁64。
〔註28〕　《要錄》，卷32，「建炎四年三月丁未」條，頁620。

史料，配合當時背景，仍可嘗試還原該戰役的經過，試述如下。

　　首先，陳思恭從平江出發準備收復杭州時，很可能是走水路，用舟船當交通工具。由於陳思恭原本駐守楞伽山，控扼從太湖進入平江府城的水路要道，理當備有相當數量的舟船，所以陳思恭部移防，自然是走水路，取道運河較爲方便。陳思恭沿運河而行，過秀州府城後不久，發現金軍尚在杭州，而且正準備沿運河北上，〔註29〕如果他繼續前進，就會與金軍正面遭遇，於是轉入與運河連接的支流，前往湖州烏墩鎮暫避敵鋒。〔註30〕

　　金兵迅速攻取秀州城後，直撲平江府。陳思恭在金軍攻陷平江府後，才沿著其他的水道，進入吳江縣境內的太湖，襲擊停泊在吳江縣的金軍後隊船舶。以水軍從太湖襲擊金軍的想法，當時的宣撫使司參謀官胡舜陟曾向周望建議過：「樞密必欲守平江，莫若移軍吳江，據太湖天險，吾輩以中軍扼其前，使諸將以小舟自太湖旁擊之，可必勝。」〔註31〕周望並未採用此一建議，然就當時的局勢而言，陳思恭以舟師從太湖襲擊金軍，自是適合的作戰方式。〔註32〕

　　陳思恭襲擊金軍的確切地點，可從呂頤浩在紹興七年（1137）一份討論宋金雙方形勢的奏章中得到線索。呂頤浩在奏章中列舉建炎以來的幾場勝利，其中提到「陳思恭邀擊於長橋」。〔註33〕吳江也確實有「長橋」一地，在縣城東兩里處，又名「利往橋」、「垂虹橋」，〔註34〕「前臨具區，橫絕松陵，

〔註29〕　《金史》，卷77，〈宗弼傳〉，頁1753。
〔註30〕　〔宋〕王明清，《揮塵錄後錄》，卷10，「錢穆《收復平江記》」條，頁161。
〔註31〕　〔宋〕王明清撰，《玉照新志》，卷3，〈避亂錄〉，頁54。
〔註32〕　〈避難錄〉言周望及諸將對此一建議相當不以爲然，唯有陳思恭大表認同，甚至自願擔任先鋒，於是在金軍進攻時，沒有徵得周望的同意，便自行採取行動，故有「太湖之捷」（頁54～55）。此說法應是胡舜申要爲其兄添加功績，故有所增飾。縱然胡舜陟有此建言，如其在金軍兵臨城下之際建議，當時陳思恭已不在平江防區中，根本不可能聽到此建議，如是陳思恭離開平江之前有此建議，戰時周望並無法指揮陳思恭的行動，陳思恭行動也不需經過周望同意，與〈避難錄〉的說法略有出入。又，力排眾議，甚至自願擔任先鋒的舉動，也不符合陳思恭一向保守的行事風格，所以〈避難錄〉認爲陳思恭是聽從胡舜陟建議，從太湖襲擊金軍的說法，並不可信。從太湖襲擊金軍，應是陳思恭順應當時的情勢，所採取的行動，胡舜陟的建議至多只是啓發，並無絕對地指導作用。
〔註33〕　《會編》，卷176，「紹興七年正月十五日丁丑，呂丞相頤浩奏對十論箚子」條，頁7b。
〔註34〕　〔清〕顧祖禹撰，《讀史方輿紀要》，卷24，「南直六，蘇州府，吳江縣」，頁

湖光海氣，蕩漾一色，乃三吳之絕景」。〔註35〕其南方有一條「爛溪」匯入太湖水域，「爛溪」北流匯入太湖之前先流經湖州烏墩鎮。〔註36〕因此，陳思恭部很可能便是從「爛溪」往來於烏墩鎮與吳江縣。

圖 2-2：陳思恭進軍路線示意圖

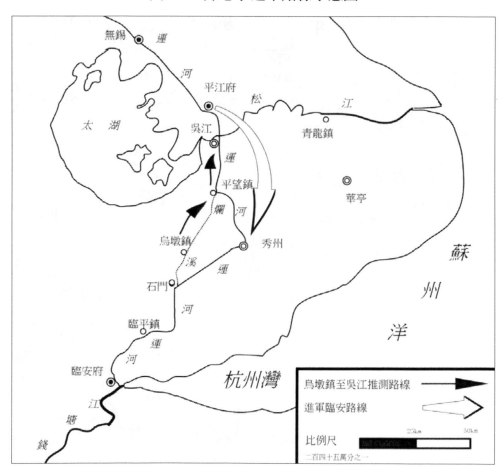

說明：
(1) 據《中國歷史地圖集》，第六冊「宋遼金時期」，〈南宋‧兩浙西路 兩浙東路 江南東路〉，頁 59～60，為底圖繪製。
(2) 以虛線表示的「爛溪」，因所據底圖中無此溪，據《中國歷史地圖集》，第七冊「元明時期」，〈明‧浙江〉，頁 68～69，該圖內容補。

1171。
〔註35〕 〔宋〕祝穆撰、祝洙增訂，《方輿勝覽》，卷 2，「浙西路平江府」，頁 37。
〔註36〕 〔清〕顧祖禹撰，《讀史方輿紀要》，卷 24，「南直六，蘇州府，吳江縣」條，頁 1169。

　　據明人的記載，從烏墩鎮（明代稱烏鎮）至吳江，要經十八里橋、師姑橋、錢馬頭、灘溪橋、菱蕩、大船坊、平望、八尺等地，約一百二十里（六十公里）的水程。明人的記述中，該段水道對於航行並不便利，水蕩多，人家少，小橋也多，順風時已無法快速推進，遇逆風更是行動困難，而且尚須提防強盜。〔註37〕南宋時的情況大概相類，雖然對航行不利，但相對的由於人煙稀少，湖蕩多，要隱匿行蹤也比較方便，才能達到奇襲的效果。

　　陳思恭襲擊金軍時，曾得到意外的協助，許多「中軍係虜之民，聞兵至，皆爲內應，縱火焚舟。」〔註38〕可見當時金軍中許多被擄掠的人民，適時呼應陳思恭的襲擊行動，使金軍內部陷入混亂。除此之外，在日後一份討論增設民兵、水軍的奏章中，曾以太湖之戰的歷史經驗，作爲討論的範例，其中提到：

> 日者，僞四太子回軍至吳江，禪將陳思恭驟以舟船襲之，賊眾驚亂，幾至於潰。適近村有應之者，素非所約，思恭疑爲賊兵，遂不果終其役。〔註39〕

由此可知，當時非但金軍之中的俘虜乘時而起，鄰近隱藏起來的地方武力，也乘機出擊。但陳思恭作風保守，使他選擇退回烏墩鎮，等幾天後確定金軍已經退走，才再度率軍北返平江府，以致不能有效擴張戰果。

二、戰役評析

　　此次戰鬥，雖然僅是宋軍的一場小勝，而且過程並不清晰，但透過以上論述，仍可看出戰役的大體經過。釐清此戰的概況後，以下試析陳思恭及其部隊，在此次戰役中的優缺點。金軍方面的分析，由於宋軍的行動對於金軍似乎影響不大，此戰金軍幾乎毫無反應，所以也難以對其決策做出分析，故此從略。

（一）水軍在江南地區的行動力

　　水軍在江南地區具有優勢，已爲歷來論者所肯定，而從陳思恭此次的襲

〔註37〕〔明〕黃汴纂，楊正泰點校，《一統路程圖記》，附於楊正泰，《明代驛站考（增訂本）》（上海：上海古籍出版社，2006年11月），卷7，〈江南水路〉，「杭州迂路由爛溪至常州府水路」，頁266。

〔註38〕〔宋〕王明清撰，《玉照新志》，卷3，〈避亂錄〉，頁55。

〔註39〕〔宋〕葉夢得，《石林奏議》（《續修四庫全書》四七四冊，上海：上海古籍出版社，1997年，據復旦大學圖書館藏清光緒十一年（1885）陸心源皕宋樓影宋本影印），卷8，〈奏金賊移軍稍前乞講民兵水軍二事箚子〉，頁5a。

擊中可看出，在河湖縱橫、水運發達的區域，水軍可在敵人未發覺的情況下，突然出現又迅速退走，來去如風，進退自如，發揮出宛如騎兵的機動性。而且南宋一方熟悉當地水道，更能將水軍的機動性發揮到極致。

擅於騎射的金國軍隊，在河湖遍布的江南地區，機動力受限，戰力無法發揮。對於江南地區的地理環境，不論是地形、道路及交通狀況等，皆甚陌生。宋軍此戰利用水軍的機動性，以及熟悉地勢，在一開始情況不利時，走水道至烏墩鎮待機。至金軍大部隊已經開始北撤，再由金軍所不知的爛溪乘勢而出，對其後隊展開襲擊，獲得良好的效果。可見舟師在江南地區的機動及隱密，確實是此戰得勝的重要關鍵。

雖然此戰並不像本文所研究的其他戰役一樣，具有較大的影響力，因為，金軍並未遭受重大損失，也沒有因此改變其行動策略。但此次襲擊，水軍所展現的靈活性，卻是其他戰役所少見。

（二）地方武裝勢力的協助

金軍隊伍中宋人俘虜的乘機動亂，以及其他地方武裝勢力的適時援助，讓金軍產生混亂的情況，是陳思恭獲勝的大助力。這些來自民間的協助，在整個南宋戰史中佔有重要地位，高宗朝的水戰中，亦時常可以發現地方武力的支援。

本次戰事民間武力所起的作用，與其他戰役稍有不同。其他戰役中，大多已事先與地方武力進行聯絡，經過協調，行動具有計畫性。但此戰則不同，陳思恭沒有事先聯繫安排，擬定協同作戰方針，以致當地方武裝勢力出現時，反而不知所措，未能及時應變，做出適當的決策，用以擴大戰果。可以說，這支武力的出現，本可能幫助陳思恭獲得更大的勝利，但因陳思恭不明究理，未敢冒險，便退回烏墩鎮。

總體而言，地方武裝勢力，在「太湖之役」這種襲擊性質的戰鬥中，可以發揮不小的作用，尤其在陳思恭軍力有限的情況下，多一些可用之兵，就多一分力量。但各方勢力缺乏充分的溝通及協調，導致未能發揮應有的效果，也顯示出運用地方武力的侷限性。

（三）陳思恭個人的判斷

影響此戰最大的因素，是指揮官陳思恭個人的決策。由於戰鬥規模較小，在戰術層面上個人的指揮，對整體過程的影響反倒較大。從陳思恭在參與的

歷次戰鬥中，可以觀察到其行事比較保守，所以在戰鬥時遇到局勢不明，或是出現計畫以外的情形時，往往會選擇比較退縮的方式。在「太湖之戰」前，他決意走避烏墩，而不是向前迎敵，或是退守平江。襲擊金軍的時機，選在金軍已經對平江府屠戮完畢，準備繼續北進之時，也有避開敵人主力的意味。當意料之外的支援出現時，由於情況不明，寧願選擇退走觀望，在在顯示陳思恭的保守與消極。

就這場戰鬥而言，陳思恭的保守性格，可謂功過參半。走避烏墩，讓其戰力得以保留，但有臨陣脫逃之嫌。避開金軍主力的決定，讓其部隊可以發揮最高的戰力，使襲擊的效果達到最大，但選擇的時機，也不免令人認為有爭功之嫌。意圖不明的地方武力出現，他選擇退走，不願輕易涉險，雖非不當，卻也失去一個擴大戰果的機會。

總之，陳思恭保守的性格，對於這場規模不大的襲擊行動之結果，有著絕對的影響，至於是非功過，就端看評論的角度而定。

第二節　韓世忠與「黃天蕩之役」

建炎四年的「黃天蕩之役」，被視為宋金雙方的局勢由金強宋弱轉變成勢均力敵的重要關鍵。該役緊接在「太湖之役」後發生，金宋雙方的主將分別是兀朮及韓世忠，整個戰役大致上可分成「鎮江之戰」、「金山之戰」、「長江追擊戰」、「黃天蕩之戰」和「建康之戰」等五個階段。

關於此戰的研究，鄧恭三（鄧廣銘）《宋韓忠武公世忠年譜》已將許多相關史料彙整於一處，並提供部分考證，對後續研究有很大的便利。〔註40〕但該書屬年譜體例，故未對此戰進行論述，也未摘錄《要錄》及《金史》的相關紀錄，是其缺憾。有學者針對戰役經過進行檢視，對部分史實進行考證，如周寶珠考證過此次戰役中金軍開河的地點，以及戰役的時間，初步整理了整個戰役的過程。〔註41〕袁曉國結合文獻記載、實地訪談和科學測繪技術，考證黃天蕩的所在地。〔註42〕楊倩描比對相關史料，對宋金雙方在鎮江的戰

〔註40〕 鄧恭三（鄧廣銘），《宋韓忠武公世忠年譜》（臺北：臺灣商務印書館，1986年6月），頁72～83。
〔註41〕 周寶珠，〈關於宋金黃天蕩之戰的幾個史實問題〉，《史學月刊》1981年第五期（鄭州：河南人民出版社，1981年），頁35～39。
〔註42〕 袁曉國，〈韓世忠激戰金兀朮故址黃天蕩究竟在何處〉，《南京史志》1985年第

況作一番考證。〔註43〕

　　然以上論者都未對此戰進行深入的探討，《年譜》一書因編輯目的及體例所限，故未深論。其他三者的文章，皆以考證部分史實爲目的，雖然對此戰的原貌重現有所貢獻，但無暇對戰事作全面討論，故仍有探討必要。且歷來研究皆以闡述此戰政治意義爲主，以水軍戰史爲中心的觀察比較忽略。因此，本文嘗試從水軍戰史的角度，重新檢視此一戰役，整理其詳細經過，並全面分析影響此戰的因素。

一、戰役經過

（一）戰前金宋雙方的軍隊動向

　　兀朮在平江府大肆燒殺擄掠之後，未停留太久，隨即繼續北返，後隊雖在太湖爲陳思恭所襲擊，但並未影響全軍的行進。然韓世忠統領的宋軍，已守在長江南岸的要地鎮江府，準備截擊金軍。

　　兀朮南下之時，南宋長江下游的防線，是以駐守建康的杜充爲中心構建，輔以鎮江的韓世忠，及太平州的劉光世。但因杜充潰敗太快，導致整個長江防線迅速崩解，韓世忠率所部退避至長江口的秀州，「以前軍駐通惠鎮（今浙江浦東），中軍駐江灣（今浙江浦東），後軍駐海口。世忠知金人不能久，大治戰艦，俟其歸而擊之。」〔註44〕顯見韓世忠已察覺南下的金軍，其戰略目標並不是佔領江南地區，而是擒獲南宋的政治首腦，亦即主要目標是剷除殘餘的趙宋皇室成員。所以金軍的戰術是以輕騎追擊爲主，採取大縱深的進攻，且在所經城市大肆擄掠。此種戰術，後勤工作將是一大負擔，補給並不容易取得，就地徵集也非長久之計，故攻擊進行到一定程度後，必須撤回軍隊，以免被敵人截斷歸路。韓世忠觀察到金軍此一作戰方式，無法持久，因此，以水軍扼守金軍撤退必經之路的長江，使金軍主力無法順利撤回。秀州地方一向是造船業發達的地區，其前軍所駐守的通惠鎮，即有一個官方造船廠。〔註45〕韓世忠在此地修整，顯然也是經過一番考量。

　　　　　五期，頁 10～13。

〔註43〕楊倩描，〈宋金鎮江「金山大戰」考實──宋金黃天蕩之戰研究之一〉，收於姜錫東、李華瑞主編《宋史研究論叢：第五輯》（保定：河北大學出版社，2003年 11 月），頁 160～178。

〔註44〕《要錄》，卷 30，「建炎三年十二月丙申」條，頁 591。

〔註45〕〔日〕斯波義信著，莊景輝譯，《宋代商業史研究》（臺北：稻禾出版社，1997

　　韓世忠在秀州修整之時，逃亡的宋高宗一度因隨軍禁衛兵力的單薄，命令韓世忠所部向他靠攏，然韓世忠仍堅持其既定的計畫，前往鎮江邀擊金軍，此一作法雖得到高宗的諒解，〔註46〕還是不免遭到某些大臣的攻擊。根據當時大臣汪藻的奏疏所言，韓世忠於正月十五的上元節，在國難當頭之際，仍然大肆慶祝，飲酒作樂，召妓燕飲。〔註47〕然如史料所載無誤，韓世忠於上元節後，即由秀州出發，前往鎮江準備截擊金軍，〔註48〕上元節的活動，或可視為韓世忠戰前動員，激勵士氣的作法。同時間駐蹕於台州章安鎮的高宗，也設法舉辦一些活動，與護衛軍兵及台州居民同樂，〔註49〕因此，韓世忠此舉似無可厚非。

　　韓世忠的作戰計畫，還有一個值得注意的地方，即將截擊金軍的戰場設定在鎮江，可見他已預知金軍將會沿大運河北撤，當時韓軍在秀州境內的海岸地區修整，要截擊金軍可以選擇控扼運河樞紐的秀州州治，或有兩浙宣撫使周望大軍集結的平江府，為何韓世忠不選擇在上述兩個地方截擊金軍。此點史料並未有明確的紀錄，然由韓世忠在秀州境內整備戰艦的情況可知，韓世忠對於水戰的信心勝過陸戰，因此選擇比較有把握的長江戰場，而不在陸地上面對金軍。

　　兀朮統帥的金軍，在臨安等候追擊高宗部隊的消息時，收到韓世忠所部前往鎮江的訊息，但未意識到此一威脅的迫切性。在縱兵擄掠，大肆搜刮之後，才緩緩北行，經過平江府時，再度展開劫掠行動，沿途拖延不少時間。龐大的戰利品也嚴重拖延行軍速度，為運送大量物資，只能選擇以水路船運的方式，導致行軍路線容易被測知，騎兵的機動性特色，完全無法發揮。於

年8月），頁74。〔宋〕楊潛修，朱端常、林至、胡林卿纂，《雲間志》（收入《宋元方志叢刊》，北京：北京中華書局，1990年，據清嘉慶十九年華亭沈氏古倪園刊本影印），卷上，〈廨舍〉：「造船場官廨舍在縣西南五百四十步。」（頁10a）〈場務〉：「造船場在縣西南五百四十步。」（頁11b）

〔註46〕　《要錄》，卷31，「建炎四年正月丙午」條，頁597～598。《宋史》，卷364，〈韓世忠〉，頁11360～11361。

〔註47〕　《要錄》，卷31，「建炎四年正月辛未」條，頁605～606。

〔註48〕　《要錄》，卷31，「建炎四年正月戊午」條，頁602。

〔註49〕　《會編》，卷136，「十五日戊午車駕駐蹕於章安鎮」條：「上在章安鎮，忽有二舟為風所飄，直犯禁衛船。問之，乃販柑子客也。上聞，盡令買之，分散禁衛軍兵令食。穰取其皮為椀。是日元夕放燈之辰也。乃命貯油於柑皮中點燈，隨潮退放入海中，時風息浪靜，水波不動，有數萬燈如浮在海上。章安鎮居人皆登金鰲峰看之。」（頁4a）

是金宋雙方就在宋軍所選擇的戰場上接觸。

（二）鎮江之戰

宋金黃天蕩之役，由在鎮江展開的三次戰鬥揭開序幕，由於三次戰鬥都發生在鎮江，故姑且稱之爲「鎮江之戰」。戰鬥時間應是始自建炎四年三月中旬，終於三月十八日。〔註 50〕韓世忠軍正月十五日由秀州出發，至遲二月即應至鎮江，抵達後將非作戰人員及船隻，囤駐於焦山，戰鬥船隊分爲五軍，布置於金山與焦山之間的長江江面上，〔註 51〕並未用主力駐守鎮江，全軍乘船以焦山爲據點，駐泊於長江江面上，準備攔截金軍。〔註 52〕三月十五日，金將阿里率領先遣軍抵達鎮江，遭遇韓世忠軍，雙方展開戰鬥，由於金軍船隻較小，人員也較少，首戰失利，兩百餘人戰死，〔註 53〕先鋒李選向韓世忠投降。〔註 54〕戰鬥過後，韓世忠軍在金國大部隊抵達之前，於運河閘口鑿沈船隻，封鎖運河進入長江的通道。〔註 55〕

〔註 50〕 金軍至鎮江的時間，史料並無明確的紀錄，《要錄》記於三月十五日，但李心傳又於註中說明，根據相關事件順序推算，金軍三月十日入常州，故以路程推斷，以十八日抵達的可能性較大，但仍將其繫於十五日下，也未說明原因。故認定三月中旬到達鎮江，應不致失實。參見《要錄》，卷 32，「建炎四年三月丁巳」條，頁 623。

〔註 51〕 〔宋〕胡舜申，〈避亂錄〉，收錄於〔宋〕王明清撰，《玉照新志》，卷 3：「世忠軍皆海船，陣於江中，中軍船最大處於中，餘四軍皆分列以簇之，甚可觀。輜重船皆列於山後，予日登焦山頂觀之，山前但見作院等船耳，工人爲兵器於寺前，又有鎮江見任官及寺中之船皆於寺前，太守李汝爲亦在焉。」（頁 52～53）

〔註 52〕 《要錄》，卷 32，「建炎四年三月丁巳」條，頁 623。

〔註 53〕 《金史》，卷 77，〈宗弼〉，頁 1753。楊倩描認爲此次交鋒並非水戰，見氏著，〈宋金鎮江「金山大戰」考實——宋金黃天蕩之戰研究之一〉，頁 173。然《金史·宗弼》記：「宋韓世忠以舟師扼江口，宗弼舟小，契丹、漢軍沒者二百餘人。」「沒」字雖有「敗亡、陷落」之意，也通「歿」字，有「死、去世」之意，不一定是水戰而亡，但「沒」也有「沈沒、淹死」之意，故通觀全文，認爲此次衝突是一次小型水戰，似無不可。且雙方都皆有舟船出動，接著發生戰鬥，自可視爲「水戰」。

〔註 54〕 《要錄》，卷 32，「建炎四年三月丁巳」，頁 623。《宋史》，卷 364，〈韓世忠〉，頁 11361。李選爲宋潰軍首領，曾率徒眾數千人於建炎三年十二月辛巳攻陷鎮江，本非金將。李心傳言《高宗日曆》記李選後爲杜充所招安，但當時杜充已遠離鎮江，且李選在此時又爲金軍先鋒，故李選應是投降金軍。（《要錄》，卷 30，「建炎三年十二月壬午」條，頁 584）

〔註 55〕 胡舜申云：「世忠以江船鑿沈於閘口，拒金人之出，金船實不可出，以閘口沈船縱橫也。」見〔宋〕王明清，《玉照新志》，卷 3，〈避亂錄〉，頁 52。韓世

　　金軍主力隨後抵達，在攻佔鎮江的過程中，與韓世忠軍在龍王廟發生戰鬥。此一戰役大多數的史料記載，對於導因及經過的說法都相當一致。下引《皇朝中興紀事本末》的敘述做為代表：

　　　　先是，世忠視鎮江形勢無如龍王廟者，虜來必登此望我虛實，因遣將蘇德以二百卒伏廟中，又遣二百卒伏江岸，遣人於江中望之，戒曰：「聞江中鼓聲，岸下人先入，廟中人繼出。」數日虜至，果有五騎趨龍王廟，廟中之伏聞鼓聲而出，五騎者振策以馳，僅得其二。有人紅袍白馬，既墜而跳馳而脫，詰二人者，云即兀朮也。〔註56〕

由記載顯示，韓世忠在鎮江佈防時，認為龍王廟的地勢適合觀察江面情勢，金軍重要將領一定會前來此處進行偵察，所以預先布置兵力，想要伏擊金國將領。果不其然，金軍大部隊抵達後，主帥兀朮輕騎簡從地前往龍王廟，但宋軍的突襲計畫，卻因伏擊部隊未按照既定計畫進行，以致未竟全功。

　　然歷來研究對此戰的地點，都有誤解，由於《宋史‧韓世忠》和《要錄》兩項主要史料，都將「龍王廟」記為「金山廟」或「金山龍王廟」，〔註57〕致使一般認為「龍王廟」就是位在金山。但金山位於長江之中，〔註58〕當時韓世忠軍已封鎖江面，金軍要到長江中的金山，要冒極大的風險，可能性不高。此點周寶珠的研究中已有論及，他引據《讀史方輿紀要》的記載，認為「龍王廟」不在金山，而是在銀山。〔註59〕查《讀史方輿紀要》「銀山」條下記載為：

　　　　在城西二里江口。舊名土山，以山形壁立，俗名豎土山。宋避英宗（趙曙，1032～1067，1063～1067在位）諱曰植土山。元皇慶二年（1312）敕鎮江路建銀山寺，以與金山對峙而名。……宋建炎四年韓世忠屯焦山，以邀兀朮歸路。兀朮前人約日會戰，世忠謂諸將曰：

忠事前可能並未計畫以沉船封鎖江口，閘口的沉船或許是在雙方戰鬥時沈沒的船隻，有幾艘恰好堵住閘口。

〔註56〕　〔宋〕熊克，《皇朝中興紀事本末》，卷12，〈建炎四年四月盡六月〉，頁2b。
〔註57〕　《要錄》，卷32，「建炎四年三月丁巳」，頁623。《宋史》，卷364，〈韓世忠〉，頁11361～11362。
〔註58〕　《嘉定鎮江志》記：「金山，在江中，去城七里。」見〔宋〕史彌堅修，盧憲纂，《嘉定鎮江志》（收入《宋元方志叢刊》，北京：北京中華書局，1990年，據道光二十二年〔1842〕丹徒包氏刻本影印），卷6，〈地理‧山川〉，「金山」條，頁8b。
〔註59〕　見周寶珠，〈關於宋金黃天蕩之戰的幾個史實問題〉，頁39。楊倩描，〈宋金鎮江「金山大戰」考實——宋金黃天蕩之戰研究之一〉，頁173～174。

「世間形勢無如金山對岸龍王廟者，寇必登此觀我虛實。」乃遣兵伏廟中及岸側，遣人乘舟望之，戒曰：「聞江中鼓聲而發。」賊果至，擒其兩騎。俗本作「金山龍王廟」，悮也。〔註60〕

顧祖禹「金山對岸龍王廟」的說法，並未言明引據何處，查宋代相關史籍，僅見「龍王廟」及「金山龍王廟」二說，〔註61〕然南宋地理書《輿地紀勝》中明確記載北固山有「龍王廟」，且言此一龍王廟就是韓世忠伏擊金軍的地點，〔註62〕清人作《御批歷代通鑑輯覽》即據此訂正歷來之訛誤，其內容云：

金山屹峙江心，何能馳騎？且烏珠是時志在濟江，豈肯行次中流舍舟以臨險地，致有疑當日金山與南岸相連。屬者不知浮玉之名即取其無所附麗；「樹影中流，鐘聲兩岸」，唐時名句流傳；蘇軾亦有「阻風金山」之作，則山自不能通陸。自昔《方輿紀要》因于金山下增「對岸」二字，謂廟在銀山，殊無確據。況世忠屯戍焦山，與金山、銀山東西相距均遠，登眺亦無所見，其為傅會顯然。惟王象之及熊克皆云廟在北固，較為可信，蓋北固踞江南岸，既得振策以馳，而山居東北與焦山正直，故可登之以覘虛實。二人皆以宋人紀宋事，自當得實。非若《宋史》成自元時，僅據傳聞而不詳形勢，徒滋後世之擬議也。〔註63〕

此段文字清楚說明以往記載的問題，以及顧祖禹的錯誤後，〔註64〕再引證宋人的說法，指出龍王廟之戰的地點應是在「北固山」，並分析北固山位於長江南岸，正對韓世忠軍駐泊的焦山，登此山觀察宋軍形勢比較合理。〔註65〕該

〔註60〕〔清〕顧祖禹撰，《讀史方輿紀要》，卷25，〈南直七・丹徒縣〉，「銀山」條，頁1252。

〔註61〕「龍王廟」說以熊克《皇朝中興紀事本末》為代表，「金山龍王廟」說以《要錄》為主，然此說應是據趙雄〈韓忠武王中興佐命定國元勳之碑〉（以下簡稱〈忠武王碑〉）的說法，見《會編》，卷217，頁7a。

〔註62〕〔宋〕王象之撰，《輿地紀勝》，卷7，〈鎮江府〉，「景物下・龍王廟」條，頁418～419。

〔註63〕〔清〕傅恒等編纂，《御批歷代通鑑輯覽》（臺北：夏學社出版事業股份有限公司，1980年5月，以下簡稱《通鑑輯覽》），卷81，「宋高宗皇帝建炎四年」，頁14a～15a。

〔註64〕周寶珠的懷疑與《通鑑輯覽》的看法類似，但他顯然未見《通鑑輯覽》的說法。

〔註65〕然《通鑑輯覽》認為錯誤始自《宋史》，亦有未審之處。宋人記載中已有金山

書又對戲劇性的兀朮墜馬一事提出質疑：

> 至謂一人紅袍玉帶，墜而復馳者即烏珠，其說尤誕。金源衣服至大
> 定（1161～1189）、明昌（1190～1196）間始酌用中國制度，其初必
> 無褒衣溥帶之人，況身臨戰陳安有服袍玉以從事者，其爲宋人誇飾
> 附會無疑，即此可證金山馳馬之荒唐矣！〔註66〕

觀此兀朮墜馬一事應是虛構，但宋金雙方在北固山龍王廟發生過戰鬥，則爲
實情。因北固山「在州北一里迴嶺下，臨長江。其勢險固，即府治所據及甘
露寺基」，〔註67〕是鎮江城相當重要的據點，金軍欲佔據鎮江城，勢必要控制
北固山，且此山正對焦山，爲瞭望韓軍的絕佳地點。〔註68〕因此，金軍進軍
北固山是可預期的，故韓世忠於此安排伏兵襲擊，亦是合理的舉動。〈避亂錄〉
作者親見北固山上甘露寺爲金軍所焚毀，可能就是宋金雙方在北固山交戰所
造成。〔註69〕

　　龍王廟之戰僅是大戰的序曲，此戰後宋金雙方互相遣使通問，約日會
戰。〔註70〕金軍希望可以打通北返的道路，宋軍則是要將金軍封堵在長江南
岸，阻其北返，待金軍疲弊或是宋援軍到來，再一舉殲滅這支深入江南地區
的金軍。

　　這場戰鬥的經過並無明確的記載，大多僅是「戰數十合」、〔註71〕「戰將
十合」〔註72〕或「戰數十百合」〔註73〕幾個字，甚至連戰鬥是在江面上的水
戰，或是陸地上的陸戰，都難以判別，然由於運河出長江的閘門已被封鎖，

之說。如：〈忠武王碑〉稱「金山龍王廟」，見《會編》，卷217，頁7a；〔宋〕
章穎，《宋南渡十將傳》（收入《叢書集成續編》二五五冊，臺北：新文豐出
版公司，1991年，據民國二十四年南海黃氏彙印本《芋園叢書》影印），作「金
山廟」，見卷5，〈韓世忠〉，頁7b。

〔註66〕　《通鑑輯覽》，卷81，「宋高宗皇帝建炎四年」，頁15a～15b。

〔註67〕　〔宋〕祝穆撰、祝洙增訂，《方輿勝覽》，卷3，〈鎮江府·山川〉，「北固山」
條，頁56。

〔註68〕　胡舜申言：「鎮江江口山上，有兀立不動下視吾軍者。」此山應爲北固山，可
見金軍也瞭解北固山的重要性。參〔宋〕王明清，《玉照新志》，卷3，〈避亂
錄〉，頁55。

〔註69〕　胡舜申言：「時金已破鎮江，日見胡騎馳逐於江岸，坐見其焚甘露寺，但留雙
鐵塔。」參見〔宋〕王明清，《玉照新志》，卷3，〈避亂錄〉，頁52。

〔註70〕　《要錄》，卷32，「建炎四年三月丁巳」條，頁623。

〔註71〕　《要錄》，卷32，「建炎四年三月丁巳」條，頁623。

〔註72〕　《宋史》，卷364，〈韓世忠〉，頁11361。

〔註73〕　《會編》，卷217，〈忠武王碑〉，頁6a。

所以水戰的可能性較小，應是雙方在鎮江地區的長江南岸某處，進行的戰鬥。再從雙方來回多次的戰況來看，可見戰鬥非常激烈。〔註 74〕不過此次戰鬥的相關記載，都無雙方的死傷數字，或任何戰損的紀錄，故勝負難斷。經此次戰鬥後，兀朮試圖透過談判的方式，要求韓世忠放行，前後兩次提出歸還所有戰利品，及奉送戰馬的條件，請韓世忠讓道給金軍渡江，但並未被韓世忠接受。〔註 75〕由金軍主動提議談判的情況推測，此戰應是韓世忠軍取得優勢。

此時金軍另一位將領撻懶（完顏昌，～1139）聞兀朮被困鎮江後，派遣援軍至長江北岸接應，〔註 76〕兀朮在韓世忠做出拒絕讓道的回應後，也設法改變現狀，尋找其他的出江地點。〈避亂錄〉記載三月十七日晚間，天候極差，東北風大作，金軍乘此機會「乃別開一河出江」。〔註 77〕據楊倩描研究，金軍是開通舊的蒜山漕河，計畫由西津渡濟江北返。〔註 78〕但當晚風勢極強，據〈避亂錄〉作者胡舜申所言，江面波濤甚大，船隻搖晃嚴重，〔註 79〕在東北風大作的情況下，金軍北渡困難，甚至船隊要進入長江也不容易，故金軍應是僅開通進入長江的河道，尚未有渡江的行動。

韓世忠軍於翌晨，在焦山見「敵船二隻出在江，但望見其船上黑且光耳，必是其人衣鐵甲也，（於是韓軍）此間船皆起矴以走」，〔註 80〕準備防堵金軍渡江。由於蒜山漕河連接長江的地點，有一小島名金山，於是韓世忠軍主力移防金山，繼續防堵金軍渡江。

（三）金山之戰

金軍雖然打通進入長江的管道，但韓世忠軍並不可能放任金軍渡江，因

〔註 74〕 《要錄》及〈韓世忠〉傳中有韓夫人梁氏擊鼓的紀錄，來源應同爲宋朝官修《國史》，他書皆未見此事，故眞實性當存疑，然亦可佐見當時戰況的劇烈。另，敘及此戰的三種史料，其後皆將「金山之戰」另文呈現，故此次戰鬥應是金山大戰前的戰鬥。
〔註 75〕 《要錄》，卷 32，「建炎四年三月丁巳」條，頁 623。
〔註 76〕 《要錄》，卷 32，「建炎四年四月癸未」條，頁 630。《宋史》，卷 364，〈韓世忠〉，頁 11361。
〔註 77〕 〔宋〕王明清，《玉照新志》，卷 3，〈避亂錄〉，頁 53。
〔註 78〕 楊倩描，〈宋金鎮江「金山大戰」考實——宋金黃天蕩之戰研究之一〉，頁 174～175。
〔註 79〕 〔宋〕王明清，《玉照新志》，卷 3，〈避亂錄〉，頁 53。
〔註 80〕 〔宋〕王明清，《玉照新志》，卷 3，〈避亂錄〉，頁 53～54。

此，宋金雙方再度爆發衝突。〔註81〕此時韓世忠軍主力移駐金山，「連艫相銜為圓陣，東向邀其歸，植一幟書姓名表其上」。〔註82〕此次戰鬥發生於三月二十五日，〔註83〕金軍選擇在清晨展開行動，以小型船衝擊韓世忠軍的陣地，貼近海舟試圖用長鐵鉤限制海船的行動，再攀船而上進行肉搏，但宋軍也有悍不畏死的將領，躍入敵舟奮勇殺敵。〔註84〕此戰的經過，各史料記載大致上皆相同，下引〈韓世忠墓誌銘〉做說明：

> 平旦，擁千舟譟而前，公先命工鍛鐵為長絙，貫一大鈎，徧授諸軍
> 之伉健有力者。比合戰，分海舶為兩道出其背，每縋一絙則曳一舟
> 而入，大酋立馬江上，銳欲為救，熟視蹂擾，莫能進一步，曾不踰
> 時，掩獲數百舟。遂大敗，閉壁不敢復出。〔註85〕

面對金軍迫近，試圖展開肉搏作戰，宋軍將攻擊主力的海船，分兩隊繞過金軍側翼，從金軍船隊的後方展開攻擊，充分利用海船艦體高大的優勢，居高臨下以鉤索掀翻金軍的小型船舶，如此一來，韓軍的攻擊效率比短兵相接高。因此金軍付出龐大的損失後，仍然無法衝破韓世忠的封鎖。

此時金將撻懶派遣的援軍，由太一率領正包圍鎮江對岸的揚州，〔註86〕

〔註81〕 楊倩描，〈宋金鎮江「金山大戰」考實──宋金黃天蕩之戰研究之一〉，頁160～178。其否認「金山之戰」有發生，認為金軍在離開鎮江之前，並未與韓軍發生水戰。所根據是〈避亂錄〉、《會編》和〈金史‧宗弼傳〉，並未有相關記載，其他記「金山之戰」的史料，經其研究有一誇大的過程，故其認為「金山之戰」並未發生。然〈宗弼傳〉不言此事，當是諱言其敗。〈避亂錄〉作者僅在焦山數日而已，且於「金山之戰」前應已離開韓軍，之後宋金交戰的情況，並未親見，多是得自傳聞，故其記錄當謹慎對待。《會編》本文雖未記「金山之戰」，然其似將此戰的紀錄記在「建康之戰」下，但卻未加以清楚的說明。因此，似不宜就此論定「金山之戰」並未發生。

〔註82〕 《會編》，卷218，〈韓世忠墓誌銘〉，頁1a。

〔註83〕 宋方記載，皆無此戰的確切時間，《要錄》雖將此次戰鬥過程以追述的筆法記在四月癸未（12）日下（卷32，「建炎四年四月癸未」條，頁630），但並沒有確切的日期。僅《金史‧太宗紀》有：「三月丁卯（二十五），……宗弼及宋韓世忠戰于鎮江，不利。」（卷3，頁61）

〔註84〕 《宋史》云：「（建炎）四年三月，金人攻浙西，世忠治兵京口，邀其歸路，以海艦橫截大江。金人出小舟數十，以長鉤扳艦。（解）元在別舸躍入敵舟，以短兵擊殺數十人，擒其千戶。」見卷369，〈解元〉，頁11488。

〔註85〕 《會編》，卷218，〈韓世忠墓誌銘〉，頁1b。

〔註86〕 《要錄》，卷32，「建炎四年四月癸未」，頁630。《宋史》，卷364，〈韓世忠〉，頁11361。金方援軍主將《要錄》記為「貝勒托雲」，《宋史》記為「孛堇太一」，此以《宋史》為準。

計畫在長江北岸奪下一個據點，以呼應兀朮的渡江行動，使其可以快速登陸北岸，縮短渡江的時間。宋廷准許揚州守臣張績必要時，可撤回鎮江，但張績卻堅守揚州城，除此之外，還派遣部隊控制要點，[註87] 使金軍無法在揚州一帶的長江北岸，佔據接應兀朮軍的有利位置。

因此，金軍如果還堅持在鎮江地區嘗試渡江，將會面臨兩大困難，一是韓世忠軍海船的威脅，二是長江北岸並沒有適合的渡口。因此，主將兀朮決定沿長江西上，前往建康府尋找渡江的機會。由於韓軍的封鎖，金國大批船隊要沿江而上，韓軍勢必會展開阻擊，於是金軍在某個南風天，先施放火船，阻擋韓世忠船隊，金船再乘機西行，前往建康。[註88] 雖然韓世忠軍未能立即封堵金軍，但也未被拋開太遠，緊咬著金軍船隊，於是雙方在長江展開追逐。

（四）長江追擊戰

金軍離開鎮江後，分水、陸兩種方式向建康移動，這兩路金軍都遭到韓世忠船隊的威脅。韓世忠的船隊，不斷派出小型艦艇攻擊沿長江西行的金軍，雙方一天往往要爆發數次戰鬥。關於長江追逐戰的經過，宋人的記載皆闕，反而是《金史》中留下戰事的經過：

> 自鎮江沂流西上。世忠襲之，奪世忠大舟十艘，於是宗弼循南岸，世忠循北岸，且戰且行。世忠艨艟、大艦數倍宗弼軍，出宗弼軍前後數里，擊柝之聲，自夜達旦。世忠以輕舟來挑戰，一日數接。[註89]

宋金雙方的船隊在江面上激烈廝殺，沿岸陸行的金軍，也遭到韓世忠軍的襲擊，韓軍戰船時常逼近江岸攻擊金軍，然金軍也未屈居下風，如韓軍戰船過於逼近江岸，金軍則以鉤索勾住韓軍戰船，登艦進行肉搏戰，若如此則金軍便佔據上風，甚至俘獲韓軍戰船。[註90]

〔註87〕 《要錄》，卷32，「建炎四年四月癸未」，頁630。〔宋〕熊克，《皇朝中興紀事本末》，卷12，〈建炎四年四月盡六月〉，頁2a。

〔註88〕 《會編》，卷218，〈韓世忠墓誌銘〉：「一日，乘南風縱火千餘栰，抗舟師，破巨浪，冒百死趨瓜洲渡。」（頁1b）文中稱金軍是往鎮江對岸的「瓜州渡」移動，亦即表示此時金軍已經渡江。但根據《金史》〈太宗紀〉、〈宗弼〉的記載，金軍是在建康渡江（見《金史》，卷3，〈太宗紀〉，頁61；卷77，〈宗弼〉，頁1753），故金軍並未就此渡江，墓誌銘此一寫法，是刻意迴避韓世忠軍後來在建康的失敗。

〔註89〕 《金史》，卷77，〈宗弼傳〉，頁1753。

〔註90〕 《金史》，卷81，〈高彪傳〉：「敵舟三十餘來逼南岸，其一先至者載兵士二百

在江面上追逐的宋金兩軍，戰鬥也相當激烈，雙方互有損失，但顯然都未造成決定性的影響，金軍船隊向建康移動的速度未見減緩，但也未能擺脫宋軍船隊的追擊。宋金雙方在一路膠著的情況下，且戰且行地抵達黃天蕩。

（五）黃天蕩之戰

「黃天蕩」位於何處，胡三省嘗指出：「大江過昇州（即建康府）界，浸以深廣，自老鸛觜渡白沙，橫闊三十餘里，俗呼爲皇天蕩。」[註91]「老鸛觜」位於建康府句容縣（今江蘇句容）境內，[註92]「白沙」指長江北岸的眞州（今江蘇儀徵）。[註93] 可見黃天蕩位在兩地之間的長江江面上，現今可見的宋元時代建康府方志，皆未有黃天蕩的詳細說明，然《景定建康志》中的〈沿江大閫所部圖〉明確指出「老鸛觜」的位置（參圖 2-3），[註94] 這對確定黃天蕩的地理位置有相當大幫助。明清之際的顧祖禹言黃天蕩在「（應天）府東北八十里」，[註95] 綜合以上的資料，大體可知「黃天蕩」

圖 2-3：〈沿江大閫所部圖〉中「老鸛觜」相關位置

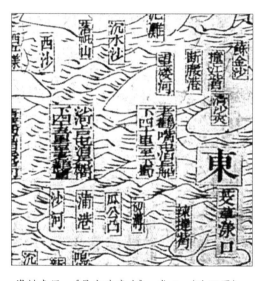

資料來源：《景定建康志》，卷 5，〈地理圖〉。

餘，彪度垂及，以鉤拽之，率勇士數十躍入敵舟，所殺甚眾，餘皆逼死於水中。」（頁 1823）

[註91]　〔宋〕司馬光編著，〔元〕胡三省音注，「標點《資治通鑑》小組」校點，《資治通鑑》（北京：中華書局，1956 年 6 月），卷 260，〈唐紀七十六〉，「昭宗乾寧三年四月」，頁 8485。

[註92]　〔元〕張鉉纂修，《至正金陵新志》（收入《宋元方志叢刊》，北京：中華書局，1990 年，據文淵閣四庫全書本影印），卷 4 下，〈疆域志二・鋪驛〉，「句容縣水馬站」下有「老鸛觜馬站」。（頁 26a）

[註93]　〔宋〕王象之撰，《輿地紀勝》，卷 38，〈眞州〉，眞州又名「儀眞」、「迎鑾」、「白沙」、「建安」。（頁 1689）另眞州府治又有「白沙州」。（頁 1696）

[註94]　〔宋〕馬光祖修，周應合纂，《景定建康志》（收入《宋元方志叢刊》，北京：中華書局，1990 年，據清嘉慶六年金陵孫忠愍祠刻本影印），卷 5，〈地理圖・沿江大閫所部圖下〉，頁 6a～6b。

[註95]　〔清〕顧祖禹撰，《讀史方輿紀要》，卷 20，〈南直二・應天府〉，「黃天蕩」條，

位於建康府東北方的長江江面，橫亙在句容縣與眞州之間。近人袁曉國的研究，認爲「黃天蕩」故址位於南京市郊東北棲霞山和龍潭之間的沖積平原上，原是屬於長江的一部份，現在則是陸地。〔註96〕其地水文狀況的險惡，許多明清時人的詩句中，皆有所描述。〔註97〕

由於「蕩」字意指淺水湖、沼澤，故「黃天蕩」應該就是類似的地形。《讀史方輿紀要》引《輿程記》云：「黃天蕩一帶，大江闊四十里，中間有太子洲，其餘汊港村落，限隔橫錯，水陸之盜，俱出於此。」〔註98〕從此段文字可以看出，「黃天蕩」一帶水道相當複雜，熟悉地形的盜匪，可以憑藉地勢，躲避官方的追捕，但如是不熟悉水道的金軍進入其間，加上韓軍封鎖主要出入口，則金軍便難以脫離此地。

當時兀朮所率領的金軍被困在黃天蕩，久圍揚州不下的太一軍，主要任務是接應兀朮渡江，由於兀朮軍已西行，沒有繼續包圍揚州的必要，故轉移到比較接近黃天蕩的眞州，伺機接應兀朮軍，而韓世忠軍則是在長江中與南北兩岸的金軍對峙。〔註99〕

由於韓軍海船在長江江面上往來如飛，行動靈活，對於渡江金軍施加很大壓力，金軍主帥兀朮對此頗爲煩惱，《會編》記云：

> 金人在建康，韓世忠以海船扼於江中，乘風使篷，往來如飛。兀朮謂將軍曰：「使船如使馬，何以破之？」韓常曰：「雖然，見中軍【《要錄》做甲軍，應是】則自遁矣！」兀朮令常以舟師犯之，多沒。常見兀朮伏地請死，兀朮貸之。〔註100〕

此次戰鬥應是發生在四月十二或十三日，〔註101〕從文字敘述內容，以及其他

頁962。

〔註96〕 袁曉國，〈韓世忠激戰金兀朮故址黃天蕩究竟在何處〉，頁10～13。

〔註97〕 參見管秋惠，〈險惡黃天蕩〉，《江蘇地方志》2003年第二期，頁30～31。

〔註98〕 〔清〕顧祖禹撰，《讀史方輿紀要》，卷20，〈南直二‧應天府〉，「黃天蕩」條，頁962。

〔註99〕 《要錄》，卷32，「建炎四年四月癸未」，頁630。〔宋〕熊克，《皇朝中興紀事本末》，卷12，〈建炎四年四月盡六月〉，頁2a。

〔註100〕 《會編》，卷138，「建炎四年四月二十五日」，頁2b。亦可見《要錄》（卷32，「建炎四年四月丙申」，頁635），然卻記此事發生在鎮江。

〔註101〕 《會編》及《要錄》皆將此事記在四月二十五日，但皆是以追述的手法記事。《宋史‧高宗紀》記曰：「四月甲申（13日），……韓世忠駐軍揚子江，要金人歸路，屢敗之。兀朮引軍走建康。」見卷26，〈高宗三〉，頁477。此段應是指相持黃天蕩之事。

多數不同記載都未提及此事，可推測戰鬥過程並不激烈，宋軍當是輕易地擊敗韓常。另外，這次戰鬥似乎是金軍在「黃天蕩之役」中，首次將鐵甲軍投入戰鬥，在此之前金軍將領普遍對於鐵甲軍深具信心，也甚爲輕視宋軍的戰鬥力及戰鬥意志，認爲鐵甲軍可穩勝宋軍，但經此次戰鬥後，反而是金軍失去在江面上與宋軍對抗的信心。

兀朮見情勢日益不利，金軍已長時間滯留江南，如不能迅速撤回江北，待南宋朝廷、軍隊反應過來，整備完成，集結大部隊展開反攻，強弩之末的金軍，恐怕有全軍覆沒之虞。因此，兀朮只好再次向韓世忠要求對話，且是希望兩方主將進行高峰會，直接會談，不再透過使者溝通。關於此次會談的經過《要錄》描述如下：

> （兀朮）乃求與世忠語，世忠酬答如響，時於所配金鳳瓶傳酒縱飲示之，宗弼見世忠整暇，色益沮，乃求假道甚恭。世忠曰：「是不難，但迎還兩宮（即徽、欽二帝），復舊疆土，歸報明主，足相全也。」〔註102〕

此段敘述頗具戲劇性，將兀朮之頹喪以及韓世忠的自得，對比得異常生動，而《中興紀事本末》所記：「只留下兀朮乃可去」，〔註103〕更是一個苛刻的條件。由兀朮主動提出談判來看，金軍的確已陷入相當危機，然而韓世忠提出的條件，不論是要金國歸還土地及徽、欽二帝，或是將兀朮留下，都不可能被接受，前者不是兀朮可一言而決，後者則太強人所難。顯見韓世忠根本無意要讓金軍渡江，決心要在長江上殲滅這支南下的金軍。

兀朮並未放棄談判的可能，於四月十七日雙方再次進行會談，此次會談過程，雙方的氣氛更顯火爆。此次會面地點在長江岸邊，韓世忠僅帶兩人隨行，會談中兀朮出口不遜，韓世忠一怒之下張弓引箭，欲當場狙殺兀朮，因兀朮急馳離開而未果，雙方不歡而散。〔註104〕

韓世忠在黃天蕩與金軍對峙時，另一位宋方水軍將領邵青（～1141）囤

〔註102〕《要錄》，卷32，「建炎四年四月癸未」，頁630。《宋史》，卷364，〈韓世忠〉所記相似（頁11361）。《宋史》，卷364，〈韓世忠〉，頁11361。《會編》，卷217，〈韓忠武王中興佐命定國元勳之碑〉，頁6b。

〔註103〕〔宋〕熊克，《皇朝中興紀事本末》，卷12，〈建炎四年四月盡六月〉，頁2a。

〔註104〕《要錄》云：「完顏宗弼求登岸會語，世忠以二人從見之，宗弼語不遜，世忠怒，引弓且射之，亟馳去。」見卷32，「建炎四年四月戊子」，頁632；《宋史》，卷364，〈韓世忠〉，頁11361。《會編》，卷217，〈韓忠武王中興佐命定國元勳之碑〉，頁6b。

駐在蕪湖（今安徽蕪湖），以舟船往來於建康府的竹篠港，水軍實力不容小覷。韓世忠與其取得聯繫，希望能得到他的合作，增強宋軍在江面上的力量。邵青表面上同意與韓合作，但卻沒有付諸行動，藉口自己和麾下士兵都是盜匪出身，並不適合與金軍正面對抗，不便出兵。〔註105〕但另有一說，稱邵青爲牛所傷，且傷勢甚重，在半年內都不良於行，因此難以從事大規模的軍事行動。〔註106〕

　　韓世忠堅不讓道，金軍又無法在江面上與韓世忠軍對抗，於是有人建議重施在鎮江的故技，在黃天蕩南方的蘆場地，開河走避。《要錄》記曰：「宗弼既爲世忠所扼，欲自建康謀北歸，不得去，或獻謀於金人曰：『江水方漲，宜於蘆場地鑿大渠二十餘里，上接江口，舟出江背，在世忠之上流矣。』」〔註107〕《金史》稱金軍開老鸛河故道三十餘里，通秦淮河走建康。〔註108〕兩種說法明顯的不同，前者金軍是走江面至建康，後者金軍則是走河道至建康。由於秦淮河與黃天蕩相去甚遠，應該不是三十里河道就可以相通的，當以前者之說較爲可信。

　　這條新開的河道，在《景定建康志》中，被稱爲「蘆門河」，位於建康府上元縣長寧鄉內，離縣城六十里，又被稱爲「蕃人河」。〔註109〕可惜在《景定建康志》的地圖中，並未繪出這條河流，故地理位置難以確認，今人袁曉國的研究認爲，此條河流應是棲霞山東北角，從東南向西北匯入長江的強盜河。〔註110〕

　　韓世忠未記取鎮江的經驗，對金軍的開河行動毫無防備，因此金軍順利出江，脫逃建康，待韓世忠軍發現時，已來不及防堵金軍出江，僅能啣尾追擊前往建康府，防止金軍渡江。〔註111〕史未明言金軍離開黃天蕩的時間，然

〔註105〕　《會編》引《遺史》：「時邵青以舟船在蕪湖，往來於建康竹篠港，世忠使人招青，青受招安而不以會，乃曰：『我方爲賊，其下皆窮，恐不爲用，故不可動也。』」見卷138，頁2b。

〔註106〕　《要錄》，卷33，「建炎四年五月壬子」：「水軍統制邵青屯竹篠港，諜知建康敵騎絕少，欲引兵入之，會青爲牛所傷，瘡甚，遂不能行。」（頁644）

〔註107〕　《要錄》，卷32，「建炎四年四月丙申」條，頁634～635。「蘆場地」，《會編》作「蘆陽地」（卷138，「二十五日丙申」，頁3a～3b）。

〔註108〕　《金史》，卷77，〈宗弼傳〉，頁1753。

〔註109〕　〔宋〕馬光祖修，周應合纂，《景定建康志》，卷19，〈山川志〉，「蘆門河」，頁2b～3a。

〔註110〕　袁曉國，〈韓世忠激戰金兀朮故址黃天蕩究竟在何處〉，頁13。

〔註111〕　《要錄》，卷32，「建炎四年四月丙申」，頁634。

當在四月十七日雙方第二次會談不歡而散，至晚於四月二十四日，雙方在建康府城附近的江面上發生衝突的期間。從黃天蕩到建康府城，沿長江而走距離不遠，一、二天內即可抵達，因此，金軍離開的時間，應該是在十八日至二十一、二日之間。這次金軍的行動，由於路途短暫，以及韓世忠未能及時動用武力進行截擊，所以雙方未在追逐過程中發生激烈衝突，兀朮率領的金軍就抵達建康府。

（六）建康之戰

金軍抵達建康後，迅即準備再度渡江，於四月二十四日發動一次渡江行動，但爲韓世忠軍所阻。〔註 112〕但兀朮一反前態，既不要求會談，也不經過修整，隔天馬上發動第二次軍事行動。此次進攻，金軍已經針對韓世忠海船的作戰方式，有相應的策略。關於這個策略的制訂，宋人史料普遍存在著一種說法，茲引《要錄》記載爲例：

> （兀朮）乃揭榜募人獻所以破海舟之策，有福州人王某者，僑居建康，教金人於舟中載土，以平版鋪之，穴船版以櫂槳，俟風息則出江，有風則勿出，海舟無風不可動也，以火箭射其篛篷，則不攻自破矣！一夜造火箭成。〔註 113〕

金軍在宋人的勢力範圍內，如此大動作向民間尋求援助，實在令人驚訝，也居然有人向金軍獻上計策。因此，這個說法本身就頗爲令人質疑，可能是宋人試圖將戰敗原因歸咎無恥之徒的背叛，而韓世忠軍則是非戰之罪。

金人的作戰策略，應該是金軍將領在多次與韓軍海船交戰後，針對韓軍海船的作戰方式，特別制訂的方針。首先，在金軍的輕舟中放入大量的土石，增加船體重量。使韓軍海船居高臨下，以鐵索掀翻船隻的戰術，殺傷力降到最低。第二，在船體上開洞，增加船槳。以划槳作爲主要工具，在短時間的戰鬥中，可以提供靈活的動力，較使用風帆更有利，況金軍操帆能力遠遜於宋軍，使用風帆難以取得優勢。第三，愼選出戰時間，待無風時再出戰。如此則宋軍攻擊主力的海船，行動力大幅削弱，對金軍威脅大減。第四，以火箭攻擊海船的風帆，使海船起火，達到摧毀韓軍海船的目的。以上

〔註 112〕《會編》，卷 138，「建炎四年四月二十四日」條，頁 1a。《要錄》，卷 32，「建炎四年四月丙申」，頁 634～635。

〔註 113〕《要錄》，卷 32，「建炎四年四月丙申」，頁 634～635。《會編》稱王某，在建康開米舖爲生。見卷 138，「建炎四年四月二十五日」條，頁 2b。

四個方針，明顯就是針對韓軍海船在金山之戰中的威力所設計，要做到上述的設計，雖然不用長時間的準備，但亦非一蹴可及，因此，雖然史料記載皆稱金軍僅花費一天時間，就做好充分的準備，但此一可能性並不大，比較合理的解釋是，金軍被困黃天蕩之時，就已開始進行籌劃，由取陸路而行的軍隊先抵達建康做好準備，待金軍船隊脫險到達後，馬上展開改造船隻的行動，並伺機反擊。

金軍除上述準備之外，再度重施開河的故技，在建康府城西南的白鷺洲，以牛犁開河二十餘里，〔註 114〕準備在無風的天氣中，搶佔上流的位置，順江直下。不僅如此，長江對岸的金國軍隊也已做好協同出擊的準備，金軍計劃渡江的地方，長江是由南向北流，兀朮所率領北返的金軍在江東，江西接應的是移刺古、烏林荅泰欲二軍，兩岸的金軍一起發動攻擊，〔註 115〕計畫先殲滅韓軍船隊，再從容進行渡江行動。

此次戰鬥經過，一如金軍預期的順利，宋軍海船無風可乘，所以行動遲緩，面對金軍順流而下的攻擊，無法迅速反應，陷入被動的局面，《會編》對此有詳細的描繪：

> （兀朮）以戊【丙】申出江，櫂槳行舟，其疾如風，天霽無風，赫日麗天，海船皆不能動，金人以火箭射篷則火起。世忠海船本備水陸之戰，人皆全裝，馬皆鐵面皮甲，每船有兵、有馬、有老少、有糧食、有輜重，無風不能行，火烘日曝，人亂而呼，馬驚而嘶，被焚與墮江者不可勝計。遠望江中，層層皆火，火船蔽江而下。金人鼓櫂以輕舟追襲之，金鼓之聲震動天地，世忠敗散，孫世詢、嚴永吉皆力戰而死。〔註 116〕

韓軍海船沒有預料到金軍會利用火攻，未曾針對這類的攻擊預作準備，因此，幾乎沒有抵抗能力。由於韓軍船隊上還有許多的非戰鬥人員，甚至連陸戰用的馬匹也在船上，面對此一突如其來的襲擊，軍隊陷入混亂，完全失去戰鬥

〔註 114〕〔宋〕馬光祖修，周應合纂，《景定建康志》，卷 19，〈山川志〉，「新河」條：「在白鷺洲西南，流通大江二十餘里。」（頁 2a）；「白鷺洲」條：「在城之西，與城相望，周迴一十五里。……建炎末，虜騎侵軼江南，回至江口，聞王師將以海舟中流邀其歸路，遂以牛犁等於白鷺洲一夜鑿一小河，乘輕舠而走。」（頁 37a）

〔註 115〕《金史》，卷 77，〈宗弼傳〉，頁 1753。

〔註 116〕《會編》，卷 138，「建炎四年四月二十五日」條，頁 3a。

能力，韓世忠僅能率領部分損傷不重的船隻，脫離戰線，沿江流而下開始撤退，金軍也迅速展開追擊，於是長江追逐戰再度上演，只是雙方的角色互調，換成韓軍狼狽而逃。

由於金軍是針對韓軍的船帆攻擊，韓軍船隻的行動力大受影響，兼以當日無風，就算船帆完好無缺，吃風力有限，幫助並不大。因此，韓軍僅能借助長江水流的力量，往下游「漂」去。但金軍事先已改造船隻，依靠人力划槳，在行動上顯然會比韓軍迅速、靈活許多。

雙方的追逐並未持續太久，一隻地方武裝勢力的出現，改變一面倒的局面。當時局勢紛亂，金軍南下所到之處生靈塗炭，潰敗的北宋軍隊四處流竄，各地盜賊四起，南宋朝廷自顧不暇，對於地方的治安實是有心無力，鞭長莫及，百姓只能據地自保，於是宋金勢力交界的區域中，許多地勢險要之處，都有地方武裝自保勢力。韓世忠在與金軍作戰之時，曾努力聯絡各種勢力，前述邵青就是一例，雖然邵青並未發揮作用，但此次另一股勢力，在三位行者率領下，如及時雨般解救韓軍於危難之中。《會編》記此事曰：

> 初，長蘆崇福禪院行者普倫、普贇、普璉，結集行者及強壯百姓千
> 餘人，分為三隊，在楊家洲上自相守保。世忠嘗約普倫等為策應，
> 至是普倫、普璉、普贇率其眾千餘人，駕小舟千餘艘，皆裹紅巾，
> 立紅幟來策應。至長蘆，遇世忠海船狼狽而來，金人至長蘆亦回。
>
> 〔註 117〕

三位行者所組織的武力，本意似要前往建康府與韓軍會合，協助防堵金軍渡江，故已做好出發的準備，才能快速出動。計算人數與舟艇數量比例，幾乎是一人操控一艘船，加入韓軍最大的幫助，應該是提供大量行動迅速的小型船隻。這隻船隊甫出發就遇到韓軍敗退的海船，他們未望風而逃，反而是奮勇迎上，不過民兵船隊雖然為數眾多，但人員卻嚴重不足，金軍若施加攻擊，這些臨時糾集的地方武力，能否有效抵擋，不無疑慮。但金軍不瞭解其中實情，見其聲勢浩大，亦不願糾纏，乃全軍撤回，準備渡江北返。韓軍則是至瓜步（瓜洲鎮，今江蘇揚州）棄舟登陸，奔還鎮江收攏殘部。〔註 118〕

〔註 117〕　《會編》，卷 138，「二十五日丙申」條，頁 3b。
〔註 118〕　《要錄》，卷 31，「建炎四年四月丙申」條，頁 635。

韓世忠軍遭此一敗，軍隊大半散亡，麾下大將孫世詢戰死，更是一大損失。「明受之變」時，韓世忠爲勤王軍先鋒，孫世詢是率先入臨安的將領。「明受之變」的首惡苗傅、劉正彥逃竄時，韓世忠奉命追捕，實際執行的也是孫世詢。〔註119〕孫世詢之死，對於韓世忠而言，如失一臂。

黃天蕩之役至此，以金軍大獲全勝結束。但韓世忠率一支孤軍，憑藉長江天險及百餘隻海船，力抗金國大軍，雖功敗垂成，卻也使金軍統帥兀朮再也不敢輕言渡江，此後宋金雙方的局勢轉入僵持，雖然大小衝突不斷，金軍再也沒有越過長江。

二、戰役分析

經歷月餘的黃天蕩之役，前後出現相當大的轉折，宋軍在韓世忠率領下，先在鎮江大敗金軍，又將其困在黃天蕩中多日，大有將南渡的金軍一舉殲滅的氣勢。然一時疏忽，讓金軍遁走，之後又在建康府遭到致命的打擊，導致功敗垂成。金軍在兀朮的率領下，從鎮江開始，雖然一直苦於陌生地勢，及韓軍海船的威力，但也不斷尋找出路，維持住一線生機，最後終於在建康靠著正確的戰術，及天候的協助，順利逆轉局面。此次戰役中，雙方決策的得失，以及影響勝敗的因素頗多，試分析如下。

（一）金軍的戰略意圖及先敗後勝原因

黃天蕩之役的走勢，與雙方的戰略意圖，有絕對的關係，韓軍的意圖前已述之，即不計一切將金軍防堵在長江南岸，使其不得北歸。金軍戰略意圖是渡過長江北返，因金軍大部隊要渡過長江，並非短時間內可以完成，因此，只要韓軍的船隊還維持戰鬥力，就不可能任金軍從容渡江，所以金軍的首要目標，是解除韓軍船隊的威脅。金軍爲達成解除威脅的目的，也嘗試過談判，然迄無結果，韓軍堅不讓道，於是金軍只剩下擊敗韓軍船隊一途。在達成此一戰略意圖的過程中，金軍的許多決策，有其得失優劣，析論於下。

1. 金軍的缺失

（1）保留船隻

金軍在整個戰鬥過程中，一直試圖要保有船隻，而其軍隊的機動性，也

〔註119〕《會編》，卷138，引《中興姓氏錄忠義傳》，頁4a。

因船隻而受到限制，實是一件令人費解的情況。出現此一情況，原因可能有二，一是金軍要保護船上的戰利品。然以金軍在鎮江談判時，就已經提出願意歸還所有戰利品，來換取韓軍讓道，金軍既願犧牲戰利品，來換取一條生路，所以保護戰利品應非主因。

二是金軍要保留足夠的船隻，進行渡江的任務。由於金軍於建炎三年冬南下，至此時已逾半年，長江南岸的船隻，大致上已經被宋金雙方搜刮殆盡，短時間內要再整備足夠數量的船隻，相當困難。金軍可能就是基於此點，才一直試圖保住手上的舟船，所以金軍在鎮江失利後，本可壯士斷腕，拋棄所有船隻及戰利品，全軍輕騎陸行，往長江更上游的地方移動，尋找渡江機會，如此就不會有舟師被困黃天蕩一事。

再者，金軍為保有大量的舟師，行軍路線易被敵方所料，不若騎兵的無跡可循。正因如此，韓世忠在鎮江防堵的策略方能收到成效，並一路緊咬金軍的舟師不放。而且，金軍在水面上的作戰能力遠不如韓軍，又想保留大量的船隻，如此一來，只會形成自身決策上的拖累。

（2）輕視敵人

金軍在此次戰役中一開始就陷入被動的局面，究其因除為船隊所拖累之外，另一個關鍵是，金軍上下將領，對於宋軍的輕視。金軍偵知韓軍船隊有意前往鎮江攔截時，並未馬上北撤，反而先大肆擄掠臨安之後，滿載大量戰利品北返。為運送大量戰利品，只得沿運河北上，而無法走原路歸返，不免要與駐守平江府的兩浙宣撫司大軍多所糾纏，雖然宣撫司大軍幾乎是不戰而潰，金軍並未花費多少時間，但又縱兵燒殺，將平江府城劫掠一空，種種節外生枝的行動，莫不拖延其行軍速度。再者，觀察金將韓常被困黃天蕩時的言論，顯示他對宋軍戰鬥意志的輕視，認為金軍主力的鐵甲軍一出，宋軍即望風而逃。

凡此種種，可見金軍將領皆不認為韓軍有何重大威脅，因此行動欠迅速，沿途搶掠，毫無面臨生死關頭的警惕心態。

2. 金軍的優點

（1）不斷嘗試與敵方談判

金軍主帥兀朮，從金山之戰失敗後就嘗試與韓世忠談判，被困黃天蕩之時，也試圖透過條件交換，使韓世忠讓出一條渡江之路，然始終未獲首肯。談判一事《金史》未載，宋人的諸多記載中，皆將兀朮求和姿態描寫的很卑

下，甚至是哀求的態度，因民族情感的關係，其中或有誇大之處，〔註120〕但雙方有過數次談判當無疑義。

金軍的談判雖然效果不彰，但在無法用武力取勝之時，試圖著藉由其他方式解決，也說明金軍統帥兀朮並非有勇無謀之輩。若進而考量兀朮幾次議談的時間點，似乎可掩飾開河的工作，利用主動提出談判，鬆懈韓世忠的戒心，使宋軍對金軍開河的工作不生疑心，若果眞如此，則金軍主將兀朮的城府之深，由此可見。

（2）不可忽視的工程能力

金軍在黃天蕩之役中展現出相當驚人的工程能力，但卻被大多數的論者所忽略。此次戰役中，金軍一直受困，卻能保持一線生機，處在危境中，先後開通三條河道，確是一大關鍵。先是鎮江京口閘被堵，金軍入江之路受阻，便疏浚蒜山漕河，開通一條新的入江通道。受困黃天蕩之時，金軍船隊看似陷入絕境，竟開通蘆門河逃出生天。建康府反攻之際，欲搶佔上流有利位置，第三度開河，於白鷺洲上開通二十餘里的河道。三次開河都令戰局產生重大的變化，金軍逐步扭轉被動的局面，第三次開河不但使金軍獲得主動，更是金軍逆轉獲勝的主因之一。

值得進一步析論的是，金軍應該不可能從無到有，憑空開出三條可以行舟的運河。因爲要開通可以在短時間內通行大量船隻的運河，要考慮的因素相當多，僅地形的高低起伏、是否有穩定的水量等基本問題，就算眞有當地平民相助，也非短時間內得以完成。因此，金軍開河應該是利用原有的河道，略加疏浚，再開通幾個關鍵處，使其可以通行船隻。雖然疏浚現有河道的難度比較低，但黃天蕩之役進行月餘，金軍就三度開河，就施工難度而言，也至爲不易。金軍所具備的工程能力，確實相當驚人。

僅開河一事尙不足以完全呈現金軍的工程能力，在建康府最後一戰前，針對韓軍海船的戰術，將自身船隻進行改造，亦是一大工程。在船隻上開洞，卻又不損及船體結構，同時在短時間內準備好大量的船槳，皆非易事。另外，金軍反擊時所用的火箭，在先前也未見其使用，可見也是到建康才進行整備。製作火箭難度頗高，金軍倉促間備足大量的火箭，製作生產的能力

〔註120〕 宋人記載對兀朮刻意貶低的情況，可參見陶晉生，〈金完顏宗弼論〉，《國史釋論：陶希聖先生九秩榮慶祝壽論文集》（臺北：食貨出版社，1988 年 4 月 30 日），頁 141～146。

不可輕忽。

從以上三事可知，金軍在黃天蕩之役中，能夠扭轉局勢，最後戲劇性的獲得勝利，強大的工程能力，實是幕後最大的功臣。

（3）金國軍方的通力合作

整個黃天蕩之役中，金國軍方展現出高度的協同作戰精神。當兀朮率領的金軍被困鎮江之際，金軍另一名主帥撻懶馬上派出軍隊到長江北岸準備接應，雖然援軍不能攻取揚州，進而在佔據北岸渡口，接應兀朮軍過江，但其配合作法極為正確。當兀朮軍往長江上游移動時，長江北岸的金軍亦步亦趨地緊隨，準備適時呼應兀朮的行動。而兀朮被困在黃天蕩之際，金軍則是佔據長江北岸的儀徵，並開河道通長江，隨時接應可能衝出重圍的兀朮軍。當兀朮在建康府準備反攻時，金軍在長江北岸，至少已集結二支軍隊，配合兀朮軍的行動。

長江北岸的金軍，雖然在最後反攻中，並沒有發揮決定性作用，但如果兀朮軍決定不計一切後果，強行進行突破，則金軍在長江北岸能夠提供的支援，就是兀朮軍最後能否倖存的重大影響力因素。雖然最後金軍是擊敗韓軍，從容渡江北返，長江北岸金軍的夾擊作用，雖非致勝關鍵，但他們在長江北岸伺機而動的作為，仍是值得肯定的。

由此可見，金軍協同作戰的精神，遠勝建炎三年冬，宋軍禦敵的表現。當時金軍南下，負責長江防線重任的杜充手握重兵，卻治軍不力，攻守失序，導致長江防線迅速崩解。杜充雖然責任最大，但是協同防禦的劉光世、韓世忠等大將皆與杜充不合，他們不能在大敵當前之際，相忍為國，也是導致長江防線失守的主因。宋金相較孰優孰劣，在此戰中當可體現。

整體而言，金軍在黃天蕩戰役中，由於心態過於輕視敵人，以及試圖保存大量的船隻，戰役初始即陷入被動。但幸而金帥能屈能伸的策略，以及被歷來論者所忽略的工程能力，使其始終能保有一線生機，可以在最後扭轉局勢，當然長江北岸金軍的策應，也給予南岸的兀朮軍許多無形的支持。因此，金軍雖然一開始有所缺失，但透過後續的努力，總算逆轉獲勝，使南渡的金軍，得以全身而退。

（二）宋軍先勝後敗的原因

南宋軍隊在韓世忠的率領下，攔阻金軍的歸路，在鎮江力阻金軍進入長江。雖然金軍不久後還是打通進入長江的通道，但韓軍盡全力攔截，表現依

舊可圈可點。雖然最後宋軍在建康府一戰中被金軍擊潰，但韓軍在長江上的傑出表現，卻讓金軍主將兀朮吃盡苦頭，此後不敢輕言渡江。宋軍在此次戰役中，先勝後敗的原因，試析如下。

1. 優　點

（1）防堵長江的策略正確

韓世忠在這一次金軍南下的軍事行動中，前後表現判若兩人。金軍南下之初，韓軍駐守鎮江，奉命協助建康府的杜充，也受杜充節制。但由於彼此不合，韓世忠並未配合杜充的指揮，在金軍渡江時，韓軍水師若發揮作用，金軍是否能南下肆虐，仍是未定之數。然此時最高的指揮者並非韓世忠，事權有限。爾後金軍北返時，長江防線上已無最高指揮官，韓世忠可以盡情發揮，不受他人制肘。因此，於長江攔截北歸金軍的計畫，應該是在長江防線崩潰後不久，韓世忠就已經決定。

金軍北歸之際，在長江進行阻擊，從結果論來看，是一個正確的決定，但時機嫌晚。如上所言，先期將金軍擋在長江天險之前，不令南渡，是比較理想的作法，畢竟後來攔阻北返的金軍，即先放任金軍在江南地區擄掠之後，才要進行阻擊。不過在當時戰情下，這可能是個無奈的選擇。因為，在長江阻擊北返的金軍，宋軍佔有幾項優勢。一是金軍長途奔襲，轉戰千里，雖未遭遇宋軍的激烈抵抗，但行軍之苦對戰力即是一大消耗，當其北返時，已是強弩之末。二是金軍沿途擄掠，戰利品龐多，必定會影響行軍速度及機動性，讓宋軍找到攻擊的機會。三是宋軍以舟師水軍阻擊金兵，以己之長，攻敵之短，相較在陸地上與金軍正面對決有利。

因此，韓世忠選擇在長江截擊北返的金軍，雖然付出被金軍肆虐江南的代價，但力挫金軍的主力部隊，取得宋金交戰以來空前的戰果，以勝利為前提的情況下，權衡利弊得失，選擇長江戰場，阻擊北返金軍確實是一個適當的決定。

（2）海船優勢運用得當

黃天蕩之役中，韓世忠的船隻，對金軍造成最大威脅的就是海船。海船船體較內河船隻高大，再加上韓軍水手熟練的操作技術，藉助風力行駛，行動迅速靈活。韓世忠還針對海船高大的優勢，制訂特別的作戰方式，打造鐵索大鉤，居高臨下，掀翻敵船。此一作戰方式，金軍初次遭遇時，完全無法應對，幾乎任由韓軍海船宰割。

此外，令金軍倍感威脅的是韓軍海船的機動性，海船在江面上來去自如，隨時迅速出現，讓金軍不容易找到封鎖的缺口。韓軍可以用少量的海船進行巡邏，金軍如有異動，韓軍海船可以抵擋，糾纏金軍，其他船隻則可在最短的時間內趕來支援。倚靠海船的機動性，韓軍以較少的軍力及船隻，就將金軍困住，使其難以橫渡長江。

（3）試圖聯結各方勢力

由於韓世忠的軍力不多，可用之兵僅八千餘人，主力海船百餘艘，面對金軍的優勢軍力，及大量船隻，雖然可以憑藉水手的素質，以及海船的優勢，暫時封鎖住金軍北渡的路線。然如金軍下定決心，不計一切犧牲強行單點突破，韓軍實承受不住過大的損失。

當韓世忠與金軍僵持江上時，長江下游還有許多的武裝勢力，都各有盤算，如當時岳飛就在建康府附近的宜興伺機而動，準備收復建康。〔註121〕韓世忠相當重視這些武力的作用，積極的聯絡各方勢力，希望能夠得到他們的支援。前文已提及南宋水軍將領邵青，及普倫等三行者。兩個武裝勢力具有共同的特點，即具備水上武力，邵青本是以舟師縱橫長江的水寇，後被杜充所招撫，成為宋軍水將，南宋長江防線崩潰後，收攏部分敗兵，在建康府附近活動。〔註122〕而普倫等人足以動員千餘艘船隻，舟師實力自是不弱。

除以上兩股勢力之外，下游地區應該還有許多水上武裝勢力，不論是南宋長江防線崩解後的潰軍，或是進入山水寨互相保守的地方自衛武力，〔註123〕韓世忠皆嘗試進行聯絡，爭取這些武裝勢力的支持，或招撫，或求援，企圖增強自身的水上武力，以達成阻截金軍的目標。其效果如何，甚難

〔註121〕 參見《宋史》，卷365，〈岳飛〉，頁11378。鄧廣銘，《岳飛傳》（北京：三聯書店，2007年3月），頁61～67。王曾瑜，《岳飛新傳》（臺北：谷風出版社，1986年10月），頁63～72。

〔註122〕 陳學霖，〈「水寇」抑「義軍」？——南宋初邵青事蹟考述〉，《香港中文大學中國文化研究所學報》2000年第九期，頁191～213。

〔註123〕 如岳飛駐軍宜興之前，該地已有潰軍盤據，首領為水軍統制郭吉，故此一武裝勢力的舟師實力理應不弱。見《會編》，卷136，「岳飛屯於宜興」條，頁2a。另，南宋「山水寨」的相關研究可見陶晉生，〈南宋利用山水寨的防守戰略〉，《食貨月刊》復刊七卷一、二期（1977年4月20日），頁1～10。黃寬重，〈兩淮山水寨——地方自衛武力的發展〉，氏著，《南宋地方武力——地方軍與民間自衛武力的探討》（臺北：東大圖書館份有限公司，2002年3月），頁203～238。

判斷，從史料所載的兩個案例來看，邵青陽奉陰違，普倫雖解韓軍於倒懸，但卻未對阻擊金軍一事產生具體績效。但是韓世忠努力集結最大的實力，與敵人抗衡的作法，仍有其積極意義。

2. 缺　點

（1）韓軍陷入孤軍奮戰

韓世忠軍最後會功虧一簣，有很大的原因在於兵力的不足，理應大力支援韓世忠的南宋朝廷，卻意見紛歧。當韓世忠初戰得勝的捷報送達宋廷時，主政大臣呂頤浩、王絢（1074～1137）請高宗率軍親征，並調大軍前往援助，但卻遭到臺諫趙鼎、富直柔（～1156）等人的反對。趙鼎等人所持的理由是，難以確定前線戰況是否真如韓世忠所言的樂觀，貿然前往，反倒自投羅網。另外，當時南宋後方盜賊乘亂而起，潰軍流竄，高宗行在駐守後方有穩定的作用，不宜倉促離開。故主張在確定金軍全部北渡後，再考慮南宋朝廷的行止。〔註124〕

趙鼎等人之言反映當時南宋朝廷的窘境。首先，趙鼎等人不完全相信韓世忠所言，顯示朝廷部分大臣，對於武將抱持懷疑態度，且對前線情報也不明瞭，表示宋廷與前線的聯繫十分薄弱。有宋一代朝中大臣對帶兵在外的將領始終有一份戒心，戰時依舊如此，似嫌太過。何況戰爭狀態下，朝廷居然和前線失去聯繫，絕對是一大危機，如不幸趙鼎等人所料屬實，金軍兵力未損，居然回騎衝擊，恐怕南宋朝廷同樣處在懵懂之中。

再者，如趙鼎等人所述，南宋局面在全面潰敗之際，後方尚有許多動亂，實是處在風雨飄搖之中，舉措稍有失當，恐會陷入萬劫不復之境。故趙鼎等人所言確是持重之言，高宗本不宜在情況不明之時，貿然親征，站在前線。但至少應下令其他軍隊前往支援，或擇一親信大臣，在江南地區收攏殘兵，聲援韓世忠。固然韓世忠在長江攔阻金軍之舉，並非宋廷的計畫，純粹是韓世忠自發的行為，但韓世忠也已事先知會宋廷，取得高宗諒解，所以趙鼎等人在反對高宗親征之餘，卻未對於支援前線，做出積極的建議，實有冷言旁觀之嫌。

呂頤浩見趙鼎反對他促請高宗親征的主張，意圖將趙調職，使其離開臺諫系統，但趙鼎拒絕到職，引起一場政治風波，彈劾呂頤浩的奏章如雪片般

〔註124〕《要錄》，卷32，「建炎四年四月癸未」條，頁630；「建炎四年四月甲午」條，頁630～631；「建炎四年四月丙戌」條，頁632。

遞上，高宗迫於壓力，只得將這位「明受之變」勤王功臣的相位罷去，接任的范宗尹自然不敢再提此事。〔註125〕於是支援韓世忠一事，不了了之。日後范宗尹於紹興元年（1131）九月，被沈與求（1086～1137）彈劾去位時，第一條罪狀就是對支援韓世忠一事未有積極的作爲。〔註126〕

（2）船隊船型配置不當

韓軍最後在建康府功虧一簣，主要因素是海船無風，動彈不得。天候欠便，竟使整個船隊失去戰力，歸因於韓軍船隊的船型組成太過單一。當時韓軍以海船爲主，並非是一個正規的編組，只是臨時徵調的組合，雖然當時船隊的組成，應無固定標準，但是根據《武經總要》中所收錄的六種戰船圖樣，〔註127〕皆以划槳爲主要動力，可見當時的戰船中，帆船尚非主流。而且《武經總要》亦強調船艦的功能各有不同：「其戰則有樓船、鬥艦、走舸、海鶻，其潛襲則有蒙衝、遊艇。」〔註128〕雖然是以戰鬥場合將船隻粗略分爲兩大類，但也顯示宋人已知各種戰船各有功能。南宋時人章誼亦嘗言「舟師有三等，其舟之大者爲陣腳船，其次爲戰船，其小者爲傳令船。

圖 2-4：遊艇

資料來源：
《武經總要》，卷 11，〈水戰‧戰船〉。

蓋置陣尙持重，故用大舟，出戰尙輕捷，故用其次，至於江海波濤之間，旗幟金鼓難以麾召進退，故用小舟。」〔註129〕顯見宋人相當清楚作戰的船隊，船型不能太過單一，必須大小船隻互相配合。

〔註125〕《要錄》，卷 32，「建炎四年四月丙申」條，頁 634。
〔註126〕《要錄》，卷 47，「紹興元年九月戊午」條，頁 850。
〔註127〕〔宋〕曾公亮、丁度奉敕纂編，《武經總要前集》，卷 11，〈水戰‧戰船〉，頁 485～496。
〔註128〕〔宋〕曾公亮、丁度奉敕纂編，《武經總要前集》，卷 11，〈水戰‧戰船〉，頁 483～484。
〔註129〕《要錄》，卷 46，「紹興元年七月丁未」，頁 824。

韓世忠的船隊主要以海船組成，另有一些用於聯絡、追襲的船隻，但數量不多。因此，要擊敗韓軍船隊，只要克服海船的威脅，韓軍將沒有其他的應對方式，亦即韓軍最強的海船，也成為韓軍最大的弱點。金軍就是針對韓軍的海船制訂戰術，挑選無風的時間出江，趁海船失去行動力之時，一舉擊潰整個船隊。

韓世忠船隊出現這種缺陷，也是無可避免，畢竟韓軍整頓船隊的時間不長，大部分的船隻都是在秀州地區取得，秀州靠海，所建造的船隻，大部分都是海船，因此，韓世忠只能以海船為主力組成船隊，而韓世忠也瞭解自身船隊的弱點，所以他連結的各種勢力，大多以擁有舟師為主，有意擴充船隊的規模，讓戰船的型態多元化，得以應付各種戰況。其實以海船為主的船隊，想要遂行在長江上阻擊北返金軍的目標，還有一個潛在的困難，就是海船不能航行至較上游的地方，亦即如果金軍持續往長江上中游移動，韓軍的船隊恐怕就無法繼續追擊，只是金軍未採此策而已。

整體而言，宋方主將韓世忠定下在長江邀擊北返金軍的策略，雖然要付出相當大的代價，但權衡利弊之後，還是一個適當的作法。韓世忠在執行計畫的過程中，也充分發揮海船的優勢，並努力集結各種水上武裝勢力。因此，韓軍一度有殲滅渡江金軍的氣勢，惜因朝廷的消極，和海船缺點的暴露，以致未竟全功。

（三）非人為因素的影響

黃天蕩一役，整體戰局演變的過程中，宋金雙方皆付出極大的努力，但尚有二項因素，卻非宋金雙方人力所及，而這些非人為的因素，幾乎決定整個戰役的走勢。此二者即長江水文和天候。

1. 長江水文的複雜

「黃天蕩之役」的定名，就因宋金雙方在黃天蕩對峙多日而來，雙方在此一地點形成對峙，即因金軍不熟悉長江的水文情況，以致被困在該地。建康府境內的長江水文之詭譎，《景定建康志》引吳聿〈靖安河記〉形容此段的江面的險惡云：

> 江出岷山，自湖口合流而下，奔放蕩潏，吞吐日月，山或磯之，則其勢悍怒觸舞，大艑兀若轉梗，至其廣處，曠數百里，斷岸相望，僅指一髮。而舳艫上下，中流遇風，則四顧茫然，亡所隱避，自金陵抵白沙，其尤者為樂官山、李家漾，至急流濁，港口凡十有八處，

稱號「老風波」，而玩險阻者，至是鮮不袖手。〔註130〕

長江此段水文之兇險，情況最惡劣時，連經驗老到的水手都莫可奈何，更何況是不熟悉長江水文的金軍。

從《景定建康志》地圖中，可看到此段水道上散布者許多沙洲，這些沙洲會影響水流，造成許多表面上看不出來的伏流，也會造成船隻擱淺，行船必須相當小心。因此，長江此段遍佈的暗流、沙洲、湖蕩等「障礙」，對於宋金雙方都會造成困擾，只是宋方較爲熟悉形勢，佔有地利之便，而金軍隊則十分陌生，也很難得到當地人協助，所以他們遭遇的困難遠大於韓軍。

金軍由於不熟悉環境，又是倉促行動，以致全軍誤入黃天蕩此一死地，險遭全軍覆滅，最後雖然得以逃離該地，但長江水文的複雜、險惡，已讓金軍留下非常深刻的印象。

圖 2-5：〈沿江大閫所部圖下〉

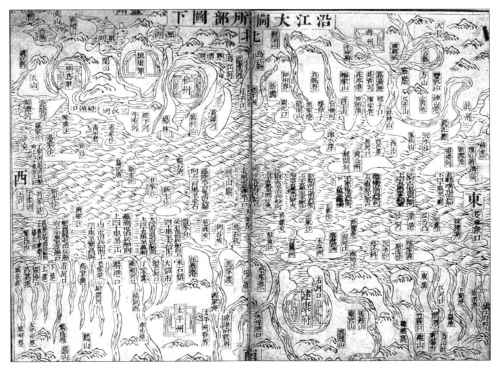

資料來源：《景定建康志》，卷5，〈地理圖〉。

〔註130〕〔宋〕馬光祖修，周應合纂，《景定建康志》，卷18，〈山川志二・江湖〉，「大江」，頁 2a。

2. 天候的詭譎

天候變化對戰局的影響，在此戰展露無疑。先是金軍被困鎮江之時，雖然另開運河成功，但卻不能乘機而走，就因當晚東北風大盛，導致船隻行動困難，也因此宋軍能及時調動軍力，阻截已經打通進入長江河道的金軍。金軍能夠離開鎮江西行，也是藉著一個南風天，放出火船阻擋宋軍後，藉機出江。金軍最後在建康府的反擊，也是刻意選擇無風的天氣進行，可見天候左右這場戰役的力量。

以上所述三次天候影響戰局的轉變，以結果而論，大都有利於金軍，但也是金軍善於利用這些天氣的變化，畢竟天候的變化是轉瞬之間就發生，金軍能夠馬上做出正確反應，可見金軍主將用兵之靈活。反之，宋軍卻不能對天候的變化，作有效因應，顯然是低估金軍的能力。

綜觀此戰，宋軍的戰略正確，執行上雖有瑕疵，沒有抓住幾個稍縱即逝的機會，致使金軍倖能脫逃，但大體上未犯下致命的錯誤。坐失此一大好機會者，是南宋朝廷的冷漠，始終不能給予韓軍有力的支援，韓世忠欠缺應有資源，遂行攔阻金軍的計畫。金軍一方雖然被宋軍搶佔先機，一度陷入全軍覆沒的危機，卻不斷的尋找、製造機會，終讓自己逃出生天，並一舉逆轉局勢，在建康府大敗韓軍。簡言之，宋金雙方雖然都犯下一些小錯誤，但雙方也都沒有掌握住稍縱即逝的機會，施予對方致命一擊。最後決定戰役結果的因素，已非雙方主將的決策，而是消息隔絕的宋廷和詭譎的天候。

第三節　總評建炎三年至四年宋金軍事衝突中的水戰

一、政治意義

建炎三年至四年宋金雙方的軍事衝突，是金國對南宋第一次戰爭中的第三次軍事行動，也是連續第三年的進攻。此次進攻金軍渡過長江，迫使宋高宗逃亡入海，是中國歷史上邊疆民族首次越過長江天險。但此次軍事行動後，金國就甚少再從江淮地區，對長江防線大舉展開攻勢。其中的原因是南宋水師在幾次關鍵的戰役適時發揮，致使金軍屢屢受挫，故深知未有辦法對付南宋水軍之前，從江淮地區進攻南宋，難度甚大。

建炎三年金軍追擊高宗時，明州城的攻防戰，因為南宋軍隊的奮勇作戰，以及舟師機動運輸與伏擊敵軍，發揮得當，以致金軍無法迅速攻取明州城，

更進一步拉近與宋高宗的距離。而當金軍入海追擊時，又被張公裕率領的船隊衝散，以致失去浮海追擊的信心。因此，南宋水軍的發揮，是金軍追擊行動失敗的主要原因之一。

「太湖之戰」與「黃天蕩之役」是宋軍在建炎四年的反攻中，兩次重要的戰役。嚴格說來，這兩次戰役都不是戰果顯耀的勝利，「太湖之戰」是一次成功的奇襲，但戰果有限，並未對金軍造成嚴重的傷害。而「黃天蕩之役」雖然成功的將金軍阻截在長江四十餘日，但最後功敗垂成，甚至被金軍所反擊，幾乎全軍覆沒。因此，從軍事角度來看，這兩場戰役不算重要的勝利，但是這兩場戰役卻對南宋政局發展有不小的影響。

因此，上述所言的四次戰役，對甫肇建的南宋朝廷而言，其重要的意義有二：一是確保政權得以存續，此論前文已多次述及，不再贅敘。二是使宋廷積極進取的主戰派，擁有宣揚其理論的基礎。如呂頤浩於紹興二年倡議反攻時，嘗言：「自敵之南牧，莫敢攖其鋒者，近歲張俊獲捷於四明，韓世忠扼於鎮江，陳思恭擊於長橋，而張榮又大捷於淮甸。良由敵貪殘太甚，天意殆將悔禍。」〔註131〕所提的四場戰役中，前三者即是建炎三年至四年中的重要戰役，水軍皆在其中發揮重要的功效。張榮之捷即紹興元年三月時的縮頭湖之役，〔註132〕該役是一場水陸協同作戰，水軍也扮演重要的角色。由此可見，建炎三年至四年，宋軍的幾場勝利確有振奮人心的效果，因而成為主戰者倡行其論點的例證。

上述四場戰役中，尤以韓世忠和張榮兩場戰役最為時人所重，因這兩場戰役分別使金軍的兩大主帥兀朮及撻懶，失去進攻江淮地區的自信。《大金國志》載云：

> 兀朮自江南回，初至江北，每遇親識，必相持泣下，訴以過江艱危，幾不免。又撻懶時在濰州，遣人誚兀朮南征無功，可止于淮東，俟秋高相會，再征江南。兀朮皇恐，推避不肯從之。方躊躇江上，未有進退之計，會聞宋人出陝右，兀朮因而應之。于是留撻不也、轟耳、王伯隆軍于淮東，以待撻懶，約拔束等西去。〔註133〕

該書又載：

〔註131〕《要錄》，卷60，「紹興二年十一月己巳」，頁1033。

〔註132〕參見《要錄》，卷43，「紹興元年三月壬子」，頁781～782。

〔註133〕〔宋〕宇文懋昭撰，崔文印校證，《大金國志校證》（北京：中華書局，1986年7月），卷6，〈太宗文烈皇帝四〉，頁100。

撻懶自天會八年（1131）攻淮南，至是方渡淮，休兵於宿遷（今江蘇宿遷）。是行也，攻戰之久，人馬疲敝。既至宿遷，復值馬災，死亡殆盡，金兵食之不盡，往往棄擲道路。時新為張敵萬（即張榮）所敗，銳氣沮喪，又南兵已復淮東，去金兵不遠，且多傳南兵襲之，軍中每夜無故而驚，加之寇盜乘時蠭起，東北大恐。撻懶不敢遽回，故自是歲四月屯宿遷，至七月率眾北歸。以劉豫（1073～1143）請兵戍邊，因留太乙孛堇屯劉伶莊，訛里也屯淮陽（今邳縣北）而去。〔註134〕

由上述紀錄中不難看出，這兩場戰役對金軍所帶來的深沈影響，雖未有文字明言金軍是畏懼南宋水軍，但從局勢的發展亦可看出，金軍於建炎四年的戰役結束後，有相當長一段時間，不再有從事渡江之戰的計畫，可見兩場戰役帶給金國的挫折之沈重，亦顯示金軍對南宋水軍之顧忌。

再者，從宋方論述中所標舉的戰例，大多是水戰抑或有水軍發揮巨大效用的戰役，顯見宋金在總結建炎三年至四年的戰鬥經驗時，同認為水軍能給予金軍重大的威脅。

二、戰術特色

建炎三四年間的水戰，宋軍的戰術有一大特色，與往後的水戰大不相同。幾場水戰中，宋軍都是採取接艦格鬥的方式，直接與金軍廝殺，似乎很少使用弓弩之類的拋射性武器。

「黃天蕩之役」中，鎮江金山之戰時，韓軍以鐵鍊鉤索掀翻敵船，金軍亦多次嘗試操作長鉤，限制住韓軍海船的行動，而宋金雙方分別有將領奮勇躍入敵方船中進行白刃戰的紀錄，顯見戰役的大部分過程中，雙方未大量使用到拋射性武器，但最後金軍能夠得勝關鍵之一，就是利用火箭進行攻擊。

「太湖之戰」時，宋軍似乎亦未使用弓弩，故孝宗於淳熙三年（1176）時嘗言：「向來烏珠南侵，陳思恭邀截于平江，官軍乃用長槍，不能及敵，烏珠遂以輕舸遁，韓世忠江上之戰亦然。若用弓弩，烏珠必成擒矣。」〔註135〕

〔註134〕〔宋〕宇文懋昭撰，崔文印校證，《大金國志校證》，卷 7，〈太宗文烈皇帝五〉，頁 112。

〔註135〕〔元〕佚名著，李之亮點校，《宋史全文》（哈爾濱：黑龍江人民出版社，2005年 1 月），卷 26 下〈宋孝宗五〉，「淳熙三年二月辛巳」條，頁 1791。

　　此外，「明州之戰」中，雖曾以輕舟伏弩設防，然似未大規模的運用弓弩作戰。而張公裕海船阻擊金軍船隊時，交戰時所使用的攻擊方式史料未載，不過弓弩應非主要攻擊手段。

　　相較日後南宋軍隊大量的將各式拋射性武器應用於水戰中，建炎年間的水戰，弓弩的使用並不多見。造成此情形的原因，可能在於南宋當時尚屬草創期，弓弩等製作工序比較複雜的「高科技」武器，很難普遍配置到所有的軍隊中。再者，弓弩所需的箭屬於消耗品，在當時社會經濟尚未穩定時，欲有充足的箭隻以供應作戰所需，實有鉅大難度。

第三章 海陵南侵中的決定性戰役
——「膠西之役」與「采石之役」

南宋紹興三十一年（金海陵正隆六年，1161），宋金間二十年的和平關係，被好大喜功的金海陵帝完顏亮所打破。金國動員數量龐大的軍隊，兵分四路進攻，試圖一舉攻滅南宋，改變南北分治的局面，混一宇內。爲遂行此一目標，海陵已準備多年，一開始戰況頗爲順利，四路大軍中，作爲偏師進攻川陝、荊襄的兩支軍隊，雖然與宋軍形成僵持，但成功牽制住南宋四川及長江中游的軍隊。攻擊江淮的主力軍，順利逼近南宋的長江防線，渡江行動似乎指日可待。預計由山東出發，沿海道進攻臨安的奇兵，也已蓄勢待發，一切都按照金主的計畫進展，看來統一天下如囊中取物。

然海陵混一南北的想法，因兩場水戰的挫折，導致全盤破滅。首先是做爲奇兵的龐大海軍船隊，於出發前夕遭南宋水軍襲擊，絕大部分船隻被焚燬，不得支援南侵行動。數日後，海陵親自指揮的渡江行動，也在采石被南宋水軍所阻擋。金軍隨後轉移往揚州，準備由瓜洲渡江。但金國大臣懾於南宋水軍之精良，苦勸海陵停止南征行動，反而激起海陵的怒氣，下達三日內渡江的嚴峻命令，金國大臣爲求自保，先發制人，弒殺海陵。

由於南宋水軍的兩次勝利，激化金方的矛盾，致使內部爆發動亂，聲勢浩大的征伐行動也隨之停擺，使南宋躲過一次存亡危機。因此，影響該次軍事行動最終結果的關鍵，實在兩場水戰之上。

第一節 海陵南下的前奏及南宋的應對之策

金海陵帝完顏亮（1122～1161，1150～1161 在位），爲太祖庶長子宗幹

（～1141）之次子，〔註1〕他於熙宗（完顏亶，1119～1149，1135～1149在位）皇統九年（紹興十九年，1149），結合一批不滿熙宗暴虐統治的大臣，發動宮廷政變，篡弒奪位，取得政權。〔註2〕海陵繼位後，對內以高壓手段進行統治，政策上則延續金太宗（完顏晟，1075～1135，1123～1135在位）、熙宗以來的漢化及中央集權，並推動一連串政軍改革以加速其進程。〔註3〕對外政策，初期雖未顯露其野心，待海陵穩固統治地位後，即不時表露出橫掃六合的雄心。

金海陵帝在正隆四年（紹興二十九年，1159）向大臣宣布進攻南宋的決心，〔註4〕然其南侵之志於正隆三年（1158）已經顯露，曾託言上帝入夢，命其為天策上將，征討南宋。〔註5〕該年正月，海陵對南宋賀正旦使孫道夫（1095～1160）表達對南宋納叛及買馬二事的不滿，並稱宋廷自秦檜（1090～1155）死後，對金國態度有所轉變，其用意實是借詞啟釁，為南侵尋找藉口。〔註6〕

一、海陵的南侵計畫及戰前布置

（一）戰前措施

海陵流露南侵野心的同時，亦積極展開戰前布置。正隆三年十一月，下令修築原北宋首都汴京，〔註7〕計畫遷都該地，以便部署南侵行動。由於海陵甫遷都燕京（北京）不久，又欲再度遷都，對於國庫民力皆是一大負擔，故招致強烈反對，但海陵仍堅持進行。〔註8〕

正隆四年正月，下令關閉沿邊榷場，僅留下泗州（今江蘇盱眙）一地。〔註9〕主要目的有二：一是防止南宋借榷場貿易獲得軍事物資；二是封鎖情

〔註1〕《金史》，卷5，〈海陵紀〉，頁91；卷76，〈宗幹〉，頁1741。

〔註2〕《金史》，卷4，〈熙宗紀〉，頁87；卷5，〈海陵紀〉，頁92～93。

〔註3〕關於海陵的施政與改革，可參見陶晉生，《金海陵帝的伐宋與采石戰役的考實》，頁14～29。

〔註4〕《金史》，卷5，〈海陵紀〉，頁110。

〔註5〕《要錄》，卷176，「紹興二十七年二月是月」條，頁2906～0907。李心傳稱此條是據《正隆事迹》參修。《正隆事迹》的敘述略有不同，但意思無大異，參見《會編》，卷242，引張棣《正隆事迹》，頁9b～10a。

〔註6〕《金史》，卷129，〈佞幸・張仲軻〉，頁2781～2782。

〔註7〕《金史》，卷5，〈海陵紀〉，頁109。

〔註8〕參見陶晉生，《金海陵帝的伐宋與采石戰役的考實》，頁35～38。

〔註9〕《金史》，卷5，〈海陵紀〉，頁109～110；《要錄》，卷181，「紹興二十九年正月是月、二月丙戌」條，頁3001。

報，以免軍事布置等消息走漏，爲達封鎖情報的目的，甚至下令禁止各地的興兵謠傳，〔註10〕暗中爲軍事動員預作準備。

金國爲防止消息走漏，對南宋來訪的使臣盡力隱瞞，甚至在正隆六年出兵前夕，還放出假消息，聲稱計畫到淮水一帶圍獵，僅攜帶不滿萬人士兵隨行，以免驚動南宋朝廷。〔註11〕

但金廷封鎖消息的手法顯然成效不彰，因尙未起兵之前，金國即將南侵的傳言已在南宋朝野沸沸揚揚。由於金國此次軍事行動，動員範圍廣闊，動用軍隊龐大，根本不可能盡行掩蓋。

（二）戰爭準備

海陵帝爲發動南侵行動，進行許多事前的準備。除大規模徵調人員、製造兵器和籌集糧草戰馬外，還有一項至關重要的工作，即建造戰船。由於其他籌備工作，與水戰關係不大，故本文不擬詳述，〔註12〕僅就水軍的組成略作論述。

海陵宣布伐宋的同時，亦下令在通州（今北京東南）建造戰船，〔註13〕造船的任務主要是由工部尙書蘇保衡（1112～1166）與都水監徐文負責。〔註14〕蘇保衡有多次負責大型工程調度的經驗，〔註15〕徐文是從南宋叛降劉齊的將領，〔註16〕劉豫被廢後歸屬金國，不論身處何地，徐文都職司水軍帶領。〔註17〕此外負責造船的還有曾追擊高宗入海的「水星」阿里、〔註18〕工部侍郎韓錫、工部郎中張參等人。〔註19〕

〔註10〕　《要錄》，卷183，「紹興二十九年十二月甲寅」條，頁3063。

〔註11〕　《金史》，卷129，〈李通〉，頁2784。

〔註12〕　海陵的戰前準備，可參見陶晉生，《金海陵帝的伐宋與采石戰役的考實》，頁40～48。三軍大學中國歷代戰爭史編纂委員會編，《中國歷代戰爭史》（臺北：三軍大學，1972年），第十四卷，頁274～276。軍事科學院主編，韓志遠著，《中國軍事通史：南宋金軍事史》（北京：軍事科學出版社，1998年），第十三卷，頁261～262。

〔註13〕　《金史》，卷5，〈海陵紀〉，頁110。

〔註14〕　《金史》，卷79，〈徐文〉，頁1786；卷89，〈蘇保衡〉，頁1973。

〔註15〕　《金史》，卷89，〈蘇保衡〉，頁1973。

〔註16〕　徐文叛宋，見《要錄》，卷64，「紹興三年四月庚子」條，頁1093；「紹興三年四月辛丑」條，頁1097；卷65，「紹興三年五月丙辰」條，頁1101。

〔註17〕　《金史》，卷79，〈徐文〉，頁1785。

〔註18〕　《金史》，卷80，〈斜卯阿里〉，頁1801。

〔註19〕　《會編》，卷242，引《正隆事跡》，頁12a。

　　海陵舉兵前夕，南宋歸朝官崔淮夫上奏，〔註 20〕歷指金國準備南侵的種種事跡，其中就提到建造戰船及籌組水軍的情況，其言如下：

> 金人所造戰船係是福建人，北人謂之「倪蠻子」等三人指教，打造七百隻，皆是通州樣，各人補忠翊校尉。虜主云：「候將來成功，以節度使待之。」其所統主將皆南官，靳賽、徐文、孟彬、王大刀等主管。然所括水手皆灌園種稻取魚之人，實不諳江海水性，其官吏往往通賄賂，謂如實曾駕舟之人，有錢則得免，其不諳水性者無以為賂，則反被差委，其宿州（今安徽宿州）水手無處聲冤，眾人共毆殺本州同知奴婢而行，可見人心是脅從，所謂舟船已發在濱州（今山東濱州）蒲臺縣，伺候閱習。〔註 21〕

可見金國水軍的整建，與南方人有相當大的關係，從主管的將官到指導打造船艦的工匠都是漢人，其中有一人名為倪蠻子。〔註 22〕這些人的出身，似非崔淮夫所言的福建人，而可能是平江人。〔註 23〕可是不論出身平江或福建，兩地皆是造船業發達的地方。

　　金所造「通州樣」戰船，從字面上理解，應該是通州地方的典型船隻，通州有南北兩處，一處即金國此次造船的地點，一處則位於長江出海口北岸，隔長江與平江府為鄰，屬南宋疆域。從倪詢（倪蠻子）可能是平江人這個線索來推測，「通州樣」戰船應該是指南通州的船型，雖然不知該船型的樣式，但應是一種南方的船隻，適用於東南沿海。另外，「膠西之役」時有金將「駕巨船，率銳卒而至」，以及宋軍戰後俘獲名為「百尺船」的金軍戰船，〔註 24〕可見金軍艦隊的舟船有大有小，各有不同的作用，顯然在船隊的打造上，花費不少心思。

〔註 20〕　崔淮夫，《要錄》作梁淮夫，參見《要錄》，卷 192，「紹興三十一年九月庚辰」條，頁 3218。

〔註 21〕　《會編》，卷 230，〈元祐進士乙科元符黨人朝奉郎崔陟孫淮夫梁叟上兩府箚子〉，頁 5a～5b。

〔註 22〕　倪蠻子等三人，除倪詢之名各方記載出入不大外，其他二人之名則歧異頗多，然此非本文重點，並無考據的需要。

〔註 23〕　《會編》，卷 247，「李寶除靜海軍節度使京東東路招討使沿海制置使」條，頁 5b。

〔註 24〕　〔宋〕袁燮，《絜齋集》（景印《文淵閣四庫全書》本，臺北：臺灣商務印書館，1985 年，據國立故宮博物院藏本影印），卷 15，〈武功大夫閤門宣贊舍人鄂州江陵府駐箚御前諸軍副都統制馮公行狀〉（後簡稱〈馮湛行狀〉），頁 13b～14a。《要錄》，卷 195，「紹興三十一年十二月戊午」條，頁 3300。

船隻的類型雖然有經過特別的挑選，但從崔淮夫奏箚的內容，顯示金國水手，大多是強迫徵集而來，且因人謀不臧，導致徵調的水手素質低下，多不具備操船的技能，又是被強迫前往，故戰鬥意志也不高。

正隆五年（1160）三月，「東海縣（今江蘇連雲港附近）民張旺、徐元等反」，由於東海縣是在一個海島上，海陵也趁此機會練兵，「遣都水監徐文、步軍指揮使張弘信、同知大興尹李惟忠、宿直將軍蕭阿窊率舟師九百，浮海討之。」並宣示這次出兵的用意，「朕意不在一邑，將試舟師耳」，明白表示測試水軍戰力的含意。率兵將領之一的張弘信，「稱疾逗留萊州（今山東萊州），與妓樂飲燕」，〔註25〕「海陵聞之，師還，杖弘信二百」〔註26〕，趁此機會整頓水軍將領的軍紀。

動用龐大的人力、物力後，金國在短短的時間內，就組成一支水軍，並試圖運用這支水軍，達到某些戰略目的。

（三）戰事規劃

金國動員軍隊，積極備戰的同時，又逐步將軍隊進行編組爲三十二軍，各軍置正副總管，及巡察使副各一員。〔註27〕進兵的計畫，是以陸上三道雄兵，輔以海上攻勢，總計約五十萬大軍，兵分四路進擊。

1. 陸面進攻佈署

陸地上的三路進攻，劃分爲江淮、荊襄和川陝三大戰區。江淮大軍由海陵親自率領，分爲左右軍，主要將領爲：左領軍大都督完顏昂、副都督李通；右領軍大都督紇石烈良弼、副都督烏廷蒲盧渾；左監軍徒單貞，右監軍徒單永年；左都監許霖，右都監蒲察斡論。由汴京南下，度過淮水，進攻壽春（今安徽壽縣），另分一軍隊往淮東。

荊襄戰區，設立漢南道行營，以劉萼任兵馬都統制，僕散烏者副之。此路軍隊由蔡州（今河南汝南）進攻荊南，分兵光黃（今河南潢川、湖北黃岡）進擊武昌（今湖北鄂州），另出一軍自鄧州（今河南鄧州）往襲金州（今陝西安康）。川陝戰區，設立西蜀道行營，以徒單合喜任兵馬都統制，張中彥副之，

〔註25〕　《金史》，卷5，〈海陵紀〉，頁111。

〔註26〕　《金史》，卷79，〈徐文〉，頁1786。

〔註27〕　南侵三十二總管的考證，以及金軍動員的軍隊數量，陶晉生已有詳細的考述，本文茲不贅述。參見陶晉生，《金海陵帝的伐宋與采石戰役的考實》，頁135～150。

由鳳翔（今陝西鳳翔）出兵進攻大散關（今陝西寶雞西南）。〔註28〕

2. 海路進攻計畫

海道的進攻，設立浙東道水軍，以蘇保衡任都統制，完顏鄭家副之，從膠州（今山東膠州）出發由海道進襲臨安。〔註29〕自海上進攻臨安的計畫，早在金太宗時期，齊國主劉豫就曾經向金國提議從海道進攻，雖然獲得同意，但因各種因素而未執行。〔註30〕而劉豫提出的計畫，其實就是前文提到的徐文投降齊國後所建議。〔註31〕徐文向劉豫提出一套從海道攻宋的完整計畫：

> 宋主在杭州，其候潮門外錢塘江內有船兩百隻。宋主初走入海時，於此上船，過錢塘江別有河入越州，向明州定海口地邐前去昌國縣，其縣在海中，宋人聚船積糧之處。今大軍可先往昌國縣，攻取船糧，還趨明州城下，奪取宋主御船，直抵錢塘江口。今自密州（今山東諸城）上船，如風勢順，可五日夜到昌國縣，或風勢稍慢，十日至半月可至。〔註32〕

由於徐文「久在海中，盡知江南厲害」，〔註33〕甚至還在臨安、明州等要地屯駐過，〔註34〕對南宋在海道方面的軍事布置相當熟悉，所以針對南宋的防備制訂出一套針對性的計畫。

這套計畫雖然在當時沒有實行，劉豫也在不久後因為金國態度的轉變而被廢黜，失去他的影響力。但徐文在金國軍中仍然一直擔任高級將領，且受到重用，他在金國取回河南地的戰事中，立下不小的戰功。〔註35〕

海陵南侵的軍事行動，從海道進攻的計畫，雖然無法得知其詳，但在宋

〔註28〕 上述進攻佈署，引自陶晉生，《金海陵帝的伐宋與采石戰役的考實》，頁89～91。三軍大學中國歷代戰爭史編纂委員會編，《中國歷代戰爭史》第十四卷，頁277。

〔註29〕 陶晉生，《金海陵帝的伐宋與采石戰役的考實》，頁90。三軍大學中國歷代戰爭史編纂委員會編，《中國歷代戰爭史》第十四卷，頁277。

〔註30〕 〔宋〕李心傳，《建炎以來朝野雜記》甲集，卷20，「李寶膠西之勝」條，頁459。

〔註31〕 《金史》，卷79，〈徐文〉，頁1785。

〔註32〕 《金史》，卷77，〈劉豫〉，頁1761。

〔註33〕 《金史》，卷77，〈劉豫〉，頁1761。

〔註34〕 《要錄》，卷43，「紹興元年三月壬子」條，頁782；卷47，「紹興元年九月戊戌」條，頁842～843。

〔註35〕 《金史》，卷79，〈徐文〉，頁1785～1786。

人的紀錄中，稱「完顏亮令十月十八日到海門山，入錢塘江，幹了大事，遣阿虎來江上迎報。」〔註36〕雖然相當簡短，但主要精神與徐文的謀劃頗爲類似，故可能是脫胎自徐文的計策。

　　金國鑑於南宋將海道當作退路，在戰事不利時入海躲避。徐文的計畫，至少能封鎖宋主的海道退路，使之不能利用水軍優勢來躲避。更重要的目的是企圖自海上直攻臨安，進行「斬首行動」，一舉瓦解南宋的政治中心。欲達成目標，金國的水軍，除需有一定的戰鬥力外，還要具備相當數量的運輸能力，以便在錢塘江口附近登陸，配上一支陸上作戰軍隊，直取臨安。

二、宋廷的應對之策

　　早在紹興二十六年（正隆元年，1156），就有從北方逃歸的士人上奏稱金國必定舉兵南下，但卻被編管處置，高宗並下詔不得妄議邊事。〔註37〕可見高宗並不認爲金國會輕易進攻，但紹興二十八年（1158），賀正旦使孫道夫返回，報告海陵的不友善言論後，宋廷才意識到金國有敗盟的可能，此後各種使者的相關報告，絡繹傳來。

（一）使節往來反映的敵情

　　紹興二十九年，賀生辰使黃中（1096～1180）使還，帶回金國大修汴京，可能會遷都南侵的消息，建議朝廷加強戒備。〔註38〕宋廷爲此於該年六月，遣王綸爲奉表稱謝使，前往探查金國的態度。〔註39〕九月王綸使還，稱金國並無異動，使高宗等人大爲放心，〔註40〕但王綸顯然是被金國所矇騙。

　　紹興三十年二月，遣葉義問（1098～1170）等爲大金報謝使，同時偵查金國動向。〔註41〕葉義問等尚未歸國，前年十一月所遣的皇太后遺留國信使賀允中（1090～1168），〔註42〕先於三月返國，警告金人即將敗盟南侵，宜早爲備。〔註43〕五月，葉義問使還，亦謂金國的軍力有不正常的調動，恐有南

〔註36〕　《會編》，卷237，「李寶敗金人於陳家島」條，頁2b。
〔註37〕　《要錄》，卷172，「紹興二十六年三月乙丑、丙寅」條，頁2827～2828。
〔註38〕　《要錄》，卷181，「紹興二十九年四月壬辰」條，頁3011。
〔註39〕　《要錄》，卷182，「紹興二十九年六月甲申朔」條，頁3023。
〔註40〕　《要錄》，卷183，「紹興二十九年九月乙酉」條，頁3053。
〔註41〕　《要錄》，卷184，「紹興三十年二月戊午」條，頁3079。
〔註42〕　《要錄》，卷183，「紹興二十九年十一月丁亥」條，頁3060。
〔註43〕　《要錄》，卷184，「紹興三十年三月辛卯」條，頁3086。

下之意。〔註44〕至此，宋廷終於確定金軍有南侵的意圖。

　　紹興三十一年（1161）五月，金國賀生辰使高景山至臨安，告知欽宗之喪，並通知海陵要重新劃定兩國疆界，要宋廷派遣大臣前往汴京商議。高景山態度傲慢，且提出的條件根本不可能為宋廷接受，〔註45〕故金國的南侵顯然已迫在眉睫。

（二）防禦布置

　　自孫道夫於紹興二十八年使還，帶回金國即將敗盟的消息後，宋廷許多有識之士，在接連而來的二、三年中，紛紛發表增強防禦的言論。高宗表面上雖封殺主戰的言論，但對加強防禦的建議，仍擇要暗中進行，至葉義問使還，確認金國確有敗盟之意後，宋軍更是針對性的進行調動，故南宋的國防並非毫無防備。〔註46〕

　　金軍南下前，宋軍的防禦體系，大體亦是沿長江劃分為三個戰區，與金國規劃的三路大軍針鋒相對，並非宋廷已偵知金軍計畫，而是地理形勢如此，雙方皆是據以進行規劃。江淮戰區有劉錡（鎮江）、王權（建康）、李顯忠（池州，今安徽池州）、戚方（江州，今江西九江）等軍；荊襄戰區有田師中（鄂渚，今湖北武漢）、李道（荊南，今湖北江陵）、吳拱（襄陽）等軍；川陝戰區有吳璘（武興，今陝西略陽）、姚仲（興元，今陝西南鄭）、王彥（漢陰，今陝西漢陰）等軍。南宋東南沿海要地亦有布置，主要軍隊有李寶（平江府）、李橫（紹興府）、沈該（明州）等。除此之外，殿前司、侍衛馬軍司、侍衛步軍司等中央三衙軍由趙密、成閔和李捧任主帥，可作彈性調動。〔註47〕

　　在高景山挑釁式的言論後，南宋宰執召集軍政大員，共議國事，陳康伯（1097～1165）表達高宗主戰之意，要求同僚不需考慮求和，只要討論如何作戰。〔註48〕會後宋廷開始調集軍力移向前線，比較重要的調度有二：一是調

〔註44〕 《要錄》，卷185，「紹興三十年五月辛卯」條，頁3099。

〔註45〕 《要錄》，卷190，「紹興三十一年五月丙子」條，頁3169；「紹興三十一年五月辛卯」條，頁3172～3173。

〔註46〕 此非本文重點，故不詳述，可參見三軍大學中國歷代戰爭史編纂委員會編，《中國歷代戰爭史》第十四卷，頁280～285。陶晉生，《金海陵帝的伐宋與采石戰役的考實》，頁74～79。

〔註47〕 軍力分佈據參見三軍大學中國歷代戰爭史編纂委員會編，《中國歷代戰爭史》第十四卷，頁284～285。陶晉生，《金海陵帝的伐宋與采石戰役的考實》，頁77。

〔註48〕 《要錄》，卷190，「紹興三十一年五月甲午」條，頁3174。

成閔（1094～1174）全軍支援長江中游，〔註49〕一是徵集各地軍隊前往明州、平江府、池州、太平州、江州、荊南府等地，充實該地軍力。〔註50〕

除此之外，宋廷開始在福建沿海增建海船，任命溫州進士王憲充溫州總轄海船，應該是為危急時，逃亡海上預作準備。〔註51〕

三、戰事初期的進展

紹興三十一年（1161）九月，金軍進攻川陝，揭開戰事的序幕。九月五日，金軍由大散關，進犯黃牛堡（今陝西鳳縣東北），不克，金兵扼守大散關，並於隴州方山原（今陝西隴縣西南）、秦州（今甘肅天水）、鳳翔等地屯兵，與宋軍展開對峙。〔註52〕川陝地區的宋軍，在主帥吳璘的指揮下，作戰頗為勇猛，先後收復秦州、隴州，〔註53〕致使金軍只能採取守勢。但宋軍也無法製造決定性的一擊，因此，雙方在川陝陷入僵局。

荊襄地區的戰事，緊隨在川陝之後展開。金軍九月二十四日進犯通化，但為宋軍擊退。〔註54〕二十六日，另一支金軍進攻信陽軍（今河南信陽），不克，轉攻蔣州（今河南潢川）。〔註55〕荊襄戰區宋軍的主帥本應是田師中，但他在開戰前夕被撤換，代以已故名將吳玠（1093～1139）之子，川陝主帥吳璘（1102～1167）之姪吳拱。〔註56〕而三衙主管之一的成閔率軍支援此地，論資排輩，當以成閔為主帥，只是在成閔未到之前，仍以吳拱為首。

宋金雙方在荊襄地區一度形成拉鋸，金軍雖先後攻陷信陽、羅山（今河南羅山）、蔣州等地，並進逼襄樊。吳拱進駐襄陽主持戰守之計，擊退金軍。十月十七日，成閔手下將領趙撙抵達荊襄戰區，宋軍迅即展開反攻，先後收復許多失地，並在蔡州大敗金軍，宋軍聲勢大好。然因海陵逼近長江，成閔受命回師，支援江淮防線，故在荊襄地區，宋軍雖掌握主動，但因成閔的轉

〔註49〕《要錄》，卷190，「紹興三十一年五月甲午」條，頁3174～3175。

〔註50〕《要錄》，卷190，「紹興三十一年五月庚子」條，頁3180。

〔註51〕《要錄》，卷191，「紹興三十一年七月癸酉」條，頁3193。

〔註52〕《要錄》，卷192，「紹興三十一年九月甲戌」條，頁3217；「紹興三十一年九月丁亥」條，頁3221。

〔註53〕《要錄》，卷192，「紹興三十一年九月甲午」條，頁3223～3224；「紹興三十一年九月己亥」條，頁3226。

〔註54〕《要錄》，卷192，「紹興三十一年九月癸巳」條，頁3223。

〔註55〕《要錄》，卷192，「紹興三十一年九月乙未」條，頁3224。

〔註56〕《要錄》，卷192，「紹興三十一年八月丁巳」條，頁3214。

移，雙方亦陷入僵持。〔註57〕

金軍在川陝、荊襄兩地都沒有取得具體的進展，但宋軍也無法大力打擊金軍，故雙方在這兩個戰區暫時陷入膠著。宋金在長江中上游，分不出勝負，但金軍在江淮地區的攻勢卻相當銳利，海道奇兵更是蓄勢待發，於是此次大戰的勝負，端看長江下游的戰事發展而定。

第二節　膠西之役

紹興三十一年十月間的膠西之役，是南宋在面對金海陵龐大軍事攻勢時，所取得的一次重大勝利。海陵原計畫派遣一路軍隊，由山東半島的膠州出發，乘海船南下，直撲南宋首府臨安，試圖畢其功於一役。故海陵耗費龐大的人力物力建造戰船，籌組海軍。但金國的計畫洩露，南宋朝野已探知海陵會由海道來攻，於是水軍將領李寶自動請纓，率領船隊北上，企圖在金國艦隊未行動前，進行攔阻。

宋軍船隊順利的在膠州灣外擊敗金國海軍，金國海軍被完全擊潰，海陵南侵計畫中的重要一環遭破壞，也帶起南宋的反攻行動。

一、計畫的提出及準備工作

紹興三十一年，宋金兩方大規模的軍事衝突，雖然金國是主動侵略，南宋為被動的一方。但是，「膠西海戰」的爆發，卻是由南宋主動出擊，採取「攻勢防禦」的戰略方針，戰役的指揮官是李寶，整套奇襲的構想也是由他提出。

李寶是乘氏人（今山東菏澤），曾經在岳飛（1103～1141）屬下擔任統領。年少時，「無賴尚氣節」，後來帶領一批人投入岳飛麾下，但是岳飛「未之奇也」。李寶「怏怏與其徒謀北歸」，然事跡敗露，岳飛要將所有參與此事的人斬首，李寶則「抗言欲歸者寶也，眾皆不預」，岳飛「奇而釋之」。在李寶的請命下，准他「歸山東會合忠義人立功」，於是李寶再「募得八百人赴飛軍」，岳飛便任命他為統領屯駐龔城（今山東寧陽）。〔註58〕

〔註57〕　由於荊襄戰區戰況比較複雜，且本文重點不在陸戰，故僅作重點式敘述，亦不徵引史料。詳細經過，可參看三軍大學中國歷代戰爭史編纂委員會編，《中國歷代戰爭史》第十四卷，頁289～293。

〔註58〕　李寶在岳飛軍中的經歷，據《要錄》所載撰寫，《宋史》李寶本傳無載，參見

　　天眷三年（金熙宗，1140），金國取回河南的戰爭中，李寶被南宋叛將徐文擊敗於濮陽（今河南濮陽），〔註59〕戰敗的李寶與部下曹洋等人取道興仁府（今山東定陶）、徐州（今江蘇徐州）、淮陽軍逃回楚州（今江蘇淮安）。〔註60〕李寶南歸後即爲韓世忠所收編，李寶本欲回歸岳飛軍中，世忠爲此事特地馳信岳飛，岳飛覆書予李寶稱：「均爲國家，何分彼此？」要他安心在韓軍中效力。〔註61〕李寶在韓軍時，主要駐守在外海，紹興十一年，宋廷收兵權之初，遣張俊與岳飛前去楚州，負責撤回韓軍的相關事宜。岳飛召見李寶，要其下海前往山東地方進行敵後牽制，以配合楚州軍民的遷移行動，李寶也成功的在登州地區（今山東威海及煙台北部）造成騷動。〔註62〕

　　部分史料顯示，李寶曾在敵國政權下效力過，〔註63〕其後他才從海道回歸。〔註64〕由於史無明載，李寶爲敵所用的時間與經過不詳，然從李寶前後經歷來看，在此次敵後牽制行動之後，有很長時間，他歷事不明，故李寶可能在上述牽制行動或後續軍事作爲中，遭金國擒獲而短暫屈降于金國勢力下，待伺得空隙時機，才從海道逃回。

　　回歸之後，李寶擔任鎮江地方的遊奕軍統領官，又升任後軍統制。時殿前指揮使楊存中得知李寶與鎮江駐箚都統制劉寶不合，乃將李寶發赴行在。再後，李寶被授爲不釐務路分都監，百餘日後，被任命爲帶御器械。又過百餘日後，〔註65〕即紹興三十（1160）年九月，再被任命爲「淮南西路馬步軍副總管兼權知黃州（今湖北黃岡）」。〔註66〕

　　然數日後旋改李寶爲「兩浙西路副總管平江府駐箚兼副提督海船」，此因

　　　　《要錄》，卷132，「紹興九年十月是月」條，頁2129。李寶出身本傳記其爲河北人，然乘氏縣北宋時位於京東路興仁府，不在河北地方，故以《要錄》所言爲準。參見《宋史》，卷370，〈李寶〉，頁11499。

〔註59〕　《金史》，卷79，〈徐文〉，頁1785。記有：「宗弼復取河南，（徐）文破宋將李寶於濮陽。」

〔註60〕　《要錄》，卷135，「紹興十年五月辛卯」條，頁2171；卷138，「紹興十年十月戊寅」條，頁2218。

〔註61〕　《宋史》，卷365，〈岳飛〉，頁11395。

〔註62〕　《要錄》，卷140，「紹興十一年六月癸未」條，頁2257。

〔註63〕　高宗在膠西海戰後，接見李寶之時，曾經有過一段話說：「始朕用寶，謗書滿篋，至謂必復從僞，今竟如何？」參見《要錄》，卷195，「紹興三十一年十二月戊午」條，頁3300。

〔註64〕　《宋史》，卷370，〈李寶〉，頁11499。記有：「嘗陷金，拔身從海道來歸。」

〔註65〕　《會編》，卷231，「紹興三十一年八月十四日甲寅」條，頁1a～1b。

〔註66〕　《要錄》，卷186，「紹興三十年九月丁亥」條，頁3118。

當時平江府守臣朱翌負責提督浙西通州的海舟兵萬餘人，有言者建議派遣一知海事的武臣爲副，〔註67〕高宗對宰臣言：「李寶頃因召對，詢以北事，歷歷如數。且以一介脫身還朝，陛對無一毫沮懼，是必能事者。」〔註68〕乃欽點李寶出任。李寶隨即「乞於沿江州縣招水軍效用千人。詔許三百。又請器甲弓矢及乞鎮江軍中官兵曹洋等五十人自隸。」皆從之。〔註69〕開始計畫籌建一隻水軍。

不意李寶在平江府，卻與朱翌不合，以致朱翌對李寶「漠然不顧，泛以武臣待之，使寶徒手無所施功，及其哀懇亦略不介意，至煩朝廷又遣林安宅，國事安賴焉」。〔註70〕後來宋廷甚至改以洪遵（1120～1174）知平江府，因爲「朝廷以寶嘗爲遵所薦，故改用之」。〔註71〕

紹興三十一年，宋廷已確定金國有南攻計劃，加上蘇保衡等大造戰船的行動，亦被南宋朝廷偵知，故開始積極籌謀海道的戰備。李寶在某次入見高宗時奏稱：「連江接海，便於發舶，無若江陰（今江蘇江陰）。臣請從守，萬有一不任，甘死無赦。」高宗同意後，李寶即移徙江陰，並遣其子李公佐與將官邊士寧潛入敵境偵察。〔註72〕

不久，金兵將從海道攻宋的消息經確認，高宗即招李寶入對，詢問方略。李寶奏對曰：「海道無險要可守，敵艦散入諸洋，則難以蕩滅。」故李寶建議：「今敵未離巢穴，臣仰憑天威，掩出不意，因驚擾而疾擊之，可以得志。」〔註73〕在這種出其不意的策略下，李寶率軍從江陰出發，準備襲擊金軍。

李寶率領的這支船隊，據其出發前對高宗所言有軍兵三千人，船隻一百二十艘。〔註74〕三千軍士當是整編後的結果，其主要來源有三：其一，由前述浙西通州海舟兵萬餘人中所挑選。此海舟軍是陳俊卿（1113～1186）整頓成軍，爲李寶所接手。〔註75〕其二，李寶出任平江府駐箚兼提督海船一職

〔註67〕 《要錄》，卷186，「紹興三十年九月己丑」條，頁3119。
〔註68〕 《宋史》，卷370，〈李寶〉，頁11499。
〔註69〕 《要錄》，卷186，「紹興三十年九月己丑」條，頁3119。
〔註70〕 《要錄》，卷188，「紹興三十一年二月庚午」條，頁3153。
〔註71〕 《要錄》，卷189，「紹興三十一年三月己卯」條，頁3156。洪遵薦李寶一事，參見《要錄》，卷183，「紹興二十九年十二月乙亥」條，頁3067。
〔註72〕 《要錄》，卷190，「紹興三十一年六月丙辰」條，頁3186。
〔註73〕 《要錄》，卷190，「紹興三十一年六月丙辰」條，頁3186。
〔註74〕 《宋史》，卷370，〈李寶〉，頁11499。
〔註75〕 《宋史》，卷383，〈陳俊卿〉，頁11784。

時，所招募的三百效用，[註76] 此三百人可能是主力部隊。其三，宋廷於戰前又調撥「浙西諸郡及衢婺二州（今浙江衢州、金華）」的禁軍至李寶軍中。[註77] 因此，李寶聲稱三千軍兵，「止是二浙、福建五分弓弩手，非正兵也。」[註78] 恐非其實。

李寶船隊中的船隻來源，史料所載有二：一是福建地區的海船，據《淳熙三山志》所載，紹興三十一年該地區有海船二百五十七隻，分三批開赴平江府，這批海船參與了膠西之役。[註79] 二是抄充佞倖醫師王繼先（1098～1181）家的海船。[註80] 兩批海船當以前者為主，後者數量不多。船隊總數為一百二十艘，可見也是篩選後的結果。

除上述兵力之外，據當時參戰將領之一馮湛（1125～1195）的〈行狀〉所載，當時他任破敵軍統領，率領八百人，海船二十艘，與李寶同行。[註81] 然不能確知馮湛船隊的數量，是否包括李寶所言船隊及人員的數量之內。如未包括在內，顯示從海道出發的船隊，並不僅有李寶軍，尚有其他部隊，只是以李寶為總指揮。

二、戰役經過

（一）解海州之圍

此次行動，李寶於戰前作足情報工作，他移徙江陰時即「遣其子公佐，謂曰：『汝為潛伺敵動靜虛實，毋誤。』公佐受命，即與將官邊士寧偕往。」當李寶獲得高宗同意主動出擊後，甫返回江陰駐地，即準備率軍出發，雖然「軍士洶洶爭言，西北風力尚勁，迎之非利」，但李寶堅持出發，下令「大計已定不可搖，敢再有出一語者斬」。[註82]

紹興三十一年（1161）八月十四日甲寅，李寶率三千人下海，從江陰出發，知平江府洪遵亦「竭貲糧器械濟之」，在「大洋上行三日，風果怒甚，舟散漫不能收」，風稍停息之後，李寶退泊明州關澳收集散舟，花費約十天的時

〔註76〕　《要錄》，卷186，「紹興三十年九月己丑」條，頁3119。
〔註77〕　《要錄》，卷190，「紹興三十年五月庚子」條，頁3180。
〔註78〕　《要錄》，卷190，「紹興三十一年六月丙辰」條，頁3186。
〔註79〕　〔宋〕梁克家，《淳熙三山志》（收入《宋元方志叢刊》，北京：中華書局，1990年，據明崇禎十一年刻本影印），卷14，〈版籍〉，「海船戶」，頁14a。
〔註80〕　《要錄》，卷192，「紹興三十一年八月辛亥」條，頁3211。
〔註81〕　〈馮湛行狀〉，頁12b。
〔註82〕　《宋史》，卷370，〈李寶〉，頁11500。

間，重整船隊。〔註83〕

重整隊伍時，邊士寧從密州返回，向李寶報告說魏勝在山東地方起義，已攻下海州（今山東連雲港西南），並和李公佐取得聯繫，他們可提供一個北上的中繼基地。李寶欲乘機進兵以支援魏勝，有意再度出發北上，但是「大風復作，波濤如山者，經月未得進」。〔註84〕至九月二十二日，「李寶以舟師發明州關澳」，〔註85〕再度出發，「縱舟泊抵東海」，〔註86〕金東海縣知縣高敏及前知縣支那榮向李寶投降，高敏還隨同李寶船隊一起行動，〔註87〕應該是擔任李寶軍的嚮導。

李寶抵達東海縣時，海州正被金國大軍圍攻，情況相當危急。魏勝舉事之初，得海州居民內應，故迅速攻下海州城，周邊諸縣亦傳檄而定。金軍幾度來攻，亦被魏勝設伏擊退，故一時聲勢大振。但魏勝在一次出援其他義軍的行動中，誤中金軍埋伏，損失慘重，隻身逃回海州，金軍隨之亦包圍海州，雙方發生激戰。海陵見海州之亂久未平定，擔心影響其南攻大軍的側翼，故又增兵數萬，進圍海州。〔註88〕因此，李寶抵達海州的時機，正如一場及時雨。

魏勝得悉李寶將至，設法與李寶取得聯繫，約定在州北二十里的新橋共擊敵軍。〔註89〕李寶「麾軍登岸，以劍劃地曰：『此敵界，非復吾境，當力戰。』因握槊前行，接敵奮擊，士無不以一當十」。在李寶身先士卒的奮戰下，加上金軍並未預料到李寶軍出現，出其不意之下，金軍乃解圍離去。李寶入海州城後，派遣使者四出招納降附，當時的「山東豪傑」王世隆、趙開、劉岊、溫皋、李機、李仔、鄭雲、劉異、明椿等人，紛紛前來降附。〔註90〕

王世隆與趙開等曾聚眾攻打成陽軍，被金軍從沂州（今山東臨沂）所派遣的五百騎攻擊而散去，王世隆率殘部駐於離日照縣（今山東日照）二十里

〔註83〕《要錄》，卷192，「紹興三十一年八月甲寅」條，頁3212～3213。

〔註84〕《要錄》，卷192，「紹興三十一年八月甲寅」條，頁3213。

〔註85〕《要錄》，卷192，「紹興三十一年九月壬辰」條，頁3223。

〔註86〕《宋史》，卷370，〈李寶〉，頁11500。

〔註87〕《會編》，卷231，「紹興三十一年八月十四日甲寅」條，頁1b。高敏，李心傳記其為「知朐山縣」。參見《要錄》，卷193，「紹興三十一年十月丙寅」條，頁3251。

〔註88〕《宋史》，卷368，〈魏勝〉，頁11455～11457。

〔註89〕《宋史》，卷368，〈魏勝〉，頁11457。

〔註90〕《要錄》，卷193，「紹興三十一年十月庚子」條，頁3231。

處。李寶遣親信將領曹洋與小吏徐堅，前去招撫王世隆，自身則督率船隊從東海縣出發北上，至日照縣沿海的石臼山附近停泊，等候曹洋的消息。待曹洋與王世隆取得聯繫後不久，趙開亦率其部隊前來會合，李寶任二人爲山後都統制，以配合水軍的行動。〔註91〕

（二）膠西海戰

李寶聯繫王世隆、趙開等義軍過後，繼續率軍北上，停泊於石臼附近，金國水軍的大部隊，在副統制完顏鄭家的率領下，停泊在陳家島附近的唐（家）島集結，宋金兩軍相距約三十餘里。金軍在等待北風，以及統制蘇保衡率領其餘的戰艦前來會合，便要乘風南下，直取杭州。〔註92〕

當時北風日起，李寶十分憂心，因北風利於金軍南下，而宋軍要北上突襲正好遭遇逆風，妨礙行動。不意此時，有金國的「大漢軍、水手數百人迎軍降，又有大漢軍節次來降。大漢軍者，簽起上等戶也，皆富豪子弟」。李寶詢問降軍後，探求金軍虛實，故曹洋建請主動進擊，然高敞認爲「彼眾我寡，宜避之」。曹洋反駁說：「彼雖眾，皆不諳海道。且降人云女眞在船中，惟匍匐而睡，不能動，雖眾何爲。況我深入至此，前遇大敵，雖欲退走，其可得乎？有死而已」。〔註93〕一番討論後，李寶決定採取主動攻擊的方針。

當金國水軍停泊唐島時，已有水手發現李寶的船隊，向完顏鄭家報告，讓他準備接敵。完顏鄭家詢問兩軍相距多遠，「舟人曰：『以水路測之，且三百里。風迅，行即至矣』」。但是完顏鄭家由於「不曉海路舟楫」，並未聽從水手的建議，速做接敵的準備。〔註94〕

紹興三十一年十月二十四日癸亥，〔註95〕北風強盛，強行進兵勢必會遭

〔註91〕　《要錄》，卷193，「紹興三十一年十月庚子」條，頁3231。《要錄》此處將「曹洋」誤作「曹陽」。另參見《會編》，卷237，「李寶敗金人於陳家島」條，頁1b～2a。

〔註92〕　《要錄》，卷193，「紹興三十一年十月丙寅」條，頁3251、6383。另參見《會編》，卷237，「李寶敗金人於陳家島」條，頁2a～2b。《金史》，卷65，〈完顏鄭家〉，頁1553。「唐島」，《金史》記爲「松林島」。

〔註93〕　《會編》，卷237，「李寶敗金人於陳家島」條，頁2b～3a。另參見《要錄》，卷193，「紹興三十一年十月丙寅」條，頁3251。

〔註94〕　《金史》，卷65，〈完顏鄭家〉，頁1553。文中所載「三百里」，與宋人方面的記載不相同，疑爲「三十里」之誤。或是金軍方面的斥侯在李寶到東海縣時即已探知，預先警告完顏鄭家。亦或是海上水手對「里」的定義與陸上不同。

〔註95〕　《金史》，卷5，〈海陵紀〉，頁116。另《要錄》，卷193，「紹興三十一年十月丙寅」條，頁3251。《會編》，卷237，「李寶敗金人於陳家島」條，頁2b～3a。

到困難，李寶為提昇士兵的信心，派遣曹洋與另一位裨將黃端，「禱於石臼神，祈風助順」。〔註 96〕然而一直到要出發之前，仍然等不到順風。不過曹洋依然要求士兵起行，「眾有難色。方鼓行良久，南風漸應，順風進舟」，〔註 97〕於是「眾喜爭奮，引帆握刃，俄頃過山薄敵」。〔註 98〕當時「敵操舟者皆中原遺民，遙見寶船，紿敵兵入舟中，使不知王師猝至」。〔註 99〕

金軍發現宋軍船隊接近之時，急忙起碇揚帆，準備迎敵。金國船隊相當龐大，船隊綿延數里，忽然被風浪波濤捲聚在一起，散亂無次，無法順利列陣。曹洋所乘的船隻率先衝入敵陣，以火箭攻擊金軍船艦，金軍船隻迅即起火。李寶所指揮的大批船艦隨後趕到，亦以火箭攻擊金軍，由於金軍船隻的船帆皆以易燃的紡織製品為之，故迅速延燒數百艘戰船。其餘未被大火所波及的戰艦迎向宋軍，試圖近戰，李寶指揮軍士躍入敵船，與敵軍短兵相接，消滅金軍殘餘戰力。金軍中有「中原舊民」被簽軍者，約三千餘人，登岸脫甲等待宋軍處置，但尚有部分船隻不及靠岸，許多「中原舊民」溺死海中。金軍殘餘數十艘船，往膠西方向逃竄，李寶率軍追擊，將金軍海上戰力徹底毀滅。〔註 100〕

此次戰役中，金國由六百餘隻海船，及「女真、渤海二萬餘人，大漢軍一萬人，水手四萬人」，組成的海軍全部潰散。〔註 101〕高級將領包含副統制完顏鄭家在內，有六人戰死，統制蘇保衡由於尚未出發，所以倖免於難，率領殘餘的力量撤走。金國船隻的火勢延燒數日，長達二百餘里。宋軍繳獲金國的詔書、印記、征南行程曆等文書，及器甲糧斛，數以萬計。〔註 102〕

李寶本欲乘勝繼續進擊，其子公佐向其建言，「以為金主亮方濟淮，聞通、泰（今江蘇泰州）已陷，得遠失近，且有腹背之憂」。於是李寶「還軍駐東海，視緩急為表裏援。遣曹洋輕舟報捷」。〔註 103〕膠西之役至此結束，隨後

《宋史》，卷 32，〈高宗紀〉，頁 605。記為「丙寅（二十七）」日。

〔註 96〕 《要錄》，卷 193，「紹興三十一年十月丙寅」條，頁 3251。
〔註 97〕 《會編》，卷 237，「李寶敗金人於陳家島」條，頁 3a。
〔註 98〕 《要錄》，卷 193，「紹興三十一年十月丙寅」條，頁 3251。
〔註 99〕 《宋史》，卷 370，〈李寶〉，頁 11500。
〔註 100〕 《要錄》，卷 193，「紹興三十一年十月丙寅」條，頁 3251～3252。《會編》，卷 237，「李寶敗金人於陳家島」條，頁 3a。
〔註 101〕 《會編》，卷 237，「李寶敗金人於陳家島」條，頁 3b。
〔註 102〕 《要錄》，卷 193，「紹興三十一年十月丙寅」條，頁 3251～3252。《會編》，卷 237，「李寶敗金人於陳家島」條，頁 3a。
〔註 103〕 《宋史》，卷 370，〈李寶〉，頁 11501。

李寶亦率全軍返回。

　　「膠西之役」的經過，有一問題必須說明，即曹洋與馮湛的戰功問題。幾項主要史料中，皆認為曹洋之功最大，其是力主進攻並擔任先鋒部隊的指揮。而馮湛之名在大部分記載「膠西之役」的史料中並未出現，僅《會編》嘗提及其事，但卻是負面說法，稱進攻之前，馮湛曾請命欲率海舟十艘為先鋒，然未獲同意，原因是曹洋認為他有臨陣脫逃的跡象，而戰後清點舟師時，馮湛的確背陣而去。〔註104〕但〈馮湛行狀〉則稱「膠西之役」，其為首功者，而建立的功勛則與大部分史料中，曹洋所立的戰功十分雷同。〔註105〕然行狀中稱，由於馮湛僅憑其所率的少量軍力，就將金軍擊潰，李寶船隊抵達時，只是收拾戰場，幾乎沒有戰功可言，故李寶嫉妒其功，刻意隱沒。〔註106〕上述兩種說法，顯然有相當大的矛盾，不過戰役經過並無太大的出入，因此，孰是孰非的細節，留待來日詳究。〔註107〕

　　李寶於膠西殲滅金國海軍後，海陵從海上偷襲臨安的計畫破滅，金國四路大軍中，做為奇兵的海軍已經潰滅，接下來戰爭的焦點就轉移到長江下游的采石渡。

第三節　采石之役

　　紹興三十一年的宋金「采石之役」，是一場南宋存亡的關鍵性戰役。該次戰役金海陵帝大軍臨江，試圖從采石渡過長江，而宋軍在采石地區卻僅有倉皇敗退的王權殘部萬餘人，形勢相當危急。所幸奉命監督軍隊交接的虞允文適時統整殘兵，鼓舞士氣，奮勇抗敵。經連續兩天奮戰後，因水戰接連得勝，將聲勢浩大的金軍抵擋在長江以北，使其不得渡江。

　　戰後海陵移往揚州，試圖從瓜洲渡江，但南宋水軍的強大，使金軍將士毫無渡江的信心，然海陵因海道水軍於膠西被殲滅，以及後方金世宗的政變，大發雷霆之怒，勒令將士強行渡江，激起臣屬不滿，發起叛亂，弒殺海陵，使得金國此次聲勢浩大的南征行動，無疾而終。

〔註104〕《會編》，卷237，「李寶敗金人於陳家島」條，頁2b～3a。
〔註105〕〈馮湛行狀〉，頁13b～14a。
〔註106〕〈馮湛行狀〉，頁14a～14b。
〔註107〕陶晉生已注意到此一問題，但亦未做考證。見陶晉生，《金海陵帝的伐宋與采石戰役的考實》，頁99。

一、史料分析

宋元時人所撰關於「采石之役」的著作眾多，今日可見者，不下二十餘種，表列如下：

表 3-1：「采石之役」史料簡表

書　　名	撰　者	出　　處	可　信　度
《金史》	〔元〕脫脫等	單行本	簡略，金方唯一資料。
《宋史》	〔元〕脫脫等	單行本	原始材料皆在他處存留。
《要錄》	〔宋〕李心傳	單行本	折衷各家說法，尚稱公允。
《會編》	〔宋〕徐夢莘	單行本	保存眾多原始資料。
《正隆事跡記》	〔宋〕張棣	《四庫存目》影印清抄本	可信，簡略。
《煬王江上錄》	不著撰	《四庫存目》影印清抄本	誇大不實。
《中興遺史》	〔宋〕趙甡之	《會編》	反對者之文，有參考價值。
《中興紀事本末》	〔宋〕熊克	單行本	記載不當。
《揮麈三錄》	〔宋〕王明清	單行本	記載不當。
《采石戰勝錄》	〔宋〕員興宗	《會編》	同書異名。據官方材料。
《紹興采石大戰始末》		《九華集》	
《采石斃亮記》	〔宋〕蹇駒	《會編》	文字有異，內容大致相同。虞允文門人所作，不可盡信。
《采石瓜洲斃亮記》		《續修四庫》影印清《奇晉齋叢書》本	
《中興禦侮錄》	不著撰	《四庫存目》影印清抄本	簡略不實。
《金人敗盟記》	〔宋〕晁公忞	《會編》	時人記載，有獨到之處。
虞允文奏箚	〔宋〕虞允文	《會編》《歷代名臣奏議》	報捷三箚有誇大處。〈論江上事宜疏〉可參考。
〈虞允文神道碑〉	〔宋〕楊萬里	《誠齋集》	誇大不實。
〈李顯忠行狀〉		《要錄》	不實。
〈張燾行狀〉		《會編》	簡略。
《辛巳親征錄》	〔宋〕周必大	《文忠集》	應可信。

《十三處戰功錄》	〔宋〕李璧		官方材料。
〈南渡十將傳・李顯忠〉	〔宋〕章穎		可能與《國史》同源，故爲官方觀點。

*據陶晉生《金海陵帝的伐宋與采石戰役的考實》，頁 127～135，並略事增補。

　　上述史料中，兩部正史皆成書於元代，非原始史料，《宋史》所載諸事，由於原始史料尚存，參考價值不大，然《金史》是現今可見唯一表達金方說法的文獻，故仍具史料價值。

　　南宋兩部重要的編年體史書《要錄》及《會編》，亦非第一手著作。《要錄》整理諸家之說，加以去取，成折衷之文，文末附上諸家說法，並略做評論，其中對趙甡之《中興遺史》的部分批評意見加以反駁，是研究采石之役時，最具參考價值之處。

　　《會編》記此戰的文字敘述，似爲徐夢莘據官方材料所撰，文後附錄許多相關資料，輯錄的史料較《要錄》所附爲多，且未經去取，故史料價值相對較高，但徐夢莘未針對不同記載的差異，做出說明。因此，上述二書最大的價值，在於保存許多的一手史料，然去取、考證部分，皆尚有未盡人意之處。

　　其餘史料大抵出自當代人之手，故皆可認爲是原始史料，這些資料，又分兩種觀點，一類承認虞允文之功，持此論者，又分兩種方式，一是持平論述者，此類著作，不誇大虞允文之功，以《辛巳親征錄》爲代表；一是極力贊揚，甚至誇大其事者，以《煬毛江上錄》爲最。

　　相反觀點者，以否認虞允文之功爲主要論點，其作法亦有二種，一種歸功於李顯忠（1110～1178）或王權等人，此以〈李顯忠行狀〉、《揮塵三錄》爲代表；一種是如《中興遺史》者，認爲此戰戰果並未如虞允文所言之大。

　　然正反論者，對於戰役經過的敘述，大體一致，並未有太大的差異，其分歧在於細節的描述、戰果的大小，以及虞允文的表現和作用三方面。戰役經過部分，雖然史料眾多，但本文不擬全部徵引，下文敘述時，將以員興宗〈紹興采石大戰始末〉爲主要依據，進行陳述，輔以虞允文奏箚和趙甡之《遺史》兩項資料，如有重大的歧異，再擇要說明。

　　本文以〈紹興采石大戰始末〉（簡稱〈大戰始末〉）爲主要史料，〔註108〕

〔註108〕〔宋〕員興宗，《九華集》（收入《宋集珍本叢刊》第五十六冊，北京：線裝書局，2004 年，據清東武劉氏嘉蔭簃鈔本影印），卷 25，〈紹興采石大戰始末〉，頁 1a～6b。

原因有二：一是員興宗所撰的內容，略詳於其他相關記載，雖然不免有藻飾之處，還不致過份誇大。李心傳評論時就稱：「員興宗記載差詳，但其間如麾數百舟，死以萬數之類，乃文士遣詞之常語，亦猶前史所載睢水爲之不流，秦軍爲卻五十里之類，固不可以此而遂沒其實也。」〔註109〕

其次，員興宗於孝宗乾道四年（116）任國史院編修官，〔註110〕有機會接觸到許多官方材料，且他不久後罷官僑居鎮江，紹興三十一年的戰事，雙方曾於此地隔江對峙，鎮江離主要交戰地采石亦不遠，可進行各項探訪、考察的工作。因此，員興宗所撰當有一定可信度。

雖然員興宗之作是比較理想的原始資料，但亦需持謹慎的態度。因員興宗、虞允文和李心傳皆是蜀人，李心傳與虞氏門人交好，〔註111〕也爲員興宗文集寫序，故其中的迴護、文飾之處，在所難免。然他對戰事經過的記載較爲詳盡，也無太過虛誇，仍是一份好的原始資料。

虞允文的奏箚有六份，其中有三份爲「采石之戰」的捷報，上奏時間分別是丙子八日戰後（簡稱〈第一箚〉）、丁丑九日戰後（簡稱〈第二箚〉）和金軍自采石退兵後（簡稱〈第三箚〉），〔註112〕此三份奏箚，是「采石之戰」的官方原始記錄。另三份奏疏，分別是〈請改修馬船廣立木柵以圖戰勝疏〉、〈論江上事宜疏〉、〈論諸軍大會江口王剛往禦泰州疏〉，〔註113〕這三份文件是宋金於鎮江對峙時，虞允文將相關措置事宜上奏朝廷，間亦回顧采石之戰的經過。故此六份奏箚是相當重要的原始資料，自當予以重視，然三份捷報中的誇大藻飾之處，亦需注意。

〔註109〕《要錄》，卷194，「紹興三十一年十一月丁丑」條作者注，頁3269。

〔註110〕〔宋〕陳騤撰，張富祥點校，《南宋館閣錄》（北京：中華書局，1998年7月），卷8，〈官聯下〉，「國史院編修官」，頁132。

〔註111〕陶晉生，《金海陵帝的伐宋與采石戰役的考實》，頁130～131。

〔註112〕分見《會編》，卷238，引《遺史》載〈虞允文八日奏箚〉，頁13b～14b；卷238，引《遺史》載〈虞允文九日奏箚〉，頁15a～15b；卷239，引《遺史》載〈虞允文金軍退兵奏箚〉，頁6a～7a。

〔註113〕〔明〕黃淮、楊士奇編，《歷代名臣奏議》（臺北：臺灣學生書局，1964年，據明永樂十四年內府刊本影印），卷233，〈虞允文上奏〉，頁16a～17b；〈允文又論江上事宜奏〉，頁17b～19a；〈允文又上奏〉，頁19a～20b。《歷代名臣奏議》中並未抄錄題名，此處先以各疏抬頭數字爲名注出，正文中的題名，係引自《全宋文》，參見曾棗莊、劉琳主編，《全宋文》（上海：上海辭書出版社，2006年）第二○七冊，卷4583，〈虞允文一・請改修馬船廣立木柵以圖戰勝疏〉，頁13～14；卷4583，〈虞允文一・論江上事宜疏〉，頁14～16；卷4584，〈虞允文二・論諸軍大會江口王剛往禦泰州疏〉，頁17～18。

趙甡之《遺史》所記與主流文獻大不相同，作者聲稱所言是採訪采石、當塗一帶的當地人士後所得之「眞相」，認爲虞允文的奏箚內容多所誇張，情節亦有不合理之處，故一一指出，並加以反駁。李心傳認爲，《遺史》之論確實糾正虞允文奏箚中的部分誇飾內容，然其間涉及感情之處，〔註114〕亦須審慎以對。此外《遺史》中的部分內容，則是〈大戰始末〉和虞允文奏箚中所未載，提供了許多重要的補充資料。

二、戰役經過

「采石之役」發生在紹興三十一年十一月，宋金雙方在采石發生兩次戰鬥，皆是金國失利，於是金軍移往揚州尋找渡江機會，而宋軍集中在對岸的鎮江布防，雙方形成對峙的局面。因此，「采石之役」可分爲三個階段，即在采石的兩次戰鬥，以及可視爲采石之役後續部份的「鎮江對峙」。

由於此戰留下的資料豐富，且各種論點皆有，再者此戰重要性爲歷來史家所共認，故吸引許多學者的目光，進行研究。探討此役最爲學界所熟知者，是陶晉生《金海陵帝的伐宋與采石戰役的考實》，該書先述采石之役的經過，再進行各種考證。考證部分，分析史料的價值，及現有史料已獲解決的問題，再針對尚未解決的雙方軍隊人數、戰船數量等數字上的問題，進行考訂，最後分析此一戰役的意義。

因陶晉生之作考述翔實，針對幾個關鍵問題的釐清，使此戰的大體面貌已經清楚呈現，故本文論述此戰時，擷取陶著之精華，不再多作重複的考證工作。唯陶著於水軍在此戰中的重要性，著墨不多，僅提及宋軍戰船優於金軍，其他相關分析，並非該文重點，故未見討論。因此，本文描述此戰經過時，將以水戰爲重點進行論述，陸戰部分從略，以突顯水軍在此次戰役所扮演的角色。

（一）兩淮戰場的進展

紹興三十一年秋，金國大舉南侵伐宋，兵分四路全線進攻。金軍在江淮戰場的行動，由海陵親自指揮，而宋軍則是分爲淮東、淮西兩大戰區，以重病在身的老將劉錡（1078～1162）擔任兩淮戰區總指揮，節制戰區內所有宋軍，他由鎮江進駐揚州，主要負責淮東戰場。〔註115〕淮西則令王權、李顯

〔註114〕《要錄》，卷194，「紹興三十一年十一月丁丑」條作者注，頁3270。
〔註115〕《要錄》，卷190，「紹興三十一年六月乙卯」條，頁3186。

忠、戚方等軍，向淮水的重要渡口推進，防止金軍渡淮，〔註116〕另調原駐紹興的李橫部進援楚州。〔註117〕

　　金國方面，海陵先命徒單貞率領二萬偏師，進攻淮陰（今江蘇淮安），〔註118〕直指淮東方向，做出大軍進逼淮東之勢。面對金軍在淮東的行動，劉錡先由楚州調動數十艘海船前往淮陰支援，防堵金軍渡江，〔註119〕後續又調派泰州張榮率領戰船六十五艘，民兵千人增援，〔註120〕數日後劉錡亦抱病由揚州前往楚州督軍。〔註121〕

　　淮東戰事一觸即發之際，海陵親率主力進擊淮西，從渦口渡過淮河。此時，位於壽春、安豐之間的李顯忠軍，因金軍已渡過淮河，便計畫退至廬州（今安徽合肥）堅守，行經謝步時，本計畫擇要地設伏阻擊，卻險被金軍前鋒阻斷後路，所幸及時發現，邀擊金軍，但也得知金國大軍即將到達，李顯忠推斷廬州不足以堅守，遂南渡準備守江，〔註122〕於是海陵進駐安豐，蔣州亦旋即淪陷。〔註123〕

　　李顯忠撤離後，王權亦隨即南退至和州，〔註124〕撤退之前，還向朝廷聲稱此舉是要誘敵深入，已令李顯忠、邵宏淵從左右夾擊，朝廷大臣對王權此一說法深信不疑，雖有虞允文等人力辨其非，籲朝廷早作準備，但未得主政者重視。〔註125〕王權的行動顯然是敗退，留下殿後的姚興軍，在尉子橋與金軍力戰後全遭殲滅，〔註126〕只換得王權全身退守和州。翌日，王權敗退的消息傳至，中外大震，高宗甚至有意再度展開海上逃亡之舉，經宰相陳康伯、太尉楊存中等力言抗敵，才使高宗打消此意，並下令親征。〔註127〕

　　王權的敗退，顯示淮西戰區宋軍已被壓迫至長江北岸，更危急的是淮東

〔註116〕　《要錄》，卷192，「紹興三十一年九月乙酉」條，頁3220。
〔註117〕　《要錄》，卷191，「紹興三十一年七月丙戌」條，頁3196～3197。
〔註118〕　《金史》，卷5，〈海陵紀〉，頁115。
〔註119〕　《要錄》，卷192，「紹興三十一年九月乙未」條，頁3224。
〔註120〕　《要錄》，卷193，「紹興三十一年十月辛亥」條，頁3238。張榮由泰州出發，參見《要錄》，卷193，「紹興三十一年十月乙卯」條，頁3241。
〔註121〕　《要錄》，卷192，「紹興三十一年九月戊戌」條，頁3226。
〔註122〕　《要錄》，卷193，「紹興三十一年十月辛丑」條，頁3231。
〔註123〕　《要錄》，卷193，「紹興三十一年十月癸卯」條，頁3233。
〔註124〕　《要錄》，卷193，「紹興三十一年十月戊申」條，頁3236～3237。
〔註125〕　《要錄》，卷193，「紹興三十一年十月丙辰」條，頁3242～3243。
〔註126〕　《要錄》，卷193，「紹興三十一年十月丙辰」條，頁3242。
〔註127〕　《要錄》，卷193，「紹興三十一年十月乙（丁）巳」條，頁3243。

劉錡軍隨時會被金兵截斷歸路。當時宋廷因李顯忠敗退，金軍逼近長江，故決意放棄兩淮，召回劉錡守江，〔註128〕但劉錡未立即南退，反而向淮河北岸的金軍發動幾次小型攻勢，〔註129〕直至獲知王權已經敗退後，才展開撤退行動。〔註130〕而海陵則派遣蕭錡領軍進攻揚州，準備截斷劉錡軍的歸路，所幸蕭錡行軍謹慎，步步為營，以致速度較慢。〔註131〕再則，原本是要策應王權的邵宏淵軍，在眞州遇上金兵蕭錡軍，雙方發生激戰，〔註132〕替劉錡軍爭取時間撤退，在千鈞一髮之際，他才抵達揚州，由於揚州不利於堅守，〔註133〕故劉錡軍數日後再退至瓜洲，〔註134〕試圖守住此一重要的渡口。

　　由於李顯忠、王權和劉錡先後敗退，宋軍兩淮戰區全面失守，面對如此險惡的情勢，宋軍當務之急是構建長江防線，故遣知樞密院事葉義問督視江淮軍馬，擔負重整長江防線的任務，其手下的幕僚有虞允文、洪邁和馮方等人。〔註135〕另任命楊存中為御營宿衛使，並佈署一連串親征前的人員調動。〔註136〕

　　十月二十一日，王權大軍連夜由采石濟江，屯駐於東采石。〔註137〕王權本人則於二十四日夜間，前往建康，隨後又返抵采石，海陵亦率大軍親臨西采石楊林渡。〔註138〕采石位於太平州，是長江下游南北往來的軍事重地，南宋時人認為「當塗、采石之險實甲於東南」，〔註139〕明人顧祖禹認為「自橫江（即楊林渡）渡者必道采石趨金陵，江襟津要，此為最衝。」〔註140〕采石一地除地位險要外，在宋人的心理上，亦有重要的歷史意義，北宋平南唐時，

〔註128〕《要錄》，卷193，「紹興三十一年十月壬子」條，頁3239。
〔註129〕《要錄》，卷193，「紹興三十一年十月甲寅」條，頁3240。
〔註130〕《要錄》，卷193，「紹興三十一年十月乙卯」條，頁3241。
〔註131〕《要錄》，卷193，「紹興三十一年十月辛亥」條，頁3238。
〔註132〕《會編》，卷235，「邵宏淵六合捷報」，頁7a～7b。
〔註133〕《要錄》，卷193，「紹興三十一年十月戊午」條，頁3245。
〔註134〕《要錄》，卷193，「紹興三十一年十月壬戌」條，頁3248。
〔註135〕《要錄》，卷193，「紹興三十一年十月戊午」條，頁3244。
〔註136〕《要錄》，卷193，「紹興三十一年十月庚申、壬戌、癸亥」諸條，頁3246～3249。
〔註137〕《要錄》，卷193，「紹興三十一年十月庚申」條，頁3247。
〔註138〕《要錄》，卷193，「紹興三十一年十月癸亥」條，頁3249。
〔註139〕〔宋〕王象之撰，《輿地紀勝》，卷18，〈太平州〉，「風俗形勝」，頁873。
〔註140〕〔清〕顧祖禹撰，《讀史方輿紀要》，卷27，〈南直九·太平州〉，「采石山」，頁1322。

即是由采石搭浮橋渡江後，進逼建康，〔註 141〕征服南方十國的最後反抗勢力，故采石在宋人心中具有特殊意義。

金軍兵臨楊林渡的消息，王權並未立即傳回臨安，太平州的地方官也隱匿不報，直到太平州的學官力勸知州後，才在一天之內送出八道奏章向朝廷報警。但奏章中未能清楚說明金軍的位置，先言金軍已抵采石，卻未言東采石，或西采石。次又言金軍在楊林，而不言楊林渡，舉朝無人能確定金軍是否已經過江，故造成一片慌亂，深怕長江已經失守，直到於市坊間尋得太平州地方人士後，才得到解答，於是朝廷始稍安。〔註 142〕

十一月三日，新任建康知府張燾，〔註 143〕向在鎮江的督視軍事葉義問求援。〔註 144〕葉義問因不熟悉軍事，鬧出許多笑話，兵臨前線之際亦常猶豫不決，但仍算負責，在幕僚的規勸下，迅速的抵達建康。〔註 145〕

葉義問甫抵建康，當夜就接到朝廷的命令，要罷去王權的軍職，代以李顯忠。葉義問等人擔心直接宣布此一命令，王權不肯交出指揮權，反而擁兵自重，使情況更加複雜，於是以商議軍事爲名，招王權至建康，再命虞允文前去蕪湖李顯忠處，交接兵權，順道往采石犒勞當地的王權軍。〔註 146〕

（二）采石初戰

1. 戰鬥經過

紹興三十一年十一月八日午間，中書舍人督視江淮軍馬府參謀軍事虞允文尚離采石十餘里處時，聞對岸金軍鼓聲大作，似有大舉進軍之意，虞允文詢問當地居民金軍近日的情況，得知海陵於昨日（7）臨江刑白黑馬祭天，聲言將於八日展開渡江的行動。當時王權潰軍肆處該地，散坐路旁，虞允文亦

〔註 141〕〔宋〕李燾撰，上海師範大學古籍整理研究所、華東師範大學古籍整理研究所點校，《續資治通鑑長編》（北京：中華書局，2004 年 9 月第二版），卷 15，「太祖開寶七年秋七月戊辰」條，頁 321～322；「太祖開寶七年閏十月己酉」條，頁 325；「太祖開寶七年十一月十一月甲申」條，頁 327。

〔註 142〕《要錄》，卷 193，「紹興三十一年十月癸亥」條，頁 3249～3250。

〔註 143〕張燾於十月二十三日至任，見《要錄》，卷 193，「紹興三十一年十月壬戌」條，頁 3248。

〔註 144〕《要錄》，卷 194，「紹興三十一年十一月辛未」條，頁 3256。

〔註 145〕如不知「生兵」爲何，及在低淺沙洲上設置鹿角，皆爲時人所笑，被譏爲「土圍樞密」。於金軍攻陷瓜洲之際，葉義問曾有撤走之意。參見《要錄》，卷 193，「紹興三十一年十月乙丑」條，頁 3250～3251；卷 194，「紹興三十一年十一月辛未、壬申」條，頁 3256～3259。

〔註 146〕《要錄》，卷 194，「紹興三十一年十一月甲戌」條，頁 3259～3260。

令其報告戰況，所言與采石居民相同。〔註147〕

虞允文見王權軍既無士氣，也無任何警戒或備戰，詢問潰軍為何不備戰，王權軍兵答云：「王節使（王權）在淮西，每日只打鑼不打鼓，未嘗得接戰，我輩皆是馬軍，節使令我棄馬徒步過江，如今已無馬，我輩不會步廝殺。」見此情況，隨行官吏都想退回建康，有人向虞允文進言，認為督戰之事本非此行任務，不必代人受過，然虞允文堅持要先觀察金軍局勢，再決定行止。〔註148〕

此時王權已被召回，新任主帥李顯忠卻尚未抵采石，甚至李顯忠接任的命令迄未傳達至王權軍中，因此，王軍殘部群龍無首，面對金軍的行動，無人能主持大局。虞允文召集將領，宣布朝廷已解除王權的職務，並任命李顯忠為主帥，不日即將到來。〔註149〕

李顯忠，本名世輔，綏德軍清澗人，十七歲投軍，少有勇名。關陝被金軍攻陷後，雖一度在劉齊和金國中帶兵，然一直在尋找機會投宋。紹興初年欲取延安歸宋未果，家族慘遭屠戮，於是以二十六騎奔夏國借兵，欲攻取延安。然延安已經歸宋，李世輔反率城中軍隊力抗隨其前來的西夏軍。投宋後深受高宗賞識，賜名顯忠，其敢戰之名流傳宋金二國之間，連兀朮都認為不宜與他正面對敵。〔註150〕

李顯忠孤身投宋，其勇武表現深為南宋軍人所感佩，故諸將聞其將至，無不歡慶。虞允文又許以高官厚祿，且言：「汝輩食官家祿，官養汝輩三十年，不審能斅力一戰否？」藉此鼓舞諸將眾軍士氣，將領見有人前來領導，乃開始整頓軍馬，調集舟船，準備與金軍一戰。〔註151〕

虞允文與幾位統制前往長江岸邊觀察形勢，見金國大軍雲集，海陵也親臨江邊指揮渡江行動。虞允文與諸統制商議後，展開戰前布置：

> 虞侯（允文）遂與諸將議，與統制官張振、工琪、戴臯、時俊、盛
> 新列馬軍、步軍為陣，靜以待之。分戈船為五，以其二傍東西岸行，
> 東護岸，西拒賊船；其一駐中流，載精兵以待戰；其二藏小港中以

〔註147〕〈大戰始末〉，頁 3a。
〔註148〕〈大戰始末〉，頁 3a～3b。
〔註149〕〔宋〕寒駒，《采石瓜洲斃亮紀》（上海：上海古籍出版社，1997 年，據清乾隆三十四年陸氏奇晉齋刻奇晉齋叢書本影印），頁 5b。
〔註150〕《宋史》，卷 367，〈李顯忠〉，頁 11427～11430。
〔註151〕〈大戰始末〉，頁 3b～4a。

待不測。〔註152〕

宋軍的布置，分水陸兩部分，陸地上以靜制動，嚴陣以待。江面上則是調集三隊船隻，布置三道戰線，分處長江兩岸以及江心，分別擔任不同的任務：東岸船隊負責保護沿岸，使金軍難以選擇無防禦處登陸，只能與宋軍的馬步軍正面交戰；西岸船隊則是面對金軍船隊的第一道防線，負責遏阻金軍船隻的突擊，使其無法順利的展開渡江行動；江心船隊則是作戰主力，負責攔截金軍船隊，盡量減少金軍船隻靠近岸邊的機會。

然值此緊急時刻，各控領一艘戰船的水軍將領韓、蔡二人，卻不願出戰，於是虞允文等緊急徵召當地民兵六千三百餘人駕駛海鰌車船，每艘船搭載軍兵數十人，〔註153〕而臨時動員民兵駕駛的海鰌車船，成為此戰的一大關鍵。

對岸金軍在海陵親自督陣下，「遣武平軍都總管阿隣、武捷軍副總管阿撒率舟師先濟。」另外，「宿直將軍溫都奧刺、國子司業馬欽、武庫直長習失皆從戰。」〔註154〕開始大舉進攻，轉眼間就有不少船隻靠近岸邊，但也有船隻因不熟江道，難以靠岸，其中一艘船漂流至采石下游的薛家灣處，被駐守該地的王琪軍以弓弩射殺。〔註155〕僥倖得以登岸的金軍與宋軍展開大戰，接戰之初，宋軍一度失利，虞允文激勵統制時俊出戰，時俊果然奮勇先登，擊退

〔註152〕《會編》，卷242，引員興宗〈采石戰勝錄〉，頁4b。〈采石戰勝錄〉即〈大戰始末〉，此處不採〈大戰始末〉的文字，其因在於兩者對宋軍西岸船隊的描述，略有差異，〈大戰始末〉記爲「西裏敵船」（參見頁4a～4b）。如此，則西岸船隊的任務，應是從側翼迂迴至金軍船隊後方進行包圍。然如此卻又與金軍敗退時，宋軍因懼金軍困獸之鬥，導致損傷過大，故放棄全殲金軍機會的作法相抵觸。故此處採用《會編》中的「西拒賊船」之說。

〔註153〕《會編》，卷238，引趙甡之《遺史》，頁12a～12b。民兵數量六千三百餘人，見《要錄》，卷196，「紹興三十二年正月癸未」條，頁3308。「海鰌車船」，又稱「海鰌船」或簡稱「海鰌」。是車船的一種，據南宋史籍中首次出現的海鰌船，當是楊么盤據洞庭湖時所製造的眾多船隻之一，參見《要錄》，卷59，「紹興二年十月己酉」條，頁1025～1026。關於「車船」的相關研究，可見Lo Jung-Pang（羅榮邦）"CHINA'S PADDLE-WHEEL BOATS: Mechanized Craft Used in The Opium War And Their Historical Background"（〈中國之車輪船：鴉片戰爭中的機械化船隻及其背景〉），《清華學報》二卷一期（1960年5月），頁189～215。〔英〕李約瑟（Joseph Needham）著，鮑國寶等譯，《中國科學技術史》，四卷二分冊《物理學及相關技術：機械工程》，頁461～489。

〔註154〕《金史》，卷129，〈李通〉，頁2787。

〔註155〕《會編》，卷238，引《遺史》，頁12b～13a。

登岸金軍。〔註156〕

　　岸上的戰鬥情況雖獲得控制，但江面上的戰鬥卻方興未艾，金國船隊仍持續嘗試渡江，宋軍遣盛新率船隊迎擊，充分運用船艦高大的優點，直接衝擊金軍船隻，效果相當顯著，金船「大者衝而碎之，小者壓而沈之」，〔註157〕——解體沈沒江心。〔註158〕因此，不能有效支援已登岸的金軍。

　　宋金雙方，從午後激戰至黃昏，金軍似乎無意撤軍，此時有三百餘散兵從他路到來，虞允文利用這支軍隊虛張聲勢，營造出援軍大舉前來的聲勢。金軍果然認為南宋援軍大至，開始撤退。金軍船隊後撤時，宋軍將領計畫阻斷金軍舟師歸路，將其一舉圍殲。然虞允文認為，由於自身軍少，如金軍進行困獸之鬥，恐怕損傷太大，影響之後的作戰，故僅以弓弩在後追擊，〔註159〕待金軍徹退後，宋軍也隨之收兵。

2.「分戈船為五」的析論

　　上述丙子八日之戰經過，主要流程大體是根據〈大戰始末〉為主，而〈大戰始末〉大致是根據虞允文奏箚所撰，然趙甡之《遺史》針對允文奏箚提出質疑，李心傳則指出《遺史》說法的不合理處，一一加以批駁，但也採納《遺史》的部分說法撰寫《要錄》正文，顯見是同意趙甡之的某些見解。〔註160〕其中，趙甡之認為虞允文所言「分戈船為五」之說，有其不合理之處，《遺史》云：

> 允文謂午後到采石，鼓聲已震地。允文方與統制張振等議，列馬步軍為陣，分戈船為五。若金人已擊鼓，乃欲進兵也。允文方列馬步軍為陣，分戈船為五，不亦遽乎？列馬步軍為陣，頃刻間猶可辦也；分戈船為五，非十刻不能辦，豈容擺布僅畢，虜人方發喊。況鼓聲震地已久，雖欲出舟，何用發喊。又謂數百舟絕江而來，且楊林渡當冬月乾淺，惟單舟乃能出口，若欲出數百舟，非二十刻不能辦，豈可謂頃刻間。通計官軍分戈船為五，金人出數百舟，當占三時，自午後又占三時，日已暮矣！〔註161〕

〔註156〕《采石瓜洲斃亮紀》，頁 6a～6b。
〔註157〕《宋南渡十將傳》，卷 3，〈李顯忠〉，頁 23a～23b。
〔註158〕《會編》，卷 238，〈第一箚〉，頁 14a～14b。
〔註159〕〈大戰始末〉，頁 4b～5a。
〔註160〕《要錄》，卷 194，「紹興三十二年十一月丁丑」條作者注，頁 3269～3271。
〔註161〕《會編》，卷 239，引《遺史》，頁 1a～2a。一刻約十五分鐘，八刻為一時，

簡言之，趙甡之認爲虞允文到達時，金軍已是進攻在即，時間上並不容許虞允文如其所言的布置舟師之後，再與金軍開戰，而《要錄》中亦無分戈船爲五隊的紀錄，顯見李心傳同意趙甡之此一說法。〔註162〕《遺史》論述意在否定采石之戰有規模龐大的水戰，而《要錄》取其部分意見，作折衷之論，反而模糊戰鬥的經過，故需針對趙甡之的意見再作討論。

《遺史》之論固然合理，但全盤否定虞允文所言的布置，似嫌太過。首先，指金軍擊鼓便是欲進軍的信號，恐不無疑慮。雖然「擊鼓則進，鳴金則止」是一般通則，然金軍的指揮方式，與宋軍恐不見得相同，據《金史》所稱，渡江行動的指揮，是以旗號爲主，「紅旗立則進，黃旗仆則退」。〔註163〕即便與宋軍的指揮方式類似，鼓聲也不一定是進擊的信號。據《武經總要》所載，鼓聲是指揮及傳遞訊息的工具之一，其作用相當多樣，如布置陣型時，鼓聲用以指揮列陣的步驟；行軍遇襲時，亦可以鼓聲通知示警。〔註164〕有時鼓聲尚需與旗幟、號角等相配合，方可確定其用意。因此，斷言金軍鼓聲震野，就是要展開攻擊的訊號，似嫌太過。

又，誠如《遺史》所言，冬天枯水期時，從楊林渡進入長江，一次僅能通過一艘船，故金軍要在長江江面上集結一定數量的船，需要大量的時間。然趙甡之對進軍時間的計算，恐是以金軍出動數百艘船隻，透過「正常」的方式，經閘口進入長江，爲基準推估，故需相當長的時間。但據陶晉生所考，金軍船隻有百餘艘，第一批出動雖在三十艘以上，〔註165〕但恐不致於超過五十艘，故金軍首批船隻數量應不多。且爲因應戰時需求，金軍亦可用人力強行將船隻送入長江，因此，第一批船隊做好出發的準備，理當不需要太長的時間。

再者，虞允文於奏箚中聲稱擺佈甫畢，金兵迅即進攻，此說法除如趙甡之所言於時間上將會有誤差外，尚有一點漏洞，即允文盛稱南宋水軍於作戰中之傑出表現，金軍船隻絲毫沒有抵抗能力，既然如此，擺下三道防線，又

故一時約兩小時。

〔註162〕 《要錄》，卷194，「紹興三十二年十一月丙子」條，頁3260～3262。陶晉生已指出此點，參見陶晉生，《金海陵帝的伐宋與采石戰役的考實》，頁156。

〔註163〕 《金史》，卷129，〈李通〉，頁2187。

〔註164〕 〔宋〕曾公亮、丁度奉敕纂編，《武經總要前集》，卷2，「講武第一」，頁2a～4a；卷5，〈軍行次第〉，頁10b。

〔註165〕 陶晉生，《金海陵帝的伐宋與采石戰役的考實》，頁159～160。

佔據優勢的南宋水軍，又爲何會讓金軍靠岸登陸，還一度在登陸作戰中佔到上風。因此，可以合理的推測，雙方開戰之時，南宋的水軍還在調動之中，尚未正式投入戰場。

據〈第一箚〉所稱，虞允文等人是將所有的船隻分成五隊，然〈論江上事宜疏〉言：「采石初戰時，官軍所用船纔五分之二，以其三實上流。」〔註166〕據此，采石之戰所動用的船隻，僅是建康水軍總量的五分之二，其餘五分之三可能是在更上游的池州一帶守備。宋軍船隊在采石的任務有三種任務：兩岸截擊、中流阻敵以及預備隊，如這三區的船隊總數各佔三分之一，則各支船隊的數量顯然並不平均。負責東、西岸截擊的兩支船隊，以及在小港中待命的兩支船隊，各約合三分之一，而中流阻敵的船隊佔三分之一，五支船隊的數量並不平均，作爲阻擊主力的中流船隊，數量應較其他船隊爲多。

實際作戰的三支船隊，應是先後進入戰場。兩支遊走東西岸的船隊，由於數量較少，集結時間較短，可先行參戰，由於航程遠近的關係，自然是東岸的船隊較早抵達戰鬥位置。而由海鰍車船組成的主戰船隊，因船隻數量較多、徵召民兵及搭載戰士，需要比較長時間集結，自是較晚進入戰場。

故「分戈船爲五隊」一事，可理解爲虞允文等人確實有此措置，然屬次第投入戰場，而非在開戰前就布置完成。趙牲之產生誤解，除其本身立場外，其因尚可能有二：一是奏箚部分內容確實誇大金軍船隊的規模，故容易使人質疑奏箚的真實性；二是，奏箚的性質是報捷，故重點在陳述結果，及表列戰功，對戰鬥經過敘述的太過簡單，容易引起誤解。

綜上所述，可嘗試將戰鬥的過程作更細緻的敘述如下：

虞允文於十一月八日午間抵達采石附近時，聞金軍鼓聲大作，似有大肆進擊之舉，他見王權潰軍毫無士氣，亦無人領導，遂召集將領，宣布李顯忠即將接任一事，並以高官厚祿，激起軍將的士氣，隨後與將領商議對敵的策略。眾人決定在岸邊布陣靜待金軍，並派遣三隊水軍，進入長江攔阻金軍船隊。但馬步軍在岸邊布陣甫畢，船隻尚未出動，金軍的先遣部隊就已經靠岸登陸，與宋軍展開廝殺，一度占得上風。宋軍情勢不利時，統制時俊的奮勇先登，逐漸扭轉陸上的劣勢。

〔註166〕〔明〕黃淮、楊士奇編，《歷代名臣奏議》，卷233，〈江上疏〉，頁18b。

陸上激戰進行的同時，南宋水軍次第進入長江，首批參戰的部隊，是人數較少的兩支船隊，分別於東西兩岸進行游擊作戰，主力船隊集結完成後，迅即投入戰場，對金軍後援的船隊展開衝擊，許多金軍舟船遭撞後，解體沈沒，故金軍無法有後續部隊登陸，因此，已登陸的金軍被全殲於長江岸邊。

宋金雙方激戰至黃昏，虞允文利用一隻潰軍虛張聲勢，營造援軍大至的情勢，金軍見局勢不利，開始撤退。宋軍擔憂若強力攔阻金軍後撤，勢將引發困獸之鬥，導致損失過大，影響日後戰鬥，故僅以弓弩在後射擊，並未大肆追殺。

是役，宋軍在江面上動用船隻約四、五十艘，正兵二千人上下，〔註167〕踏車夫六千餘人。陸上軍隊不詳，然當時王權軍隊在采石的部隊約有一萬八千人，〔註168〕由於環境因素，不大可能全部投入岸邊戰場，但動用五千上下應該還算合理。金軍除一開始出動約三十餘艘船隻，兵千餘人外，後續應該尚有船隻人員繼續出江，但數量多少則無考，第一批入江的船隻，以及登岸的金軍應難逃全滅的命運，縱有倖存，為數稀少，後續的船隻及人員，當亦有戰損，故總體而言，金軍至少損失戰船四五十艘，士兵約一千幾百人，〔註169〕宋軍損傷，史未明載，尚待查考。

（三）采石再戰

初戰之後，虞允文椎牛設酒，犒勞沈浸興奮之中的宋軍。歡慶過後，虞允文先上奏朝廷，交代當天的戰況、報功以及說明因李顯忠未至，故不敢輕言離開，將留在采石與諸將同謀戰守之策，等待李顯忠的到達。〔註170〕

處理好戰情上報事務後，虞允文與諸將商討後續的戰術布置，隔日一早開始施行。虞允文奏箚云：

> 次日絕早，臣與將士同在江口擺布戈船，分兵待敵。其賊眾行列比昨日稍稀，至辰、巳，來虜凡再鼓，臣等舉旗麾出海鰍戰船五之二，分其半向北岸上流直至楊林河口，以其半傍南岸而行，其餘仍藏港中，以防不測。良久，虜兵益稀，臣恐虜酋欲遁，亟令水軍統制盛

〔註167〕 陶晉生，《金海陵帝的伐宋與采石戰役的考實》，頁160～163。
〔註168〕 《要錄》，卷194，「紹興三十一年十一月丙子」條，頁3260。
〔註169〕 陶晉生，《金海陵帝的伐宋與采石戰役的考實》，頁156～167。
〔註170〕 〈大戰始末〉，頁5a。〈第一箚〉，頁14b。

新引船杜塞河口，以神臂弓、克敵弓齊力射虜。〔註171〕

至於航往楊林河口的水軍之任務，員興宗的記載中有清楚的說明，〈大戰始末〉記曰：

> 至辰時【巳】以來凡再鼓，公舉旗揮出海〔鰍〕船五之二，分其半向北岸上流，直楊林河口。諸將或問公何故，遂說與諸將：「當時只合將船守楊林河口，不合放敵船令出。」命統制盛新引船直楊林河口，於江心下泊船，度敵前【箭】所不到處，戒之曰：「若敵船自楊林河出，即齊力射之，必爭與死，無令一船得出岸。如河口未有船出，即以克敵神臂弓射北岸。」〔註172〕

宋軍此次的戰術很簡單，就是充分運用自己水軍的優勢，主動出擊，以拋射性武器，封鎖楊林河口及長江西岸，阻止金軍戰船進入長江。如金軍船隻沒有出現，則以射程更遠的弩向岸上射擊，擾亂金軍的行動，削弱其士氣。

宋軍戰術執行得很成功，當金軍正在登船之時，宋軍船隊駛至楊林河口，以弓弩阻擾金軍渡江前的準備工作，獲得甚大成效。金軍不但無法順利登船，準備登船的人員，也因岸邊泥濘的地形，無法快速撤離至宋軍射程之外，因此有相當大的損失。〔註173〕

由於船隊無法進入長江，岸上金軍在宋軍遠程武器的攻擊下，亦損失頗大。金軍見無法渡江，而船隻在南宋水軍弓弩的威脅下，已無法收回，於是焚燒船隻後撤離楊林渡，準備轉往揚州。宋軍見金軍縱火焚船，也在上游縱火焚燒金軍船隻。〔註174〕

金軍撤離前還做出一番小動作，試圖給宋軍製造一些麻煩。當時金軍讓一名被俘的宋軍帶來一封信，收信者是已被罷去兵權的王權，當時金軍似未知王權已被解除指揮一事。信的內容史料記載有兩種說法，大部分的文獻都

〔註171〕《會編》，卷239，〈第三箚〉，頁6b。「神臂弓」和「克敵弓」並非「弓」，而是「弩」，前者是北宋神宗時，黨項歸降酋長所設計，後者則是南宋名將韓世忠，針對北宋徽宗時創制的「鳳凰弓」進行改良而成。紹興十一年時，宋高宗又針對「克敵弓」進行改良，以增加其張力。參見李天鳴〈北宋的弩和弩箭手〉，《故宮學術季刊》十五卷二期（1998年1月），頁107～110；〈南宋的弩和弩箭手（上）〉，《故宮學術季刊》十六卷三期（1999年4月），頁90～91。

〔註172〕〈大戰始末〉，頁5a～5b。參見《會編》，卷242，引員興宗〈采石戰勝錄〉，頁5b～6a。

〔註173〕《要錄》，卷194，「紹興三十一年十一月丁丑」條，頁3262。

〔註174〕〈大戰始末〉，頁5b。

只提到該信顯示，王權與金軍暗中有聯繫。〔註175〕但亦有史料記載該信中，金國向王權招降的隻字片語，大義是海陵帝欣賞宋軍這兩天的表現，但揚言必然渡江擊敗宋軍，爲免造成雙方傷亡，勸說王權率軍投降。〔註176〕此兩種說法，後者由於信件內容不太合理，因此可信度較低，〔註177〕前者的可能性比較高。

　　無論金國方面來信的內容或用意爲何，對於如此明顯的分化計謀，趕到采石的李顯忠建議虞允文將王權解職一事「通知」金國，「以絕其意」，〔註178〕故虞允文也遣還兩位金軍俘虜，將回信帶給金國。〔註179〕處理完此事後，虞允文令斥候渡江探查金軍的動向，斥候晚間回報金軍已連夜撤離，前往揚州瓜洲渡，準備再度展開渡江行動，〔註180〕接獲此一情報的虞允文、李顯忠等人，隨即展開下一步行動。

（四）鎮江對峙與海陵被弒

　　瓜洲渡本非金軍渡江的第一選擇，但采石的渡江行動之前，瓜洲渡於十一月四日被金軍拿下，〔註181〕故海陵於采石渡江失敗後便有另一個選擇。而宋廷感受到情況的危急，派遣南宋當時地位、名望最高的將領之一的楊存中，前往鎮江。〔註182〕

　　但鎮江的軍力明顯不足，尤其是水軍方面的戰力，僅有車船二十四艘，極爲單薄。〔註183〕由於金國大軍將渡江地點改往瓜洲，虞允文和李顯忠商議調派軍隊前往鎮江支援。兩人會商後，決定調派李捧軍一萬六千人往援鎮江，

〔註175〕〈大戰始末〉，頁5b。
〔註176〕檄文載於《會編》，卷238，頁9b～10a。然徐夢莘將其記於十一月七日乙亥，恐誤。觀虞允文的回信內容，與諸史所記九日丁丑事相合，故此檄當與給王權書信一事之異說。因此，李心傳將此事繫於九日，參見《要錄》，卷194，「紹興三十一年十一月丁丑」條，頁3262～3267。
〔註177〕陶晉生，《金海陵帝的伐宋與采石戰役的考實》，頁158～159。
〔註178〕〈大戰始末〉，頁5b。
〔註179〕《會編》，卷239，〈第三箚〉，頁7a。
〔註180〕〈大戰始末〉，頁5b～6a。
〔註181〕《要錄》，卷194，「紹興三十一年十一月壬申」條，頁3258。
〔註182〕楊存中於十一月二日前後，方率軍從臨安出發。抵達鎮江的時間亦不詳，但十一月二十一日，已在鎮江與李顯忠一同上奏。見《要錄》，卷194，「紹興三十一年庚午」條，頁3255；「紹興三十一年十一月己丑」條，頁3276～3277。
〔註183〕《要錄》，卷194，「紹興三十一年十一月己丑」，頁3277。

隨同前往的，還有在采石之役中發揮莫大作用的百艘戈船。〔註184〕

　　當時鎮江一地的軍隊，是從淮東撤回的劉錡軍，前來支援者有楊存中所率殿前司軍，加上陸續前來的李捧軍和順流而下的成閔軍，〔註185〕但後者由於路程遙遠，雖然成閔本人先抵達（見後引文），但其部隊尚未至戰場，戰事已結束。故當時面對金軍的主要是劉錡、楊存中和李捧所率領的三支部隊，而劉錡因病重及淮東之敗退，已被解除職務，〔註186〕故主要的指揮官是楊存中、李顯忠和成閔，另虞允文則是因采石之役優秀表現，得以參與軍機，並且代表諸將向朝廷報告。

　　由於金國已奪下瓜洲渡，因此，宋軍僅能倚靠長江天險，運用水軍與金軍抗衡。簡言之，宋軍計畫是要重演采石之役，在長江上擊敗渡江的金軍，此次宋軍緩衝時間較長，故得以進行充分的準備。虞允文初抵鎮江時所上的奏議，能顯示當時宋金雙方，在瓜洲、鎮江之間隔江對峙的情況，宋軍的軍備及虞允文等人所做的各項措置，該奏章如下：

　　　臣於（十一月）十三日自采石回至建康，以虜酋駐維揚，虜兵進據瓜洲，探報不一。當日起發，於十六日午後再到京口，與諸將共議防扼之策，除第二港探得虜所開河以沙漲不成，已罷開掘之役，見止量留官軍人馬巡綽外，有三處河道與大江相通，最為緊要，合行隄備。一、滁河口自眞州下連瓜步，虜兵最多，河口亦寬，通大船出入，已行措置於南岸一帶，開三重壕，疊三重隄，橫鋪三重鹿角，有民兵萬餘人防守。緣官軍不多，竊慮未可倚仗。與楊存中等商量，於二十日那移下蜀張深人馬，於滁河口南岸青沙夾等處駐箚，夾在近南岸水中，可以射虜，使不得登岸，不利於出船。卻差苗定人馬於下蜀駐箚，以為策應，決保萬全。一、瓜洲渡虜見築塞渡口，造三閘以儲水，探得目今水深數尺，又探得於洪澤役人力，從陸路扛船入運河，伎倆百出，然度其船必不大，不足以當官軍戈船。比又蒙朝廷追回成閔人馬，今成閔單騎於二十日已到鎮江，將帶鄂州戰

〔註184〕《要錄》，卷194，「紹興三十一年十一月癸未」條，頁3271。

〔註185〕成閔軍於十一月辛未三日奉命回援淮西戰場，又於十一月二十五日兼任鎮江府駐箚御前諸軍都統制，顯見也是要其參與鎮江防務。參見《要錄》，卷194，「紹興三十一年十一月辛未」條，頁3256；「紹興三十一年十一月癸巳」條，頁3279。

〔註186〕《要錄》，卷194，「紹興三十一年十一月丁亥」條，頁3275。

船二十隻前來。我師既大會京口，可以必勝。但泰州兵薄，虜見今有遊騎到城下，今日本州亦來告急，臣與楊存中商量，於十九日再發王剛兩將人馬先行，二十一日又令王剛以所管兵親往，虜見官軍既到，必是不敢深入。其餘上下流無河口可通大江處，亦與諸將議，逐日分馬軍往來巡綽，防慮不測。以臣料之，虜必不敢輕動，動即破之無疑矣。〔註187〕

虞允文奏章中，所述金軍罷開河一事，〈論江上事宜疏〉中提到：「臣在采石，探知逆亮引兵會於淮東，見開河於第二港，決艾陵之水，通出船筏，以窺京口。」〔註188〕金軍開河的用意有二：一是要擴大進入長江的通道，增加單位時間內，可以進入長江的船隻數量，二是再增加一個入江的渡口，增加宋軍防守時的難度。但一夕間「大風沙漲，截斷不得渡」，〔註189〕故已不必擔心金軍由此入江。另有滁河口及瓜洲渡兩處，虞允文則採取兩種不同的方式應對。滁河口一地，採取反登陸作戰的方式，因滁河口較寬闊，大型船隻可由此進入長江，故不準備以水軍與其正面衝突，而是於滁河口對岸安排三重防禦工事，並以萬餘民兵協防。另調下蜀的張深部，移防清沙夾，以弓弩射擊進行登陸作戰的金軍，下蜀則另調苗定軍駐防。

瓜洲渡則是計畫以水軍阻擊金軍渡河船隊，虞允文等人推估金軍無法在瓜洲渡集結大型船隻，僅能以小船出擊，南宋水軍的船體較大，佔有優勢，故準備以在采石之役中建功的戈船，和成閔軍即將到來的二十艘戰艦，到江面上攔阻金軍渡河船隊。

除以上在鎮江附近的緊要地點外，尚有揚州東側的泰州，亦是戰略要地。因泰州、通州皆位於長江北岸，如此兩地落入金軍之手，則宋軍的長江防線將會拉長，必須延伸至長江口。雖然宋廷在采石之戰後，就已經加強長江口南岸重要渡口如福山鎮的守備工作，〔註190〕但虞允文等人的作法更積極，計畫守住長江口北岸的通、泰二州，因此，派遣王剛所部五千人前去協助泰州的守備工作。〔註191〕

〔註187〕〔明〕黃淮、楊士奇編，《歷代名臣奏議》，卷233，〈論諸軍大會江口王剛往禦泰州疏〉，頁19b～20a。

〔註188〕〔明〕黃淮、楊士奇編，《歷代名臣奏議》，卷233，〈論江上事宜疏〉，頁18a。

〔註189〕《要錄》，卷194，「紹興三十一年十一月甲午」條，頁3279～3280。

〔註190〕《要錄》，卷194，「紹興三十一年十一月戊寅」條，頁3270。

〔註191〕王剛軍力參見《要錄》，卷192，「紹興三十一年八月乙卯」條，頁3213。該

決定防守的戰略後，隨即展開軍備的工作，這些措置主要仍是以反登陸和水戰爲主要目標進行，虞允文在〈請改修馬船廣立木柵以圖戰勝疏〉中，有具體的說明：

> 臣自到鎮江，措置上、下流，掘塹築隄，橫鋪鹿角，皆已就緒。但鎮江戰船不多，比與諸將共議，改脩馬船使用，臣已措置到江上及軍中木筏十萬餘條并鐵炭之類，並已足用。見令鎮江及馬軍司併工力籠裹，應副防托，庶幾官軍之力有餘，可取必勝。臣照得諸處間探及活捉到人稱，虜酋於十二月一日遣發人馬，取三日渡江。臣今日同諸軍詣江口踏行戰場，見得沿江水落，其岸口泥沙深闊丈餘，假令虜船及岸，步騎登戰，即是天亡之日，官軍極力勦除在此時矣。臣見又措置於泥沙盡處廣立木柵，以爲官軍之蔽，又爲虜兵奔突之防。〔註192〕

從以上文字看來，反登陸的防禦工事，已大體完成，虞允文等人探勘戰場後，認爲江岸附近大部分是泥濘地，不利於登陸作戰，但爲求萬全，仍然在泥濘地邊緣豎立木柵，作爲宋軍的屏障。比較重要的是，宋軍的船隻數量不足，故要將部分船隻改造成戰船以應付作戰所需，此舉之因，可能有二：一是集結的船隻數量，不足以實現虞允文等人的計畫；二是預計來援的船隻無法順利抵達，或是僅部分抵達。實情如何，因史料缺載已難得知，然以常理推估，宋軍當是希望集結最大數量的船隻，故應以前者的可能性比較大。

布置妥當後，虞允文等人擔心鎮江的車船久未使用，想要先測試其是否可以運作，此議得到眾人的認同，於是派遣車船在長江上進行試航。《要錄》記云：

> 御營宿衛使楊存中、中書舍人督視府參謀軍事虞允文，以賊騎瞰江，恐車船臨期不堪駕用，乃與淮東總領朱夏卿、鎮江守臣趙公偁相與臨江洩試。命戰士踏車船徑趨瓜洲，將迫岸復回，敵兵皆持滿以待，其船中流上下，三周京【金】山，回轉如飛，敵眾駭愕，亟遣人報亮。亮至見之，笑曰：「此紙船耳。」因列坐諸將，一將前跪曰：「南軍有備不可輕，且采石渡方此甚狹，而我軍猶不利，願駐于揚州，力農訓兵，徐圖進取。」亮震怒，拔劍數其罪，命斬之。哀

條載「殿前司策應右軍統制王剛以五千人屯寶應。」
〔註192〕〔明〕黃淮、楊士奇編，《歷代名臣奏議》，卷233，〈請改修馬船廣立木柵以圖戰勝疏〉，頁 17a～17b。

謝良久，乃杖半百而釋之。〔註193〕

宋軍此次成功的演習，對金軍造成相當大的震撼，金軍已喪失渡江的信心，然海陵不聽勸告，仍執意繼續進攻。如此局勢對海陵大軍實屬不利，長江天險難以跨越，其他幾路軍隊的進攻亦無顯著成效。西路、中路皆遭到宋軍的頑強抵抗，形成相持的局面。〔註194〕海路的船隊，尚未開始行動，即遭致命打擊，全軍覆沒。

除上述戰事失利之外，金國內部的叛亂，更使海陵後方受到嚴重的威脅。海陵出發前，國內已因戰爭物資和人員的徵集，導致民心浮動，叛亂四起。另有一批不滿海陵的金國文武臣僚，在東京擁立金世宗完顏雍，發動政變。海陵雖然已派兵回師平亂，然後方不穩，更導致前線的將士人心惶惶。〔註195〕

因此，有將領向海陵建議應該停下前進的腳步，穩固兩淮地區的統治後，再進攻南宋。海陵並未採納此一持重之策，反而勒令「三日渡江，不得，將大臣盡行處斬。」〔註196〕由於海陵對付反對者的手段兇殘，所以一群擔心自身安危的將領，以完顏元宜等人為首，發動叛亂，刺殺海陵。〔註197〕海陵被刺後，金國整個軍事行動戛然終止，南宋免去一場生死存亡的決戰。

第四節　戰役分析

一、戰役意義與特色

（一）意義——決定性的戰役

南宋「膠西之役」的大捷，是海陵南侵行動中，南宋首場決定性的勝利，

〔註193〕《要錄》，卷194，「紹興三十一年十一月庚寅」條，頁3278～3279。
〔註194〕關於襄漢、川陝地區的戰事進展，可參看三軍大學中國歷代戰爭史編纂委員會編，《中國歷代戰爭史》第十四卷，頁287～293。陶晉生，《金海陵帝的伐宋與采石戰役的考實》，頁101～104。
〔註195〕關於海陵南侵時期內部的動亂現象，參見陶晉生，《金海陵帝的伐宋與采石戰役的考實》，頁48～58、175～158。
〔註196〕《要錄》，卷194，「紹興三十一年十一月甲午」條，頁3280。
〔註197〕《要錄》，卷194，「紹興三十一年十一月乙未」條，頁3280～3281。《金史》，卷5，〈海陵紀〉，頁117。金世宗即位的經過，可參見〔日〕外山治軍著，李東源譯《金朝史研究》（牡丹江市：黑龍江朝鮮民族出版社，1988年4月），頁315～320。

一舉將金國的海上力量擊潰。解除南宋首府臨安來自海上的威脅,破滅海陵速戰速決的企圖。海陵計畫從海道進攻,打算一舉攻下臨安,瓦解南宋的政治中心,封鎖宋主逃往海上的退路。但是水軍尚未出發便潰敗,海陵的期望落空。除海軍被擊潰之外,李寶、魏勝等人於山東地區的騷擾,在海陵大軍的背後,形成不小的威脅。

圖 3-1:膠西、采石兩役形勢圖

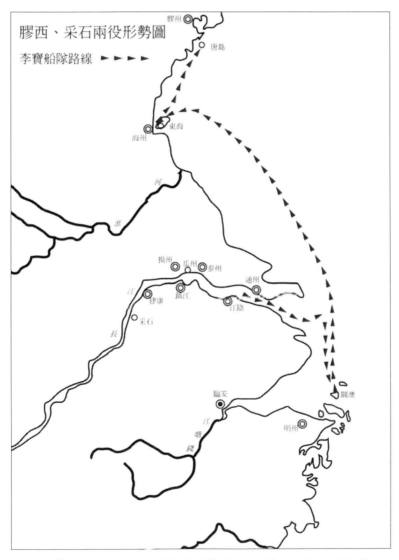

說明:據郭沫若主編,《中國史稿地圖集(下冊)》(北京:中國地圖出
版社,1990 年),〈金主亮南侵之戰〉(頁 55～56)繪製。

「膠西之役」中宋軍的實際戰果雖遠勝於「采石之役」，但影響力卻不及虞允文等人在長江沿岸取得的勝利。海陵率領大軍，親臨長江岸邊指揮渡江行動，卻受阻於宋軍水師，而難越雷池一步。海陵對渡江行動相當有把握，且充滿期待，但意料之外的挫敗，對海陵及金國全軍的信心，打擊極大。

金世宗在北方即位，已使海陵陷入內亂的危機，急需一場對外勝利以穩定其聲望。再者，即使海陵願意放棄攻宋的計畫，回師平亂，至少也要取得一場決定性的勝利戰果，才可撤走。但李寶在膠西之役的勝利，威脅海陵的後方，而虞允文等人在采石之役的表現，又使海陵渡江的計畫受阻。國內的叛亂，加上戰事的不順，背腹受敵的海陵更急於結束對宋戰事，才不擇手段，下令要在三天內渡過長江，否則將嚴懲所有將領。嚴苛的命令，引起金國的將領大臣人人自危，招致海陵在揚州被弒。故有史家評論說：「自采石與海道敗後，海陵不勝其忿，而身亦亡矣。」〔註198〕所以，膠西、采石兩役的勝利，間接地促使海陵的被弒，中止了金軍此次南侵的計畫。

繼海陵帝之後的金世宗，是利用政變手段登位，需要一段時間來穩固他的勢力，所以也無法繼續南向進兵。因此，膠西海戰及采石之役兩場水戰的勝利，是南宋在這一次大規模的軍事衝突中，得以安渡危機，續保半壁江山的重要因素。

（二）特色——射遠武器應用於水戰

紹興三十一年的兩場水戰，在作戰方式上，有一個值得注意的特色，即射遠武器的應用。在膠西之役和采石之役中，拋射性武器扮演相當重要的角色，膠西之役中，李寶軍運用大量的火箭，焚燒金軍船隻。采石之役中，宋軍水師運用弓弩封鎖河口，攻擊江岸敵軍。兩次戰役都是利用拋射性武器傷敵，相較於建炎年間的幾次水戰，少見南宋水軍使用弓弩，唯一有弓弩立威的場合，還是黃天蕩之役中，金軍用以攻擊宋軍。

宋代對於拋射性武器相當的重視，南宋時人有稱「軍器三十有六，而弓為稱首；武藝一十有八，而弓為第一。」〔註199〕在《武經總要》一書中，就收錄有弓四種、弩六種、床弩七種、砲十六種、各式箭鏃近二十種，另有火

〔註198〕〔宋〕宇文懋昭撰，崔文印校證，《大金國志校證》，卷15，頁212。

〔註199〕〔宋〕華岳撰，馬君驊點校，《翠微北征錄》（《翠微南征錄北征錄合集》，合肥：黃山書社，1993年11月），卷7，〈弓制〉，頁225。

藥箭三種、火球八種等火器，皆可增加拋射武器的殺傷力。〔註200〕而射遠武器中弓弩因攜帶方便，適合單兵操作，故可應用於不同場合。

南宋高宗時期的君臣將帥，皆甚為重視弩的作用，大量運用弓弩克制金國騎兵的作法。抗金名將韓世忠就改良「鳳凰弓」為「克敵弓」，川陝名將吳玠、吳璘甚至專門設計名為「駐隊矢」和「疊陣」的戰術，以發揮弓弩的火力。南宋初期，弓弩廣泛使用在不同的場合中，但是在水戰中使用弓弩的戰例，卻直到紹興三十一年的兩場水戰，才看到弓弩在水戰中發揮出強大的威力。〔註201〕而射遠武器開始在水戰中大量使用，顯見遠程攻擊手段，已成為南宋水軍的主要作戰方式。

二、「膠西之役」勝敗因素分析

膠西之役中李寶以三千士兵和一百二十艘戰艦的力量，擊敗金國數百艘的戰艦，以萬計的人員。在雙方力量有相當差距的情況下，李寶取得幾乎完美的戰果，自有其致勝因素。以下分別對宋金雙方略作分析。

（一）南宋得勝的原因

1. 戰前準備得宜

李寶率軍出發前，與宋高宗之間有一段對話如下：

> 高宗問：「舟幾何？」曰：「堅全可涉風濤者，百二十艘。」「兵幾何？」曰：「僅三千，皆閩、浙弓弩手，非正兵也。旗幟甲仗亦粗備。事急矣，臣願亟發。」〔註202〕

雖然語氣中所表現的是十分匆忙、準備不及的感覺。但南宋立國江南，對於水軍的建設與培訓相當注重。李寶雖僅帶領水軍舟師三千人，然正如前述，此三千人是揀選過的精銳，且多為水軍出身，或是閩浙人士，對於操舟浮海的生活原就熟悉。因此，海洋作戰徵用有海上生活經驗的人，相形之下便佔優勢。

〔註200〕〔宋〕曾公亮、丁度奉敕纂編，《武經總要前集》，卷12〈守城〉，頁519～627；卷13，〈器圖〉，頁658～681。數據的統計，引自王兆春，《中國科學技術史：軍事技術卷》（北京：科學出版社，1998年8月），頁104～105、110、113。

〔註201〕南宋用弩作戰戰術及構想，可參見李天鳴，〈南宋的弩和弩箭手（下）〉，《故宮學術季刊》十六卷四期（1999年7月），頁163～182。

〔註202〕《宋史》，卷370，〈李寶〉，頁11499。

　　李寶所率領的海船，雖僅一百二十艘，相較於金國的船艦數量遠遠不及，因金乃傾全國之力建立起龐大的水軍。李寶僅是以一地方防務將領的身份，負責籌備海防，從紹興三十年九月，駐箚平江府開始進行海防事務的準備。在短短一年之內，也訓練出頗具規模與戰鬥力的水軍船隊，可見原有的水軍基礎與物質支持，宋廷對水軍的戰備，應曾予很大的支持。

　　李寶本人很早就意識到將會面臨一場戰爭，因此，甫抵平江，便開始招募水軍，並建立自己的指揮體系，請求將自己的舊部曹洋等五十人，調到麾下，擔任中下層的將領，使軍隊的指揮可以更如意，減少阻滯。

　　南宋進行情蒐工作可謂認真，因此金國建造戰船、徵集水手等消息，宋人都已事先知道。李寶向高宗提出主動進擊的建議，便是得知金國船隊已開始集結，但卻尚未出發之際，故提出進擊的要求，以防金軍進入大海後，行蹤難以捉摸，倍增防禦的難度。船隊出發之前，李寶也謹慎地先派遣其子前往北方探查情勢。可見不論是南宋朝廷或是李寶，都在情蒐上下過很大的功夫，他們充分利用了情報。

　　總體而言，在戰役開始之前，南宋對水軍整備以及情報工作皆有充分準備，這也是李寶水軍在北上後，得以順利發揮其作用的原因之一。

2. 將領任用得當

　　膠西之役後，李寶遣曹洋報捷時，高宗嘗言：「朕獨用李寶，果立功，為天下倡矣。」〔註203〕在紹興三十一年十二月戊午（二十日），高宗到鎮江，未及休息，便先去巡視李寶所率領的戰船，巡視時他感嘆說：「始朕用寶，謗書滿篋，至謂必復從偽，今竟如何？」〔註204〕從高宗兩度感慨的發言可知，李寶應是高宗乾綱獨斷，執意任命的，而李寶亦未讓高宗失望，建立巨大的戰功。

　　李寶是山東人，又曾在山東地區作戰過，有一段時間他可能在金國政權下任職時，應該也是在山東地區活動，所以他熟悉當地形勢，想要在山東地方進行一些騷擾行動，李寶是很適合的領兵人選。李寶又是從海道回到南宋，對於從山東到江南地區的航道，自有所認識，這樣的經歷，讓高宗信任李寶帶領軍隊渡海作戰。不過李寶對於海道航行的經驗畢竟有所不足，才會在西北風強勁之時，仍執意出擊，致使船隊遭強風吹散，所幸並未因此影響

〔註203〕《宋史》，卷370，〈李寶〉，頁11501。
〔註204〕《要錄》，卷195，「紹興三十一年十二月戊午」條，頁3300。

全盤戰事。

　　李寶指揮作戰能力卓越，善用各種方式，提振軍隊的士氣與信心，也頗具戰略眼光，能看出應乘金國大軍尚未集結完成，遂行主動進擊，出敵不意地擊潰敵軍。李寶知人善任，曹洋便是一個很好的例子，他將曹洋調至其麾下，加以重用，因而曹洋在膠西之役中立下大功。另外如山東地區的「義軍」領袖，魏勝、趙開、王世隆等人，李寶多能使其各展所能。

　　總而言之，李寶是南宋「膠西大捷」的關鍵人物，高宗的任用李寶，是南宋在這個戰役得勝的主要因素之二。

3. 主動進擊出敵不意

　　南宋在膠西之役的成功關鍵之三，是宋軍的主動出擊。海陵南侵之際，宋廷在戰場上，全採防禦的態勢，唯獨在海道採用主動出擊。這樣的行動出乎金國的預料，毫無心理準備。

　　金國計畫在「十月十八日」到達杭州，〔註205〕軍事行動的展開時間，則是在「九月庚寅（21）」〔註206〕，要在一個月不到的時間內，完成海軍的推移工作，客觀上有其困難。根據徐文的說法，從密州出發，順風五日可到，風向不對則要十天至半個月的時間，才可以到達杭州。順風時，時間尚算充裕。但如風向不對，在海道或是沿海的據點上，又遇南宋抵抗的話，要在時限內完成上述任務，幾無可能。所以，金國原先計畫的估計失之樂觀。

　　南宋研判金國可能從海道進攻後，高宗召見李寶詢問方略，李寶認為「凡用兵之道，自戰其地與戰人之地不同。自戰其地者，必生之兵也；戰人之地者，必死之兵也。必生者易破，而必死者難卻。」〔註207〕因此，決定採用主動出擊的方略，亦即在敵方還未出發之前將其擊破。同時與金國船隊的接戰之中，也採取奇襲的方式，利用金軍休息的凌晨發動攻擊，使金軍措手不及，無法作有組織的抵抗。

　　整體而言，南宋在膠西之役中，從計畫的一開始便是採先發制人的作法，主動出擊，發揮奇襲效果，夜襲戰術的成功，造成金軍在措手不及的狀況下遭到攻擊，水上力量被徹底擊潰。

〔註205〕《會編》，卷237，「李寶敗金人於陳家島」條，頁2b。
〔註206〕《金史》，卷5，〈海陵紀〉，頁115。
〔註207〕《要錄》，卷190，「紹興三十一年六月丙辰」條，頁3186。

4.「山東豪傑」與「中原遺民」的配合

水軍要發揮奇襲效果，充足的補給是絕對必要的。李寶率領水軍北上，抵達金國勢力範圍的山東沿岸，如果沒有根據地，則其戰果勢必有限。所以，李寶得到魏勝奪取海州的消息之後，打算再度北上，意在穩固海州，以便建立一個在山東活動的根據地。這也可以解釋爲何李寶北上後，不直撲金國水軍，反而是先解救海州之圍，目的即在爲水軍建立補給基地。

山東地區許多「山東豪傑」紛紛前來支援李寶的行動，對於李寶的軍隊在山東地區活動，幫助很大。他們除供應物資外，這些地方人士對於海道的瞭解、沿海天象的變化等，都可以提供必要的知識。如隨李寶船艦同行的東海縣令高敞，便是擔任嚮導的任務，爲宋船指引山東沿海的地勢和航道。

金國軍中的「大漢軍」不意也給予李寶相當大的協助，使李寶得以瞭解金人的虛實，知悉金軍不慣海上生活，幾乎終日「匍匐而睡」，〔註208〕從而決定襲擊的方略。金國船隊中的水手，主要是「中原遺民」，他們對於李寶船隊的來襲，未對金軍及時發出警告，反而還將金軍誘入船艙中，讓李寶的奇襲之策，發揮最大的效果，由於有「中原遺民」的「內應」，所以李寶才取得如此龐大的戰果。

總之，李寶這一次出擊的成功，除歸功他指揮正確以及軍隊有效發揮戰力以外，「山東豪傑」的配合以及「中原遺民」的協助，也都是宋師在膠西大勝的主要因素之一。

（二）金國慘敗的原因

1. 水軍素質欠佳

水軍一向不是金軍的主力，雖然海陵爲進攻南宋，大力建造戰船及訓練水軍，但是一支水軍的組成，不是短暫的時間內可以達成的。金國倉促建立的水軍，在戰船方面雖然建造數量龐大，其質量也不遜色，但是在人員的素質和組織上，便極不理想。

擔任船隻航行工作的水手，主要還是漢人，他們大都受徵調而來，又不見得眞正懂得海上航行，因被迫替金國軍隊服務，心有不甘，所以才在宋艦接近時，欺騙金軍，致使金人不能迅速反應，準備接敵作戰。

擔任作戰主力的應該是以「女眞、渤海、大漢軍」爲主，女眞及渤海人

〔註208〕《要錄》，卷193，「紹興三十一年十月丙寅」條，頁3251。

大多一生都沒有在船上生活的經驗，所以他們無法適應船上活動，終日昏睡，如此戰力自然無從發揮，連平常的警戒工作也難以維持。「大漢軍」多是被強迫徵調而來，對金軍的忠誠度不足，戰前大批逃亡，投向李寶，讓李寶得以掌握金國水軍的情況，從而大膽出擊。

　　整體而言，金國的水軍，在硬體的戰船方面，素質還算不差，但是在軍隊人員的組成上，則遠不如南宋的水軍。女真、渤海人不能適應海上生活，戰力不足，漢人水手與士兵又多離心離德。所以，金國的水軍在人員組訓上，存有極大的缺陷。

2. 將領選用不當

　　海陵南侵時海道的正副指揮，是由蘇保衡及完顏鄭家出任。蘇保衡，字宗尹，雲中天成人（今山西天鎮）。蘇保衡的父親蘇京，是遼朝進士，曾任遼西京留守，投降宗翰。蘇京病重時，將蘇保衡託付宗翰，蘇京死後，蘇保衡由宗翰推薦進入仕途。曾經在撒离喝的陝西幕府下，參議軍事，之後也曾負責過大型工程的調度工作。海陵計畫南侵時，他與徐文一起負責建造戰船。海陵起兵之時，被任命為「浙東道水軍都統制」，受命率領水軍直攻南宋的首都臨安，但由於遭李寶的襲擊，軍敗未果行。〔註209〕

　　蘇保衡的仕途並未因為膠西之役的失敗有所挫折，在大定年間，他先後受命前往山東、河南、陝西等地，安撫百姓及屯田軍士。其後被調入朝廷擔任中央官員，表現中規中矩，累官至尚書右丞。世宗計畫修繕宮殿時，還任命蘇保衡「監護役事」，蘇保衡很受世宗的寵信，死時還為之輟朝。〔註210〕

　　完顏鄭家，金國宗室，世祖幼子完顏昂之子。皇統（金熙宗年號，1141～1149）初，以宗室子授定遠大將軍，除磁州刺史。此後大多擔任地方官員，未曾與聞戰事，海陵南侵時，他被任命為浙東道副統制，擔任蘇保衡的副手，死於膠西之役。〔註211〕

　　總之，蘇保衡是優秀的行政人才，但在帶兵方面卻沒有太多的經驗，而完顏鄭家則是宗室子弟出身，只擔任過地方的首長，未見其有領軍作戰或參與軍事的經歷。兩人的軍事資歷都不算出色，卻由兩人擔任正副指揮，顯然是用人上的失誤。在李寶船隊接近之初，即有水手向完顏鄭家提出警告，但

〔註209〕《金史》，卷89，〈蘇保衡〉，頁1973。
〔註210〕《金史》，卷89，〈蘇保衡〉，頁1974。
〔註211〕《金史》，卷65，〈完顏鄭家〉，頁1553～1554。

由於他不熟悉海戰事務，迄未警覺過來，這成為金軍失敗肇因。

　　資歷豐富的徐文應是最適合的人選，他很早就提出從海道攻宋的建議，且有詳細的計畫，也參與金國水軍的組建工作，與蘇保衡等在通州負責督造戰船。正隆五年（1160）三月，東海縣徐元等的叛亂，被海陵當作試煉新建水軍的機會，也由徐文領銜率領一些將領前去平定。但是，此後徐文卻無任何作為，海陵南侵一役，海道指揮也不是徐文，這是相當值得探索的一件事。從徐文的出身和軍事資歷來看，他才是一位適當的人選。

　　總之，海陵捨徐文而任用蘇保衡和完顏鄭家兩人，顯然非上策，尤其是完顏鄭家的任命，更是金軍指揮上的大漏洞。

3. 戰略制訂及執行失當

　　金國從海道攻宋的構想，如果能有周詳的計畫、良好的軍隊及穩當的執行，的確有成功的可能，至少也可對南宋施加沈重的打擊。但海陵這一次的計畫，想在一個月時間內，即將船隊開進錢塘江，把軍隊送到臨安城下，似乎沒有將南宋的抵抗考慮進去。由此可見，金國對於南宋的海防瞭解不足，所以才會訂出不合宜的計畫。

　　這一計畫，已有嚴重的缺失，卻又執行不力。膠西之役發生在十月二十四日，已經超出預定要抵達錢塘江的時間。此時擔任指揮的蘇保衡還尚未與部隊會合，整個部隊都在等待他前來。另外，此時的金軍又須等待北風的來臨，才有辦法出發，事先未將風向因素考慮進去，時間難以配合，成為整個計畫的另一重大缺失。

　　如果金軍的船隊已經出發，連李寶也承認「海道無險要可守，敵艦散入諸洋，則難以盡滅」，如此一來南宋的海防，勢必出現破綻。畢竟金國船隊上尚有數萬軍隊，若這支部隊在東南沿海登陸，勢必造成南宋防禦上極大的震撼。所以，金軍未能及時出發，應該是金國在這一次戰役中，不能取得戰果的原因之一。

（三）自然因素的影響

　　在以木造戰船和風帆動力為主的時代，天候的因素是影響海戰勝敗的關鍵。李寶揮軍北上之初，由於西北風力強勁，李寶強行出發的結果，差點導致船隊的毀滅。金國水軍的延遲出發，便有可能是在等待北風的來臨。李寶襲擊在唐島的金國水軍之際，也得力於風向的轉變，才得以順利成行。宋軍開始攻擊的同時，忽然波濤大作，使金軍的船隊互相推擠在一起，全隊無法

組織有效的抵抗陣形，而宋軍的火器攻擊因得發揮更大的效果。以上種種，都是自然因素在此次戰役中的影響。

反過來說，如果李寶出發時沒有延誤，或許金軍的船隊尚未集結完成，想要一戰擊潰大部分的船艦，便難辦到。如果金國水軍沒有因爲等待北風而延遲行程，或許李寶就沒機會遭遇停泊在唐島的金軍船隊。〔註212〕如果李寶進行襲擊的時候，風向遲遲不改變，那整個行動勢必被迫中止，失去奇襲的效果。如果不是波濤將金軍的船艦打亂，憑藉數量優勢，李寶等人未必能獲得如此輝煌的戰果。

在整個軍事行動中，由於氣候及海象是比較不容易掌握的因素，但是其影響力卻又十分的巨大。如果其中任何一個自然現象產生變化，或是發生的時機不對，整個戰局將大爲改觀。

總體而言，整個膠西之役，南宋在水軍的素質以及將領的能力、經歷方面，佔有較大的優勢。在戰略的制訂方面，南宋也比金軍相對適宜。加上南宋在山東地區獲得許多地方抗金勢力的協助，而金軍卻不得人心，南宋顯然在「人和」上極爲有利。自然因素在無形中也偏袒宋師，使南宋一方在「天時」上佔盡優勢。因此，在以上諸多有利因素交乘之下，造就南宋在「膠西之役」的勝利。

三、「采石之役」勝敗因素分析

采石之役中，金國皇帝率領大軍親臨長江北岸，準備展開渡江行動，對岸是甫從淮西潰敗南逃的宋軍，主帥已被召回，處於群龍無首的狀態。此一情況下，金軍的渡江已難阻擋，但南宋潰軍卻能在文臣虞允文的指揮下，阻止金軍的渡江行動。故此役深受研究者關注，勝敗之因也闡述頗多，無庸長篇引證，下文僅就宋金雙方較少爲人注意的關鍵之舉，略做說明。

（一）金軍失利之因

1. 水軍準備不足

渡江行動中，最重要的一環就是戰船準備充足，因爲要運輸大量人員渡江，不論是採取何種方式，或如北宋初年進攻南唐時，搭建大型浮橋，或是出動船隻載運，皆須數量龐大的船隻。此外，爲防止人員渡江時，遭到敵方

〔註212〕李寶從明州關澳出發的時間，與海陵宣布伐宋的時間恰好一樣。同爲九月庚寅（二十一）日。

水軍的**襲擊**，另需有足夠數量的戰船及水軍，監視或是抵抗敵方水軍，以保護渡江的人員及設備。

海陵南侵之前，雖然曾大造戰船，但卻沒料到冬天運河水淺，導致預先準備的戰船不能順利進入長江。只好就地建造船隻，臨時製造的戰船，由於是以「民居爲材木，煮死人膏爲油用之」，〔註213〕故耐用度堪憂。另外，船體也不可能太大，虞允文即稱金軍船隻，「皆如州縣渡口雇駕者，誠不足以當官軍戰艦，又逐船惟滿載敢死士，意在直截來奪岸口，初不爲水中戰具也。」〔註214〕因此，金國雖準備了戰船，以應付渡江之舉，但因思慮不週，導致戰船不能順利抵達戰場，可見金國運用水軍仍缺乏經驗。

此外，金國原先建造不少數量戰船，而主要的造船紀錄都集中在海道的戰船上，作爲渡江之用的船隻，究竟建造多少，史未明載，故難以確定。但如據現今學人研究指出，金軍用於渡江之舉的船隻約有百餘艘，〔註215〕因此，金軍應是認爲如此數量的戰船，就足以展開渡江行動，而金國原先預備的戰船總數，推論約當在二百多至三百艘之間。

以上論述，尚難以顯明金軍在此次戰役中，戰船準備不足的窘境，今以北宋攻南唐之前戰船的整備情況作爲對照，更可明白金軍準備之簡陋與不足。

北宋攻南唐之前，籌備良久，宋太祖即位之初就開始戰船，並爲此多次巡視造船務，關心造船進度。〔註216〕除建造戰船外，還積極訓練水軍，爲此在開封開鑿新池以習水戰，〔註217〕開寶「七年，將有事於江南，是歲凡五臨幸，觀習水戰」。〔註218〕經長期訓練水軍後，才選擇適當的時機展開行動。宋軍計畫在采石地區搭建浮橋，爲此建造數千艘船隻，〔註219〕由於擔心在長江施工難度太大，在石牌口先試行後，〔註220〕再移至采石一帶設置。〔註221〕

〔註213〕《金史》，卷129，〈李通〉，頁2787。

〔註214〕《會編》，卷238，〈第二箚〉，頁15a。

〔註215〕陶晉生，《金海陵帝的伐宋與采石戰役的考實》，頁158～160。

〔註216〕參見《宋史》，卷1～3，〈太祖紀〉，頁1～51。因次數繁多，不一一列出。

〔註217〕〔宋〕李燾撰，《續資治通鑑長編》，卷4，「太祖乾德元年夏四月庚寅」條，頁89。

〔註218〕〔元〕馬端臨，《文獻通考》，卷158，〈兵十‧舟師水戰〉，考一三八一。

〔註219〕〔宋〕李燾撰，《續資治通鑑長編》，卷15，「太祖開寶七年秋七月戊辰」條，頁321～322。

〔註220〕〔宋〕李燾撰，《續資治通鑑長編》，卷15，「太祖開寶七年閏十月己酉」條，

今人研究認爲該浮橋需用船近千艘，而且這條橋至少使用一年餘，〔註222〕其間若有耗損亦需要船隻維修，故準備數千艘船隻的紀錄，當不致有誤。此外，南唐軍隊亦數度想要攻擊采石浮橋，但都被宋軍擊退，〔註223〕顯見籌建已久的水軍，在保護浮橋上發揮很大作用。因此，北宋可以成功渡過長江天險，確實是在水軍、戰船和各種船隻的籌備上，進行充足的準備與嚴密的規劃。

雖然以北宋攻南唐一役與采石之役進行比較，並非十分妥當，畢竟時空環境等背景因素，兩者大不相同，故可比性並不多，但由采石展開渡江行動這點，卻是兩場戰役的共通點。兩次渡江行動結果，一勝一敗，關鍵因素之一，就在於水軍戰船的準備是否充分。

2. 協同作戰的失誤

海陵此次兵分四路，全線進攻，每一個進攻目標都選擇得相當正確，四川地區控扼長江上游，攻取巴蜀後順流而下，歷來北方政權進攻南方的大戰略方向，莫不如此。襄陽地處長江中游，奪得此地將切斷四川與東南的聯繫，北方政權取得荊襄，長江則無險可言。兩淮地區，爲南宋邊防前線，守江必先守淮，爲兵家常識，兩淮一失，則南北共長江之險。海道奇兵，直取臨安，在整體的軍事行動中，是非常巧妙的設計，當南宋大軍集結前線時，以船隊將一支金軍送到臨安附近，必然造成相當大的震恐。

整體而言，除海道之外，陸上三路，金國如將所集結的大軍，集中投入某一戰區，雖不見得能一舉滅宋，但可取得巨大的戰果。然海陵急於一舉滅宋，採取全線進攻的方式，雖然在戰爭的初期成果顯著，使宋軍無法掌握金國主攻的方向，最顯著的例子，就是南宋成閔軍先是馳援荊襄，又中途折返鎮江，但是在整個戰役中，卻沒有發揮出應有的作用。然而全線開戰的情況下，進攻方各路軍隊距離拉大，協調困難，行動不易彼此呼應，容易成爲各自爲戰的亂局，全線進攻的效能，將大打折扣。尤其十二世紀通訊方式尚是

　　　　　頁 325。
〔註221〕〔宋〕李燾撰，《續資治通鑑長編》，卷15，「太祖開寶七年十一月甲申」條，頁 327。
〔註222〕王曾瑜，〈宋代橫跨長江的大浮橋〉，《社會科學戰線》1983年第四期，頁 141～142。
〔註223〕〔宋〕李燾撰，《續資治通鑑長編》，卷 16，「太祖開寶八年正月庚寅」條，頁 334；卷16，「太祖開寶八年冬十月戊午」條，頁 349。

以人力傳訊爲主，想要做到各戰區的協同作戰可能性不高。

由於通訊不便，再加上戰情的瞬息萬變，因此，僅只能事先制訂計畫，各路軍隊盡力達成作戰目標，求得最大限度的協同。然如遭遇意外，導致計畫受阻，則全盤軍事行動都會受到影響。因此，全線開戰必須負擔相當高的作戰風險，只要有一個環節出現失誤，就會產生一連串的骨牌效應，采石之役很可能就是在這種情況下招致慘敗。

如前所言，采石之役金軍失敗的關鍵，在於水軍戰船的準備不足。雖說是因運河水淺，導致預先準備的戰船無法順利進入長江，故臨時拼湊船隊，就展開渡江行動，因此，水軍的質量與數量都甚差。其實金軍大可多花時間整備，待船隻數量充足，或是設法將受阻的戰船運到長江後，再展開軍事行動。究其急迫行事之因，除金國內部的動亂，導致海陵需要速戰速決外，另一個可能就是必須配合海道水軍的行動。

金國江淮與海道兩支軍隊，在其軍事計畫中，當有相互呼應的作用，海陵親率大軍牽制南宋主力，海道大軍可乘東南地區防守空虛之際，直取臨安，封鎖宋主逃亡的海路。但要達到此一目的，江淮金軍必須要發動足夠強大的攻勢，用以吸引住南宋軍隊，且要迅速突破長江防線，接應由海道登陸的金軍，因海道金軍只是奇兵，雖然可以出其不意致勝，但畢竟僅有一擊之力，如缺乏後續的支援，無法進行持久戰。

因此，海陵必須在海道水軍出發前，發動渡江作戰。膠西之戰發生在十月二十四日，以當時的情況判斷，北風日起，海道水軍隨時會南下。雖然不能確知金軍的計畫爲何，但是江淮金軍肯定要在海道水軍行動前，率先展開攻勢。雖然海道水軍在采石之役前已被殲滅，不過海陵是至移軍瓜洲時，才收到消息。〔註224〕所以金軍雖然戰船出問題，但如待集合大批船隻再發動攻勢，恐怕與預定的作戰計畫不符，故海陵才在水面戰力不足的情況下，強行渡江。

所以，金軍采石渡江行動的失敗，從表面因素而言，是水軍準備不足，但此一缺點只需一段時間便可彌補起來。然爲呼應海軍的行動，江淮金軍最缺乏的就是時間，致使金軍陷入此一困境的主因，就因通訊方式原始，故全線協同作戰困難。雖說歷史不作假設性的討論，然試想如海陵能將戰船不足的消息通知海軍，令其延後出發，則海陵就可等候戰船進入長江後，再展開

〔註224〕 《要錄》，卷194，「紹興三十一年十一月甲午」條，頁3280。

渡江行動。或相對而言，海陵能即時收到海軍被殲滅的消息，由於無需呼應海軍的行動，自然無貿然展開行動的壓力。

總之，因通訊方式原始，協同作戰本就有相當大的困難，僅能靠事先制訂計畫來達到協同的目的。海陵在全線開戰的情況下，為呼應海軍的行動，以致在水軍準備不足情況下，展開渡江行動，而招致此次失敗。

3. 海陵的個人因素

金海陵帝完顏亮的個人因素，也是影響此次渡江行動成敗的重要關鍵。由於皇帝親臨前線指揮，以其地位所做出的決定皆不容質疑，雖然有事權統一的好處，但海陵顯然不是個優秀的主帥，如此反而造成致命的影響。由於海陵行事果敢，勇於殺人，性格剛愎自用，不易聽取別人的諍言，因此，無法容納多元的意見，很難應付瞬息萬變的戰場情勢。

有學人從心理學的角度剖析，認為海陵因幼年經歷過女真的全盛時期，故心中存有金軍無往不利的必勝心態。〔註225〕再者，由於南侵行動的初期，金國大軍的計畫相當順利，使其信心更加膨脹。這種虛驕心態造成他對宋軍實力評估錯誤，以致渡江行動的失敗。以上情況，可從此次渡江行動中的兩個例子中看出。海陵在采石渡江之前，詢知早年兀朮渡江時，宋軍毫無抵抗，望風而逃，即認定自己渡江時，宋軍亦當聞風而遁。後遇宋軍奮勇抵抗時，海陵還大惑不解。〔註226〕第二例是當虞允文等人於鎮江試航車船時，金軍將士深感驚恐，海陵居然認為是紙船，對敵我的實力評估，相去事實太遠。

因此，海陵既然無法客觀的計量雙方實力，也就不能期望其做出合理的決策，故海陵對自身實力的迷信，以及對宋軍的輕視，埋下此次渡江行動，甚至是整個戰役失敗的種子。

（二）南宋勝利之因

1. 虞允文的穩定軍心

采石之役中宋軍能夠得勝，虞允文有重要的作用，這點已為歷來論者所認同。當時采石地區的宋軍，是剛從淮西潰退的王權軍，雖然這支軍隊並未與金軍正面衝突，因此，實際損傷不大，除殿後的姚興軍三千人全軍覆沒外，絕大部分的戰力都還保存的不錯，但是戰鬥意志卻甚為消沈。再者，王權因

〔註225〕 王寶芝，〈海陵王南侵的心理分析〉，《蒲峪學刊（哲學社會科學版）》1997年第四期，頁48。

〔註226〕 《要錄》，卷194，「紹興三十一年十一月丙子」條，頁3261～3262。

隱匿軍情及擅自退軍，被解職徹查，新帥李顯忠的任命卻尙未佈達至軍中，陷入群龍無首的狀態。

因此，虞允文適時抵達該地，先是佈達李顯忠的任命，強調李帥隨後就會趕至采石，穩定住軍心，之後再用名位重利激起軍隊的戰鬥意志。讓這支軍隊的戰鬥力得以發揮。最重要的是，在虞允文的主導下，制訂出適當戰術，這些戰鬥布置並非奇異，只是將手上的力量進行合理的安排，宋師靠這些布置以及被激起的鬥志，擊退了海陵的渡江行動。

故采石之役中，虞允文的確發揮關鍵作用，但其功能並不是在戰場上指揮作戰，而是在戰前激發軍隊的戰鬥意志，將潰軍整頓成一隻具有戰鬥力的部隊。

2. 水軍的發揮

采石一役中南宋水軍的發揮，阻止了金軍船隊南下，是此次金軍渡江全面失敗的關鍵。然南宋水軍得以在此戰中發揮出巨大的優勢，是有兩大原因，其一是金軍的水軍戰船準備不足，此點前已詳述。反之，其二則是南宋水軍實力的雄厚。南宋的水軍實力，非三言兩語可以說明，此處不擬詳論。然從采石之役到鎮江對峙，不到一個月的時間中，南宋就迅速就調集數量龐大的戰船，確切數量雖不得其詳，但從其支援鎮江，一次就能調動百艘戈船，顯見南宋可用於作戰的船隻爲數不少。另外，虞允文等人在鎮江還準備將運輸船隻改造成戰船，可見南宋動員戰船的潛力，亦甚可觀。

此外，南宋水軍在此次戰役中，所展現出來的多樣性船艦，也是值得關注的重點。宋軍使用的主力船種是車船，楊萬里〈海鰌賦後序〉言：「采石戰艦，曰蒙衝，大而雄；曰海鰌，小而駃。其上爲城堞，屋壁皆堊之。……人在舟中，踏車以行船，但見船行如飛，而不見人。」〔註227〕可見車船有大小兩種，大型者爲「蒙衝」，又稱「車船」；〔註228〕小型者名爲「海鰌」。

車船是南宋平定楊么之亂時，開始於宋軍中服役，至於是否爲宋廷模仿楊么戰船，論見頗歧，迄無定見。〔註229〕時人觀念認爲「車船如陸戰之陣

〔註227〕〔宋〕楊萬里撰，辛更儒箋校，《楊萬里集箋校》（北京：中華書局，2007年），卷44，〈海鰌賦後序〉，頁2286。

〔註228〕《宋會要》，食貨50之27，頁5656。

〔註229〕參見劉川豪，〈二十世紀中葉以後南宋戰船之研究回顧與展望〉，《第八屆科學史研討會彙刊》（臺北：中央研究院科學史委員會，2008年12月），頁47～49。

兵，海鰍船如陸戰之輕兵」；〔註230〕「計每一（車）船，須以海鰍之類數十支副之。」〔註231〕從上述評價可知，兩種船隻須互相配合著使用，才能發揮出威力。

在采石之役中甚爲活躍的「戈船」，其型制史無明文，然由該類船隻數量不少來看，當非大型船隻。「鎮江對峙」時，宋軍初步統計船隻後，稱「海鰍不滿百，戈船半之。」〔註232〕其數量雖與其他記載並不相同，但明顯地將「海鰍」與「戈船」視爲兩種不同類型的船隻，故「戈船」當非車船，應是以槳爲動力的船隻。

另外，因將領抗命而未出戰的「戰艦」，其作戰能力，雖無從得知，然從虞允文等人在鎮江時，對成閔軍即將抵達的二十艘「戰艦」充滿期待來看，可見其在江面上的戰力。又虞允文嘗言：「遇風則使戰船，無風則使戰艦」，〔註233〕顯見「戰艦」是以人力提供動力，可能是一種大型的槳船。

虞允文等人爲充實水軍戰力，又改修「馬船」爲戰船。「馬船」是載運軍馬用的船隻，「國家水軍舟船，大而壯實者無如馬船」，〔註234〕其改造後的戰力當不容小覰。由上述可知，宋軍船隻樣式眾多，亦各有明確的功能，大小船隻彼此相輔相成，尚可視天候出動不同類型的戰船，在在顯示南宋水軍實力的雄厚，以及可用戰術之靈活。

故南宋水軍能在采石之役中取得漂亮的勝利，其實力強大，自是主因。但考量金國的水軍實力，此一結果並不令人意外。南宋水軍的發揮，相對得益於金國水軍太弱。話雖如此，南宋水軍龐大的戰力及潛力，仍可從此戰中得窺一二。

3. 諸將協調措置得宜

諸將不合是南宋初期一直存在的問題，建炎三年金軍首次渡過長江，追殺高宗入海三百里，很大原因之一，就是南宋將帥不合，杜充與劉光世、韓世忠無法協同作戰。紹興初年，南宋四鎮不協，彼此互相兼併部隊，作戰不同步的情況時有所聞。

〔註230〕〔宋〕熊克，《中興小紀》，卷13，「紹興二年十二月是月」條，頁171。
〔註231〕〔宋〕李綱，《李綱全集》，卷121，〈書十四·與呂安老龍圖書（九月二十二日）〉，頁1165～1166。
〔註232〕《宋史》，卷383，〈虞允文〉，頁11794。
〔註233〕《宋史》，卷383，〈虞允文〉，頁11794。
〔註234〕《會編》，卷239，引趙甡之《遺史》，頁2a。

但此次江防戰役中，並無此情況。采石之役時，由於陣中並無大將，故此情形尚不嚴重。但在鎮江對峙時，軍中可是聚集不少一級將領，楊存中、李顯忠和成閔都是手握軍權的宿將，而前兩淮指揮劉錡雖已解除軍職，但劉錡軍仍在鎮江，故劉錡系統仍有一定影響力。不過宋軍諸將彼此之間相安無事，還共同商議作戰佈置。當時鎮江可以獨當一面的將領眾多，未發生爭執的原因可能是金軍的威脅迫在眉睫，壓下宋軍可能的內部矛盾。

因此，宋軍諸多宿將商議後的佈置，的確面面俱到。很明確的指出三個戰略要地，並針對不同的情勢，分別制訂反登陸、江面截擊以及增兵北岸戰略要地三種防禦方式。

整體而言，此場戰役中，宋軍的決策並無非凡突出之處，但卻相當合理，未留下太多破綻，給予金軍可乘之機。對比宋金雙方的總體表現，宋軍勝在未犯致命的失誤，而金軍的失敗是敗在自己的準備不足及戰略錯誤。

四、海陵南侵戰爭中水軍的作用

西元 1161 年第三次宋金戰爭中，水軍扮演相當重要的角色，敵對雙方皆嘗試運用水軍達成某些戰略目的，故下文將略論水軍在此次軍事衝突中的作用。

（一）金國南侵計畫所預期水軍的作用

在海陵的計畫中，水軍最主要的用途是從海道進攻臨安。從海上進攻敵方的作法，並非海陵所首創，三國時吳國孫權就曾經派遣軍隊，從海上進攻遼東。只是海陵爲這一次行動，動員約七萬士兵，六百餘艘海船，堪稱一次空前的壯舉。

海陵對此次海道行動的重視，可從幾點看出。首先，金國本無海軍基礎，海陵爲遂行此次計畫，動用龐大的人力、物力，在短時間內打造出一隻頗具規模的海軍。再則，海陵在海道安排七萬士兵，雖然在四路大軍中，僅多於進攻川陝的部隊，[註235] 但這恐怕是受限於海軍的運輸能力所致。因此，海道一路的軍力，其重要性並不下於集中三十萬大軍的江淮戰區。第三，當海陵在瓜洲渡收到海軍全軍覆沒的消息時，居然大發雷霆之怒，下達要求三日

〔註235〕 據陶晉生的研究，該次軍事行動中，海陵動員約五十萬大軍，主力擺在兩淮，約三十萬人，荊襄一路約十萬人，進攻川陝者約五萬。參見陶晉生，《金海陵帝的伐宋與采石戰役的考實》，頁 142～150。

渡江的無理要求，就可見他對海軍作用的重視。

雖然對於海陵的計畫，因為缺乏詳細的史料，故不能更深入地瞭解。但從戰事推進的順序來看，可以發現率先進攻的川陝以及荊襄兩路大軍，僅是牽制作用，決定勝負的主力是江淮大軍和海軍，因此，在動員五十萬軍隊的軍事行動中，七萬人的海軍居然和三十萬大軍的江淮軍相提並論，亦可顯示其地位之重要。

但必須指出的是，從膠西之役的交戰經過來看，這支海軍在海上作戰的能力並不強，甚至可以說沒有海上作戰的能力。他們最主要的作用，應是透過海道，將軍隊送到南宋的核心區域東南沿海，登陸作戰，故這支海軍比較像是運兵船隊，而非有海上作戰能力的海軍，不過因其擁有大量專門打造的船隻，亦經過一番訓練，故將其視為海軍似無不可。

因此，從戰前的準備、軍隊的人數、戰役中所顯示的戰略作用，以及海陵對海軍覆滅的反應，無一不顯示金國對海軍的重視與期望。雖然這支海軍的作用，比較接近運輸船隊的性質，但海陵預計運用這支海軍，輸送戰鬥部隊，直接襲擊南宋腹心地區。最低限度要封鎖趙宋皇室逃亡海上的道路，理想的情況，是直接攻下南宋首都。簡言之，在此次軍事行動中，這支海軍將扮演著可能對南宋作出致命一擊的角色。

（二）南宋抵禦行動中水軍的發揮

南宋水軍在紹興三十一年的軍事衝突中，締造兩次決定性的勝利，從這兩次戰役中，南宋屢屢展現水軍在戰略、戰術上的作用，成功的阻止金軍南下。以下分就襲擊沿海、江面截擊、封鎖河口和攻擊沿岸四點，略作闡述。

1. 襲擊沿海

運用海軍長途奔襲敵軍的戰略，在紹興三十一年的戰爭中被敵對雙方同時運用。早在南宋肇建之初，金國從海道來襲的傳言就不曾斷過，南宋一方也屢屢有人建議要從海道對金國展開襲擊，只是限於客觀因素，所以皆未付諸實行。然此次戰爭中，金國籌組海軍，準備實行該計畫，南宋一方也被迫應戰。因此，才有膠西之役的發生，但李寶原僅是計畫擊潰金國海軍，卻沒想到在達成計畫之餘，還有意外的效果。

李寶船隊到達山東後所做的第一件事，就是支援被圍困海州的魏勝軍，並招撫山東地區的武裝勢力，魏勝、王世隆等人都接受李寶的任命。如此一來，原本各立山頭的武裝勢力，暫時團結在李寶手下，對於海陵江淮大軍的

側翼形成威脅。

另外，李寶的船隊如更積極，可以海州爲根據地，對河北、遼東地區造成威脅。既然金軍船隊可以從海道襲擊臨安，李寶的船隊自然也可以襲擊燕京，雖然海陵當時已經宣布遷都汴京，但燕京作爲舊都，仍有其象徵性的政治意義。即使不以燕京爲目標，在河北沿岸進行偷襲作戰，想必也會給金國帶來莫大的威脅。更何況海陵動員大軍南侵，腹地必然空虛，而唯一的海上力量又已被李寶摧毀，使這種騷擾行動的成功率大爲增加。

然以上的作法，似乎沒有被李寶考慮過，因謠傳通泰地區已經失守，故李寶亟需回防，協助長江口的防禦，所以李寶選擇返航。但從李寶船隊在膠西的勝利，及在山東地區的騷擾，可以推知如李寶果眞執行此一戰略，想必效果不差。

李寶此次軍事行動，雖然船隊的規模不大，但充分展現水軍在海道上所能發揮的功效。李寶透過海路，適時支援海州的魏勝軍，讓山東地區的地方抗金勢力有根據地，也爲自己建立一個補給基地，展現一支擁有活動力與戰鬥力的海軍，可以對敵方沿海地區造成極大的威脅。雖然在此戰役中，宋金雙方都注意到「海道」的戰略價值，南宋的整體操作顯然較爲成功，因而取得最後的勝利。

2. 江面截擊

采石之役中，南宋水軍於江面截擊敵軍時，發揮出很大功效。采石初戰，由於宋軍水師未能即時出動，致使金軍首批船隊沒有受到任何攔阻即靠近江岸，有一支金軍登陸江岸，與宋軍展開激戰，甚至一度佔得上風。後因時俊的奮勇作戰，壓制住登陸金軍的攻勢，但更重要的是舟師即時出動，阻止金軍後援船隊的繼續出發，如金軍能夠不斷的將軍力運至長江南岸的戰場，南宋一方僅憑二萬人不到的新敗之師，是否能夠抵擋金軍接連的衝擊，不無疑問。因此，在水面截擊敵船，斷敵後援，無疑是南宋水軍在此戰中最主要的作用。

南宋舟師在水面上佔盡優勢，金軍船隻完全沒有抵抗能力，主要在於雙方的戰船優劣差異太大，因而南宋水軍能夠控制江面，成爲此戰的關鍵。畢竟水師要先能在水面上佔據優勢，其他的戰術作用才有發揮的餘地。

3. 封鎖河口

采石九日之戰時，宋軍水師主動出擊，封鎖金軍舟師進入長江的通道楊

林河口，阻止金軍再度展開渡江行動。此一作法績效良好，金軍船隻完全無法進入長江。雖然以宋金兩方的水軍實力，宋軍大可放任金國水軍進入長江，再以水上優勢力量擊潰金軍船隊，但虞允文等人當時無法掌握金軍船隊的實力，不明瞭金軍還有多少船隻未出動，倘若金軍尚有龐大船隊，任其自由出入長江集結，在巨大數量的優勢下，宋軍船隊恐怕難以招架。

所以，在金國水軍實力不明情況下，封堵金軍進入長江，將戰場限制在楊林河口，金軍就無法展現數量優勢，南宋相對精銳的水軍，便可充分發揮威力。

因此，使用戰船封鎖河口，將戰場侷限在小區域中，摧毀敵艦，這是南宋水軍在采石之役中採用的有利戰術，此舉亦使金國徹底放棄在采石渡江的計畫。

4. 攻擊江岸

南宋水軍在封鎖河口之餘，同時對岸邊的金軍施行攻擊。該次攻擊中，宋軍是從戰船以弓弩對岸邊進行射擊，以阻擾金軍行動。顯見宋軍是將戰船當作移動堡壘，利用精良的拋射武器，對江岸的金軍進行遠程攻擊。

此一作戰方式，在楊林河口附近發揮出震懾作用，金軍印象深刻。故當鎮江對峙，宋軍的車船於江面試航，逼近長江北岸時，金軍倍極緊張，皆「持滿以待」，顯見南宋水軍這種長程進攻對金軍造成的心理壓力。必須指出的是，宋軍能夠運用水軍封鎖河口與攻擊江岸，除有適合的戰船外，還需要一個條件的配合，即優秀的遠程武器，此點前已述及，不再贅言。

整體而言，南宋在運用水軍上，具有豐富的經驗，故能充分運用水軍的機動性，及較優秀的防護力，並以先進的拋射性武器增強攻擊威力。因此，南宋水軍可以擔任多種任務，成為此次軍事衝突中決定勝敗的兵種。相較於金國僅將海軍當作運輸船隊使用，南宋在利用水軍作戰上，顯然高出多籌。

第四章　高宗朝水戰的分析
——政策、將領和技術

　　高宗朝宋金水戰，多以南宋得勝作收，即使是宋軍失利的場合，仍帶給金軍沈重的威脅與龐大的損失。故整體而言，南宋在水戰上佔有極大的優勢。歷來論及此一現象者，大多採兩種決定論式的解釋，即江淮地形及氣候不利游牧民族騎兵的發揮，和南宋軍隊善於水戰。上述二因，是前人歸納並高度概括後的結果，雖具說服力，卻太過簡略。

　　如江淮不利騎兵之論成立，是否游牧民族政權進攻南方，皆注定要失敗，而南宋也不必多作準備，就肯定會獲得勝利。事實自非如此，同為游牧民族政權的蒙元，就成功擊敗南宋水軍，究其原因，論者認為是蒙元建設水軍卓有成效，並發展出有效的水軍戰術。〔註1〕其次，如稱宋軍善於水戰，為何會敗於蒙古水軍之手，是否南宋水軍不過爾爾，面對認真發展水軍的蒙古，南宋水軍就不是對手。

　　以上的比較雖不嚴謹，闡述亦太簡單，畢竟蒙古可以擊敗南宋水軍，還有其他主客觀因素，但仍可見現有對高宗朝宋金水戰，宋方多勝之因的解釋，雖可說明部分現象，卻不足以全面理解，當由其他方面再作探索。

　　前文所討論的高宗朝幾次宋金水戰，僅針對個別戰役進行考述，分析其意義與勝敗的因素，雖可解決部分問題，但分析的普遍性尚有不足，只是專

〔註1〕李天鳴，〈宋元戰爭中元軍的水陸協同三面夾擊水戰戰法〉，《國際宋史研討會論文集》（臺北：中國文化大學出版部，1988 年 9 月），頁 273～296。蕭啓慶，〈蒙元水軍之興起與蒙宋戰爭〉，《漢學研究》八卷二期（1990 年 12 月），頁 177～199。

就特定戰役而言，並不適用所有的情況。所以必須針對影響宋金水戰的整體性因素進行觀察，並作分析。

因此，本章擬從政策、人才及技術三個角度切入，觀察南宋在水軍建設、指揮者素質以及水戰技術等三方面的優勢，嘗試說明高宗朝宋金水戰中，南宋多能得利之因。

第一節　高宗朝其他水戰概況

高宗朝的水戰，不僅止於前文所論述的六場水戰，只因這六場戰役，分別為建炎三年至四年（1129～1130），及紹興三十一年（1161）兩次軍事衝突中比較重要的一部份。在這兩次戰役中，前述幾場水戰對戰局的演變都有或大或小的影響。然而如欲通盤檢視高宗朝的宋金水戰，還必須兼顧其他的水戰，故下文先簡介幾場比較著名的宋金水戰。

一、張榮「縮頭湖之役」

紹興元年（1131）的縮頭湖之役，亦是高宗朝著名的水戰之一，該次戰役是山東地區的地方武力，在張榮的領導之下，對抗金軍進攻的一次軍事行動。張榮本是梁山濼的漁夫，金軍南侵後在梁山濼聚集舟船數百艘抗金。後因金軍勢大，遂南移至鼉潭湖建立菱城，繼續抗金，徒眾逐日擴大，至萬餘人。〔註2〕

建炎四年，金軍屢攻鼉潭湖水寨皆受阻於泥潭的地勢，久久不下。直到數月後進入冬季，因天寒冰凍，金軍從陸地進攻，才迫使張榮退走。〔註3〕張榮本欲渡海前往山東，但因有障礙，遂盤據通州。〔註4〕後見通州地勢不利堅守，張榮又率眾引舟師進入縮頭湖建立水寨。金軍將領完顏昌派遣舟船進攻，反為張榮所敗，作戰經過《要錄》記載如下：

> 張榮在通州，以地勢不利，乃引舟入縮頭湖，作水寨以守。金右監軍昌在泰州謀久駐之計，至是以舟師犯榮水寨，榮亦出數十舟載兵迎敵，望金人戰艦在前，榮皇遽，欲退不可。徐謂其眾曰：「無慮也，

〔註2〕《要錄》，卷33，「建炎四年五月乙丑」條，頁652。
〔註3〕《要錄》，卷39，「建炎四年十一月丙午」條，頁734。《會編》，卷143，「金人攻張榮於鼉潭湖破其菱城」條，頁5b～6a。
〔註4〕《要錄》，卷42，「紹興元年二月壬午」條，頁767。

金人止有數艦在前，餘皆小舟，方水退隔淖不能岸，我捨舟而陸，
殺棺材中人耳。」遂棄舟登岸，大呼而殺之。金人不能騁，舟中自
亂，溺水陷淖者不可勝計。昌收餘眾二千奔楚州。〔註5〕

此次戰役前，完顏昌本有意駐留泰州，籌備渡江南侵的軍事行動，欲解除後
顧之憂，才派兵進攻縮頭湖水寨，不意竟被張榮所敗，狼狽撤回楚州，南侵
計畫遂告中止。

二、紹興六年至十一年韓世忠軍的水戰

紹興六年（1136）二月，宋廷在張浚的主導下，對劉豫的齊政權發動進
攻，希望能收復中原。韓世忠軍由承（今江蘇高郵）楚進攻淮陽，雖一度包
圍淮陽，但因金齊聯軍迅速來援，韓軍只得解圍而去。〔註6〕張浚在一份奏議
中，敘述韓軍此次的軍事行動，完全是依靠水軍而行動，其言如下：

世忠以水軍直抵淮陽城下，糧食器械盡萃於舟，而虜叛曾莫能略遣
偏師追擊邀截，賊之事力可以見矣。其後世忠又以戰船徑赴彭城（今
江蘇徐州），緣水急石大，過淮陽而止。比其返也，莫有乘輕舸以追
之者。〔註7〕

雖然這份文件，是張浚要為其政策辯護，故所言可能誇大，但當不至失實。
由此可見，韓軍在此時已經建立起一套運用水軍作戰的模式。

紹興七年（1137），南宋與金國交戰多年後，達成第一次的和議。金國在
此次議和中的態度，是由完顏昌一派所主導，在達成議和的同時，將原先劉
齊所統轄的疆域，交給南宋。此一作法在金國內部引起相當大的紛爭，但在
完顏昌、完顏宗磐等人的主導下，仍強勢執行。然議和後不久，金國政治紛
爭大起，完顏昌一派失勢，對宋作風強勢的兀朮等人掌權，金國態度丕變，
在兀朮的主導下，於紹興十年（1140）出兵，準備收回劃給南宋的疆域，宋金
戰事再起。〔註8〕

在此次戰事中，淮東方向由韓世忠軍負責，紹興十年六月，韓世忠所派

〔註5〕　《要錄》，卷43，「紹興元年三月壬子」條，頁781。
〔註6〕　《要錄》，卷98，「紹興六年二月辛亥」條，頁1615；「紹興六年二月辛酉」
　　　　條，頁1618～1619。
〔註7〕　《全宋文》一八七冊，卷4125，〈張浚五‧奏淮南移屯事目〉，頁370。
〔註8〕　關於此段經過，可參見陶晉生，〈完顏昌與金初的對中原政策〉，氏著《邊疆史
　　　　研究──宋金時期》（臺北：臺灣商務印書館，1971年6月），頁33～49。

遣的王勝、成閔等人往淮陽軍進發途中，離城約二十里時，遭遇金國軍隊二千餘人，雙方水陸轉戰約兩個時辰，金軍大敗，韓軍除焚毀金軍大量戰船外，另俘獲二百餘艘戰船。〔註9〕

淮陽之戰後月餘，王勝率軍逼近海州，先是野戰擊敗金軍，隨後乘夜以舟船將軍隊和攻城器械送至海州城北，進攻北門，《會編》所記戰況如下：

> 韓世忠遣都統制王勝，率統制王權、王升等諸軍取海州。偽知海州王山及統兵官花太師至磨行，與官軍相遇，官軍擊退之。去海州六十里，勝令二更到城下，諸軍齊進，果二更至城下，轉城不住，牽舟趨城北，城上以瓦礫拋擲亂擊，舟人皆不顧而行，逼曉至城北。是時花太師退兵，唯王山守城，勝令諸軍分地攻擊。勝坐於北壁壕下，令諸軍早飯要白米飯、豬肉段子。食畢，先使搭材以長竹繫刀，斷其釣橋繩，釣橋落，以大竹卷草，如黃河卷埽樣，使數百人推至北門下，釣橋有妨礙處，即以鋸截去之。然後推入縱火，凡三卷壅其門而火發，守陴者於黑烟中擲磚瓦打火，燒門盡，打火亦滅，有磚瓦蓋地，地不甚熱。行隊方鱗次於門外，而第四隊周成先入，行隊皆入，成舉認旗於城上，呼眾曰：「周成第一攻。」勝傳令盡開諸門，諸軍自諸門皆入，然火燒門道，尚有火在瓦礫之下，舁水沃滅之治道，而後勝入。〔註10〕

海州一戰，韓軍顯然是計畫性的要進攻北門，因此毫不猶豫的直撲城北而去，究其因可能是海州城北臨近海岸，正常情況下不會受到攻擊，故防禦設施較弱。所以韓軍利用船隻將軍隊送到北門，發起攻擊，配合火攻，果然一舉而下海州。

八月，韓世忠手下統制官劉寶，進攻千秋湖陵駐紮的金齊聯軍。敵軍約七八千人，在千秋湖畔建立水陸硬寨，並布置大量戰船。劉寶等人正面進擊，大破敵寨，奪得戰船二百餘艘。〔註11〕

翌年三月，韓世忠與金軍在濠州（今安徽鳳陽）一帶隔淮水對峙，原計畫派遣劉寶率領船隊沿淮水夜襲濠州金軍，不意消息走漏，金軍派出騎兵迎擊，並砍伐大量樹木，準備堵塞船隊的歸路。然金軍中也有宋軍安排的間諜，

〔註9〕 《宋會要》，兵14之28，頁6992。
〔註10〕 《會編》，卷204，「王勝克海州擒偽知州王山」條，頁1b～2b。
〔註11〕 《宋會要》，兵14之31，頁6994。

將行動被識破的消息告知韓軍，韓世忠迅速追回劉寶船隊，並遣軍救援。雖處理迅速，然船隊仍被金軍騎兵追及，金軍輕騎以弓矢不斷射擊宋軍船隊，韓軍不敢戀戰，終於趕在金軍封鎖航道之前撤回。〔註12〕

紹興十一年（1141），宋廷決定收回兵權前夕，張俊與岳飛受命前往楚州點閱並撤回韓軍，岳飛舊部李寶，時在韓軍中效力，駐守於外海，受岳飛之命，在山東半島發動騷擾作戰，以掩護撤軍的行動，李寶不負眾望，成功的在山東地方引起騷動。〔註13〕

從上述幾項戰例，可以看出紹興六年至十一年的淮東戰區，韓世忠軍展現擁有優秀水軍所帶來的功效，韓軍優秀的水陸協同作戰能力，發揮出良好的功效，帶來不少勝利。

三、海陵南侵中的其他水戰

紹興三十一年的宋金戰爭中，水戰在整個戰局中發揮相當關鍵的作用，除決定性的兩次戰役是水戰外，還有其他水戰也影響著戰局的演變。如戰事之初，劉錡在淮陰與金軍對峙時，發現金軍補給船隊的行蹤，於是派遣擅於潛水者入水，鑿沈敵船，〔註14〕造成金軍相當大的損失。

金軍在荊襄戰區亦嘗試用舟船進犯茨湖，欲攻襄陽，卻因風勢不對，無法登岸。宋方鄂州前軍旗頭史俊，涉水直上敵船，諸軍隨之進擊，金軍不虞宋兵竟敢登舟近戰，驚慌之下，不及反應而被擊退，數十艘舟船被宋軍所俘獲。〔註15〕金軍荊襄戰區的統帥劉萼，在茨湖兵敗後，再無鬥志，開始展開撤軍的行動。〔註16〕淮東金軍撤退時，鄂州水軍統制楊欽率領舟師沿途追擊至洪澤鎮，擊敗金軍。當夜，鎮江府統制官吳超部將段溫，追襲金軍至淮陰縣，亦奪得許多舟船糧食。〔註17〕

可見紹興三十一年的宋金戰爭中，水戰有著相當重要的影響力。除去兩次決定性的戰役外，其他水戰也有重要的意義。茨湖之戰，使金軍中路軍開始撤退（由於海陵此時已被弒，此戰無礙大局，故非決定性的一役）。金軍的

〔註12〕　《要錄》，卷139，「紹興八年三月辛亥」條，頁2241。
〔註13〕　《要錄》，卷140，「紹興十一年六月癸未」條，頁2257。
〔註14〕　《要錄》，卷193，「紹興三十一年十月壬子」條，頁3239。
〔註15〕　《要錄》，卷195，「紹興三十一年十二月庚子」條，頁3289～3290。
〔註16〕　《要錄》，卷195，「紹興三十一年十二月辛丑」條，頁3290。
〔註17〕　《要錄》，卷195，「三十一年十二月癸丑」條，頁3298。

撤退，並非潰退，反倒是退而不亂，「其行如林，官軍皆不敢相近」，〔註 18〕因此，兩次水戰的追襲成功，更顯不易。

四、高宗朝各階段水戰的不同

綜觀前文所述的水戰，大致可以分爲三個階段：建炎三年至紹興元年（1129～1131）；紹興六年至十一年（1136～1141）；紹興三十一年（1161），每個階段各有其特色。必須說明的是，時間的不連續，是由於戰爭並非持續進行，而且不一定每次戰爭，都有足夠的水戰戰例可供討論，故只能分段進行觀察。

建炎三年至紹興元年的水戰。此期的主要戰事，即本文一、二章所述四次水戰。從一連串戰事中，可看出宋金雙方皆無大量訓練有素的水軍。建炎三年底的海道之行，宋軍的船隻是該年初負責沿海防扼事務的林之平，前往閩廣地區招募的海船。黃天蕩之役時，韓世忠船隊的船型，太過單一，雖然是受客觀環境所限制，但顯示宋軍並無正規的水軍船隊。此外，韓軍船上夾雜有婦孺及戰馬，對於金軍用火箭襲擊船隻，亦毫無應對的辦法，都顯示出來這支在江面上對金軍造成巨大威脅的宋軍，其實並未做好水戰的準備，對於如何進行水戰尙只一知半解。

建炎三年（1129）秋，金軍能夠深入江南，主因之一就是南宋不能充分運用水軍，固守長江防線。當金軍從馬家渡過江之際，在江面奮戰的南宋水軍，僅有邵青一舟十八人，〔註 19〕由此可見當時宋軍對於水戰的忽視。

宋軍在此次軍事行動中，在水戰中能多次獲得勝利，大多是出自將領的隨機應變，而非既定的政策。「黃天蕩之役」，韓世忠雖是獲得高宗的認可，才前往鎮江攔截金軍，但此亦屬韓世忠個人的判斷，而非在朝廷指揮下的作爲，從宋廷對支援韓軍一事引爆朝野紛爭來看，宋廷對於狙擊北返金軍一事，事前毫無計畫，事發時反應遲緩，事後也未檢討，〔註 20〕顯然對於運用水軍與金軍作戰，未嘗有任何規劃。

「太湖之戰」，是陳思恭「擅自行動」的結果；「縮頭湖之役」，張榮軍雖打著宋軍的旗號，但實際上是民兵義軍，行動與宋廷無關。這個階段的水戰，

〔註 18〕 《要錄》，卷 195，「紹興三十一年十二月壬寅」條，頁 3291。

〔註 19〕 《要錄》，卷 19，「建炎三年十一月甲子」條，頁 575。

〔註 20〕 前文提到范宗尹被彈劾下臺時，此事被列爲罪狀之首，只是藉口，並非主因。

大概只有「海道之行」是宋廷規劃後的行動。因此，從此次水戰中，宋廷在事前事後的反應來看，對於水戰的準備及規劃，極為不足。

第二階段的水戰（紹興六年至十一年），雖無比較重要的決定性戰役，但此階段宋軍是計畫性的應用水軍作戰，長期駐防淮東地區的韓世忠軍，在幾次戰事中成功的運用水軍作戰，是最具代表性的例子。

前述的戰例中，韓軍舟師最主要的作用是運輸，不論是糧食器械，或是作戰人員，都可以藉助戰船進行移動，不僅轉移迅速，而且可以日夜行軍。韓軍敢用水軍運輸，先決條件是要有優秀的水軍護航，故此階段中，雖無大規模或影響巨大的水戰，但亦可見韓軍水師的實力。然必須指出的是，此階段水軍的運用，僅是各地方或將領自行其事，缺乏政府統一整合。

第三階段的兩大水戰（紹興三十一年），可以看到雙方動員大量船隻及人員，有計畫性的進行戰略行動。金國動員數量龐大的船隻，準備從海上進攻南宋，這次進攻並不是騷擾，或是「疑兵」，而是作為「奇兵」使用。南宋則是勇於利用水軍出擊，消滅從海道而來的金軍，並威脅金軍的側翼，可見宋金雙方都已正視水軍的價值。

另外，從此次戰爭中，可以看到南宋水軍實力的成長，制訂以水軍為主的戰略戰術，讓水軍能發揮威力。當金軍從海道南下的消息被證實時，南宋有兩個選擇，一是固守沿岸，等待金兵登陸給予迎頭痛擊。一是率先出擊，尋找金軍船隊進行海上會戰。如南宋水軍實力不足，便只能作前一種選擇，如此即顯得被動，但宋廷對於水軍具有信心，勇於採取積極行動。

宋軍在鎮江對峙之際，所制訂的守江戰略，即將水軍的實力納入其中，也有行動規劃，甚至在追擊撤退的金軍時，水軍也獲得相當大的戰果，成為宋軍扭轉局勢的關鍵。

第二節　高宗朝水軍建置的重視

南宋能夠在水戰中屢佔上風，固然因素很多，但主要還是國防政策注重水軍建設，其中最顯著者是常備水軍的建置。宋代水軍的建置，其實自北宋太祖朝即開始，太祖為平服南唐特別著重水軍及戰船的建設，但待南唐平定之後，水軍相對鬆弛，然真宗朝尚歲習不輟，但此後水軍大抵用來平定內亂，除山東半島地區駐防有四指揮約二千名軍力的水軍，用以防備遼東半島

外，其他水師與國防脫節，其重要性被逐漸漠視。〔註21〕直至宋室南渡，水軍的建設才再度被重視。下文將略述高宗朝各主要水軍的番號及隸屬單位，來說明高宗朝水軍建置的概況。

　　南宋國防力量的建設幾乎是重新開始，因北宋舊有的軍事建制，在對金軍事挫敗中，已名存實亡。南宋軍事實力的重建，是高宗初年許多將領在抵抗金國軍隊的過程中，逐漸收攏潰兵，招撫盜賊，才初步建立起屬於將領個人的「家軍」。之後南宋朝廷透過政治手段，將軍權收歸中央，經歷過一段時間的重整，始建立起符合南宋國防需要的軍隊。簡言之，高宗初年的軍力，是從雜亂無章，逐漸整合成幾支力量，最後一舉收歸中央，而水軍的建置過程，亦相彷彿。

　　高宗朝初期，水軍並無一定的主管機關，及系統化的組織架構，雖然史料中有以「水軍制置司」為名的機構存在，〔註22〕但並未見其發揮過功能。南宋肇建之初，並無編制完整的水軍，故李綱任相時的國防重點項目之一，就是建立水軍。〔註23〕雖然李綱的政策，因其任期短暫，未得貫徹，〔註24〕但呼籲訓練水軍，建造戰船的政策，還是不斷的被提出，如紹興五年（1135），高宗曾下令歷任宰執官上書討論戰守大計，《要錄》所見的十一份奏章中，提到要加強水軍建設以堅實江海防禦者，即有呂頤浩、李綱、李邴、韓肖冑等人。〔註25〕可見南宋最早的十年時間，組建水軍的工作一直受到朝野的持續關注。

　　由於高宗朝水軍的史料比較零散，故無法進行全面性、系統性論述，故就各支水軍隸屬的層級，分為直屬中央、軍區及地方政府三方面進行整理。

一、樞密院及三衙的水軍

　　理論上所有的軍隊都應歸朝廷管轄調度，但實際上南宋初年，諸大將或

〔註21〕關於北宋水軍的建置，可以參見黎周寶珠，〈宋代水師之建立及其影響〉（香港大學碩士學位論文，1970 年），頁 10～39。王曾瑜，《宋朝兵制初探》（北京：中華書局，1983 年），頁 169～170。譚溯澄，〈宋代之軍隊〉（臺北：國立政治大學政治學研究所博士論文，1983 年），頁 2 之 30～2 之 32。

〔註22〕《要錄》，卷25，「建炎三年七月乙酉」條，頁 508。

〔註23〕《要錄》，卷6，「建炎元年六月己卯」條，頁 162。〔宋〕李綱，《李綱全集》，卷 62，〈奏議・乞造戰船募水軍札子〉，頁 666～667。

〔註24〕《要錄》，卷10，「建炎元年十月乙丑」條，頁 233。

〔註25〕《要錄》，卷87，「紹興五年三月癸卯」條，頁 1450～1462。

是如都督府等，節制一方，有便宜行事之權的機構，其下所屬的軍隊，政府難以直接調動，故此下介紹的主要是屬「三衙」、樞密院系統的水軍。

根據《宋史・兵志》的記載，高宗朝設立了五支水軍，分別是建炎年間設置的「沿江水軍」；建炎四年（1130），一百五十人的「池州（今安徽池州）清溪鴈汊控海水軍」；紹興元年（1131），組建二千人的「兩淮水軍」；而紹興年間還設置「明州水軍」，和一百五十人的「福州（今福建福州）荻蘆、延祥砦水軍」。〔註26〕這些水軍應皆屬中央直轄。

三衙及樞密院，所掌握的一些水軍，因資料零散，僅能逐一列舉，以觀其概要。隸屬樞密院者，大多以會在職銜前冠以「樞密院」三字，如御前忠銳軍一員的邵青，此前即是隸屬樞密院的水軍統制。〔註27〕另外在「海道之行」中，率軍衝擊金軍追擊船隊，建立戰功的張公裕，雖然日後成爲沿海制置司的主力，但此前的職銜一直是「樞密院提領海船」。〔註28〕曾任鄂州路安撫使的李允文，麾下有水軍將領張崇，〔註29〕李允文因不遵朝令，被宋廷列爲叛賊，遭張俊率兵征討，而張崇投降後被任命爲樞密院水軍統制官，然不久後被撥歸江東大使李光統領，〔註30〕最後歸於韓世忠麾下。〔註31〕從上述幾例可見，紹興初年時樞密院所掌管的水軍，並無一定的編制，隨時會抽調到其他單位。

三衙亦各有水軍，如紹興二十九年（1159）十月，知臨安府趙子潚在籌備迎回欽宗梓宮一事時，擔憂渡江船隻不足，向三衙軍各借調馬軍船十艘，以及水手若干人。〔註32〕

日後成爲殿前司的楊沂中所部神武中軍，在紹興三年（1133），揀選水軍五百人組成第六將，〔註33〕翌年即被調派往平江府駐守。〔註34〕紹興二十八年（1158）九月，殿前司又組建一隻「虎翼水軍」，〔註35〕據《宋會要》所載，

〔註26〕　《宋史》，卷188，〈兵志・禁軍下〉，頁4632～4634。
〔註27〕　《要錄》，卷51，「紹興二年二月丁丑」條，頁905。
〔註28〕　《要錄》，卷29，「建炎三年十一月辛未」條，頁580。
〔註29〕　《要錄》，卷35，「建炎四年七月是月」條，頁684。
〔註30〕　《要錄》，卷52，「紹興二年三月癸丑」條，頁921。張崇投降見《要錄》，卷41，「紹興元年正月乙丑」條，頁760。
〔註31〕　《要錄》，卷55，「紹興二年六月丙辰」條，頁974。
〔註32〕　《要錄》，卷183，「紹興二十九年十月戊辰」條，頁3058。
〔註33〕　《要錄》，卷62，「紹興紹興三年正月戊寅」條，頁1064。
〔註34〕　《要錄》，卷82，「紹興四年十一月庚戌」條，頁1346。
〔註35〕　《要錄》，卷180，「紹興二十八年九月戊寅」條，頁2985。

紹興十年（1140）已有招募水軍組成「虎翼水軍」的相關規定，〔註36〕雖不知是否順利成軍，但至少紹興十年，宋廷就已有建立「虎翼水軍」的構想。

前述的「明州水軍」亦是隸屬殿前司，〔註37〕而「福州荻蘆、延祥砦水軍」，在紹興三十年（1160）時屬明州水軍，〔註38〕自亦屬殿前司所管轄。徐文叛變投向劉齊後，曾向劉豫報告過南宋臨安、明州一帶的水軍部防狀況，他說臨安城有船兩百隻，昌國縣亦有大批的船隊，皆是宋廷爲逃亡海上所做的準備，〔註39〕這批船隊應是直屬南宋中央，很可能就是前面所提到的「明州水軍」，主要任務當是預備宋室出逃時所用。

殿前司水軍實力應該不弱，至少在打擊海盜等治安任務上，表現不錯。紹興二十年（1150）六月，殿前司水軍統制王交，率軍清剿浙東海寇林軍入等，大獲全勝。〔註40〕

侍衛步兵司在紹興六年（1136）時，接管湖北安撫司軍中的水軍，〔註41〕另曾屬其主管的御前忠銳軍，其中就有不少水軍。高宗初年由於軍制紊亂，組成人員複雜等因素，先後出現御營司、神武軍、行營護軍和御前忠銳軍等臨時性的制度，除御前忠銳外，其他制度對軍隊的約束力十分有限。而御前忠銳軍中的水軍，佔有較大的比例。

御前忠銳軍創立於紹興二年（1132），是南宋中央在重建軍力的過程中，所運用的手段之一，創建之初的軍力，《要錄》記載如下：

> 詔閤門宣贊舍人崔增、樞密院准備將領趙延壽、單德忠、李振、徐文、武功大夫李捧、樞密院水軍統制邵青所部兵分爲七將，以御前忠銳爲名，內增、青仍作水軍，並隸侍衛步軍司，非樞密院得旨毋得擅發，仍鑄印賜之。〔註42〕

上述七支軍隊雖是隸屬侍衛步兵司，但實際上是歸樞密院所管，但樞密院不得高宗旨意，也無權動用，可見高宗有意直接掌握這些軍隊。此外，這七支軍隊皆是盜賊或義軍，顯見高宗組建御前忠銳軍的用意，是想透過整編這些

〔註36〕 《宋會要》，食貨50之18，頁5651。
〔註37〕 《要錄》，卷156，「紹興十八年閏八月乙酉」條，頁2567～2568。
〔註38〕 《要錄》，卷185，「紹興三十年六月戊申」條，頁3102。
〔註39〕 《金史》，卷77，〈劉豫〉，頁1761。
〔註40〕 《要錄》，卷161，「紹興二十年六月甲寅」條，頁2614；卷173，「紹興二十六年七月丁巳」條，頁2859。
〔註41〕 《要錄》，卷102，「紹興六年六月辛丑」條，頁1665。
〔註42〕 《要錄》，卷51，「紹興二年二月丁丑」條，頁905。

零星的武力，逐步重建中央的軍隊。

　　此後御前忠銳軍迭有變動。紹興二年四月，以趙琦任第八將。〔註43〕紹興二年九月，以張守忠取代叛變的趙延壽爲第二將。〔註44〕紹興三年（1133）正月，任命由山東泛海南歸的范溫爲第四將，接替稍早已改任紹興府兵馬鈐轄的邵青軍。〔註45〕紹興三年四月，任命史康民爲第九將。〔註46〕紹興三年六月，增加王林軍爲第十將。〔註47〕紹興三年九月，御前忠銳除第五將以外，皆撥付張俊。〔註48〕

　　值得注意的是，御前忠銳成立之初，雖謂僅崔增、邵青二支軍隊是水軍，但仔細分析幾位將領後，可以發現這些軍隊至少半數是水軍。徐文的資歷，前已略論，此僅言其早期經歷。徐文是密州人，建炎年間在山東聚眾自保，後率所部五千人，海船一百五十艘泛海南歸，〔註49〕曾以舟師駐守明州定海，〔註50〕沿海制置司成立時，徐文所部就是主力之一。〔註51〕徐文後雖叛宋，〔註52〕但其所部一直都是水軍，當無疑義。

　　邵青所率領的軍隊，是南宋初年著名的水上勢力，縱橫長江上下，叛服不定，曾長期盤據崇明島，對宋廷造成相當大的威脅，最後被劉光世所招撫。〔註53〕崔增則是北宋末年的潰軍領袖，集結數艘舟師攻下譙湖水寨後，發展成擁有數百艘舟師的水上武裝勢力，一度包圍太平州，後爲呂頤浩所招撫。崔增率領水軍，參與平定楊么的作戰，顯見其水軍實力在高宗朝初年頗受重視，然他於該役中戰死。〔註54〕

〔註43〕　《要錄》，卷53，「紹興二年四月己丑」條，頁937。

〔註44〕　《要錄》，卷58，「紹興二年九月癸酉」條，頁1008。趙延壽叛變，見《要錄》，卷54，「紹興二年五月丁丑」條，頁956。

〔註45〕　《要錄》，卷62，「紹興三年正月丁丑」條，頁1064。邵青改任見《要錄》，卷54，「紹興二年五月壬午」條，頁957。

〔註46〕　《要錄》，卷64，「紹興三年四月戊申」條，頁1095。

〔註47〕　《要錄》，卷66，「紹興六年三月戊申」條，頁1123～1124。

〔註48〕　《會編》，卷155，「神武後軍及御前忠銳十將軍馬皆撥付張俊」條，頁16b。

〔註49〕　《要錄》，卷34，「建炎四年六月壬辰」條，頁668。

〔註50〕　《要錄》，卷47，「紹興元年九月戊戌」條，頁842～843。

〔註51〕　《要錄》，卷62，「紹興三年正月甲子」條，頁1059。

〔註52〕　《要錄》，卷64，「紹興三年四月辛亥」條，頁1097。

〔註53〕　邵青生平，參見陳學霖，〈「水寇」抑「義軍」？──南宋初邵青事蹟考述〉，《香港中文大學中國文化研究所學報》2000年第九期，頁191～213。

〔註54〕　《要錄》，卷33，「建炎四年五月是月」條，頁655；卷35，「建炎四年七月癸丑」條，頁676；卷39，「建炎四年十一月己未」條，頁738；卷70，「紹興

　　除以上三者外，單德忠一軍也可能是水軍。單德忠本是邵青部將，當邵青尚在猶疑是否接受劉光世的招安時，單德忠率先表達接受招安的意願，並當場斬殺反對的將領，促成邵青就撫。事後單德忠爲宋廷拔擢爲將，率部曲獨立成一軍。〔註55〕由於單德忠軍是從邵青軍中獨立出來，故亦應是水軍。

　　接替邵青軍的范溫，出身與徐文頗爲相似，皆是建炎年間於山東外海聚眾抗金，爲呂頤浩所招撫，之後因局勢逐漸困難，率眾泛海南歸。〔註56〕第八將趙琦軍，是浙東福建沿海制置司成立之初的兩支主力軍之一，另一軍就是張公裕。〔註57〕故范溫、趙琦兩軍應屬水軍。

　　由於御前忠銳軍這一個編制存在的時間不久，且史料並不多，故無法仔細的評估各支軍隊的實力，所以御前忠銳軍中水軍的比重，僅能由從將領的出身及經歷，作些簡單的量化分析。經粗略統計後，發現御前忠銳軍初創時的七將中，有崔增、邵青和徐文三將是水軍，另單德忠軍也極可能是水軍，故水軍比例當超過半數。而御前忠銳前後十二位將領，其中確定是水軍的有三支，可能者也有三支，約佔半數。可見在高宗所掌控的這支軍隊中，水軍至少有接近半數的比例。

二、各大軍區的水軍

　　此處所指的軍區，即是南宋爲因應國防需求，將一個或數個行政區劃爲一個特殊的軍事區，具代表性的就是幾位大將的「宣撫司」。此外，還有下列機構的水軍也在討論之列：爲主持江淮前線軍務的都督府，又稱都督諸路軍馬，先後由呂頤浩、趙鼎及張浚等重臣負責。〔註58〕專門負責海防的「沿海置制司」，〔註59〕以及解除大將軍權之後的「御前軍」。

　　經過建炎年間的紛亂後，眾多武力在互相兼併之下，劉光世、張俊、韓

三年十一月癸亥」條，頁1180。
〔註55〕《要錄》，卷48，「紹興元年十月己巳」條，頁858；卷50，「紹興元年十二月辛巳」條，頁889。
〔註56〕《要錄》，卷34，「建炎四年六月壬辰」條，頁668；卷44，「紹興元年五月丙辰」條，頁802；卷57，「紹興二年八月辛亥」條，頁998。
〔註57〕《要錄》，卷58，「紹興二年九月癸酉」條，頁1008。
〔註58〕《宋史》，卷167，〈職官七・大都督府〉，頁3954～3955。
〔註59〕熊燕軍，〈南宋沿海制置司考〉，《浙江大學學報（人文社會科學版）》三十七卷一期，頁47～55。

世忠、吳玠和岳飛等幾位武將所帶領的軍隊實力逐漸壯大，脫穎而出，成爲高宗朝初年的作戰主力。〔註60〕

　　幾位大將所率領的軍隊，在用得上水軍的長江中下游地區，又以劉光世、韓世忠、張俊和岳飛等「四鎮」最爲重要。劉光世軍水軍主將爲李進彥，統有五千一百五十二人。〔註61〕李進彥原是韓世忠部將，建炎三年（1129）韓軍潰於山東沭陽（今江蘇沭陽），李進彥入海聚眾數千抗金，後渡海南下投降呂頤浩，〔註62〕爲劉光世收編的時間則不詳。

　　韓世忠軍確知有水軍番號，史籍中可見曾隸屬於韓世忠麾下的水軍將領則有：張崇、耿進、〔註63〕祁立、〔註64〕郭宗儀等人，〔註65〕然耿進因遭人構陷下獄，故未正式在韓世忠軍中效力，其軍隊則是被收編。〔註66〕另李寶於韓世忠麾下時，駐守於外海，顯然也是率領水軍。韓世忠爲厚實水軍戰力，甚至試圖招安擁有強大水軍的楊么，後來招撫不成。〔註67〕韓軍水軍數量也不詳，但從前述韓軍的作戰方式來看，其全軍都有一定的水戰能力。

　　張俊軍似無水軍番號，但他擁有的戰船，質量不差，至少有三百餘艘戰船，其中有許多巨大的車船，如長至三十餘丈者。〔註68〕岳飛則是在平定楊么亂事後，收編船隻千餘艘及大量的水手，組成水軍，故「鄂渚水軍之盛，遂爲沿江之冠」。〔註69〕

　　雖然四鎮各擁水軍，皆具有相當程度的水上戰力，〔註70〕但從實際的戰績進行檢驗，除韓世忠曾充分運用其水軍參與作戰外，其他三支軍隊的水戰

〔註60〕　參見石文濟，〈南宋中興四鎮〉，頁103～146。

〔註61〕　〔宋〕岳珂編，王曾瑜校注，《鄂國金佗稡編續編校注》（北京：中華書局，1989年2月），卷6，〈鄂國金佗續編·絲綸傳信錄卷之七·督府令收掌劉少保下官兵劄〉，頁1251。

〔註62〕　《要錄》，卷37，「建炎四年九月是月」條，頁715。

〔註63〕　《要錄》，卷55，「紹興二年六月丙辰」條，頁974。

〔註64〕　《要錄》，卷76，「紹興四年五月丁巳」條，頁1251～1252。

〔註65〕　《要錄》，卷138，「紹興十年十二月是月」條，頁2225。

〔註66〕　《要錄》，卷59，「紹興二年十月乙巳」條，頁1024。

〔註67〕　《要錄》，卷59，「紹興二年十月己酉」條，頁1025～1026。

〔註68〕　〔宋〕葉夢得，《石林奏議》，卷9，〈堂白乞立定水軍人數修戰船劄子〉，頁3b。

〔註69〕　〔宋〕岳珂編，王曾瑜校注，《鄂國金佗稡編續編校注》，卷6，〈鄂國金佗稡編·鄂國行實編年卷之三〉，頁331。《要錄》，卷90，「紹興五年六月丁巳」條；卷91，「紹興五年七月丙子」條，頁1515。

〔註70〕　四鎮的水軍，可參見王曾瑜，《宋朝兵制初探》，頁139～141、170～172。

實績，恐遠不及韓世忠。雖然如此，四鎮皆具備水戰的能力仍有其威懾力，金軍未做好對付四鎮水軍的規劃之前，當不致於輕啓戰端，故其他三將的水軍，雖然缺乏實際戰績證明其能力，但也具有戰略嚇阻的作用。

紹興十一年（1141），諸大將的軍權被解除後，原來的軍隊成為御前軍，全稱為「某地駐箚御前軍」，御前軍是原四鎮系統的軍隊，自然也有水軍的建制。如《要錄》有「建康府駐箚御前軍水軍中軍統制」李進彥，於紹興二十四年（1154）五月遷一官的紀錄。〔註71〕該隻水軍既有「中軍」之稱，當有其他如左軍、右軍之類的平級建制，顯見水軍規模不小。采石之役動用的水軍，應即建康府駐箚御前軍中的水軍，主要將領則是盛新。

鎮江府駐箚御前軍中也有水軍的編制。紹興三十年（1160），宋廷命鎮江府駐箚御前軍派遣水軍戍守崑山黃魚垜（今江蘇崑山），但都統制劉寶抗命不行，迫使宋廷抽調明州水軍三百人執行該任務。〔註72〕紹興三十一年（1161），劉錡接手鎮江軍務，在整頓軍隊時，罷去一批將領的軍職，其中就有鎮江府駐箚御前軍水軍副統制李輔在內。〔註73〕

鄂州駐箚御前軍，前身即岳飛軍，岳飛收編楊么的降軍戰船之後，水軍實力強盛。在紹興三十一年的戰事中，鄂州水軍雖未及參加大戰，但是其奔走支援長江下游的鎮江，以及參與對金軍的追擊，〔註74〕也負擔不輕的任務。

張浚主管都督行府時，在紹興五年（1135）大力組建水軍，該年八月建立橫江水軍十指揮，約五千人。軍力的來源是為平定楊么之亂所籌建的湖南水軍，以及楊么黨羽較早接受招安的周倫軍。〔註75〕十月，接受招安的海寇朱聰，被任命為都督府水軍統制，率海船三十艘駐守鎮江。〔註76〕

宋廷為海防所設立的沿海制置司中，自有為數不少的水軍，根據近人的研究，高宗時曾隸屬過沿海制置司的水軍有：樞密院提領海船張公裕部、御前忠銳第八將趙琦部、御前忠銳第七副將宋穩部、御前忠銳第七將徐文部，

〔註71〕 《要錄》，卷166，「紹興二十四年五月丁巳」條，頁2716。

〔註72〕 《要錄》，卷185，「紹興三十年七月戊寅」條，頁3105。

〔註73〕 《要錄》，卷190，「紹興三十一年五月甲申」條，頁3170。

〔註74〕 《要錄》，卷195，「紹興三十一年十二月庚子」條，頁3288；卷195，「紹興三十一年十二月癸丑」條，頁3298。

〔註75〕 《要錄》，卷92，「紹興五年八月癸亥」條，頁1540。

〔註76〕 《要錄》，卷94，「紹興五年十月癸丑」條，頁1555～1556。

以及明州定海水軍。〔註77〕很顯然沿海制置司不會僅有這些水軍，但現有史料並無法提供更詳盡的資訊。

三、地方政區的水軍

地方政區就比較簡單，即南宋行政區中的府州縣，這些水軍偏近地方軍性質，大多負責治安任務，較少負擔軍事任務。但地方的水軍，在國防情況危急的時候，很可能被調派到前線輔助作戰，補充戰力。同樣因為資料的不足，地方水軍並無法作比較全面的介紹，僅能就現有材料，舉例說明。

紹興五年（1135），時任知江州（今江西九江）兼管內安撫使的程昌寓遭彈劾罷免，其罪行中就有一項「招刺水軍，多不由人情願」。〔註78〕程昌寓所招刺的水軍，當是為徵討楊么所準備。

紹興十二年時（1142），建康府水軍將領郭吉，因屢立戰功，故官復原職。〔註79〕因未言明郭吉是御前軍，故應是屬建康府的水軍。楚州鹽城縣亦有水軍編制，該地海道水軍將領朱孌因奮勇作戰，致與敵偕亡，因朱孌無妻子，故於紹興五年時賞賜朱孌之妹。〔註80〕

廣東地區也有水軍，紹興六年（1126）六月，為平定海盜鄭廣，沿海置制司水軍及廣州（今廣東廣州）水軍聯合出兵，與鄭廣戰於廣東新會縣（今廣東江門），軍敗損失慘重。〔註81〕鄭廣日後被招安，成為南宋水軍。〔註82〕

福建地區亦有水軍。紹興三十年（1160）九月，福建安撫司水軍統領鄭慶因駐守該地十八年，防扼海道無虞，故獲得升遷。〔註83〕顯見福建至晚在紹興十二年就已經有水軍的建制。另外，前述隸於殿前司的「延祥寨水軍」，應有一段時間是隸屬福建帥司轄下，〔註84〕然不知確切時間為何，但至遲紹興三十年已劃歸殿前司。

從前文的論述中，可以看到高宗朝水軍的數量並不少，而且從中央到地

〔註77〕　熊燕軍，〈南宋沿海制置司考〉，頁55。
〔註78〕　《要錄》，卷92，「紹興五年八月癸卯」條，頁1530。
〔註79〕　《要錄》，卷145，「紹興十二年六月甲子」條，頁2329。
〔註80〕　《要錄》，卷84，「紹興五年正月癸亥」條，頁1381。
〔註81〕　《要錄》，卷102，「紹興六年六月丁未」條，頁1667。
〔註82〕　《要錄》，卷104，「紹興六年八月甲辰」條，頁1696。
〔註83〕　《要錄》，卷186，「紹興三十年九月丁丑」條，頁3115。
〔註84〕　〔宋〕岳珂，《桯史》，卷4，〈鄭廣文武詩〉記云：「海寇鄭廣……有詔勿捕，命以官，使主福之延祥兵，……延祥隸帥閫……」。（頁41）

方皆備有水軍，顯見宋廷對於水軍建設非常重視。

第三節　宋金水軍將領的落差

在古代的戰爭型態中，指揮官的優劣，往往是一場戰事的勝敗關鍵，而高宗朝宋金水戰，通常以宋方勝利結束，其中重要因素之一，便是雙方指揮官水戰能力的落差。以下先略析幾次水戰中，宋金雙方將領的表現，再論述雙方主要的差距在何處。

一、南宋將領的表現

高宗朝幾次重要的宋金水戰中，幾位將領的抉擇及指揮，關係成敗十分重大。「明州之戰」的指揮官張俊，運用舟師與陸軍協同作戰，而率領舟師的楊沂中與李質，也順利達成任務。「海道之行」時，張公裕率軍攔截金國追擊船隊，在惡劣的天候中，成功將金軍船隊衝散。「太湖之戰」中，陳思恭藉江南水道縱橫的地勢，利用水軍有效襲擊金軍。韓世忠「黃天蕩之役」雖然最後功敗垂成，但對於水軍威力的展現，卻最為成功，所造成的影響更是遠大過前面三次，使金軍留下深刻的印象。

紹興三十一年，「膠西之役」的指揮官李寶，從一開始的組建水軍、策劃北進，到具體的指揮作戰，都表現得十分出色。「采石之役」中，虞允文等人在戰術上的表現雖不出奇，但卻相當合理，沒有露出太大的破綻。在這幾次水戰中，宋軍指揮官都能發揮一定水準的作戰能力。

但分析幾位主要指揮官的出身和經歷後，可以發現許多人都不是專業的水軍將領。其中除張公裕一直以帶領海船為主，另李寶在韓世忠麾下時，有在海外執行任務的經驗，可算是專業的水軍將領外，其他如張俊、韓世忠兩人是西兵出身，陳思恭亦是以陸戰為主，虞允文則是文人，這些人皆非專業的水軍將領。其中韓世忠後來長期負責淮東地區的防務，對於運用水軍作戰累積豐富的經驗，是從非專業水軍將領成長到專業的例子，然因他在指揮黃天蕩之役時經驗尚淺，故暫時劃歸非專業一類。

簡單統計後發現，在六位主要指揮官中，專業水軍將領僅二人，非專業者有四人。雖然非專業指揮官麾下，常有熟悉水戰的部屬，負責操作水戰的事宜，如「采石之戰」負責水戰具體事務的是盛新，上節論述高宗朝主要水軍時，也提到不少水軍將領，顯見宋軍不乏中低階的專業水將。雖說有許多

專業的將領，但掌控整體布置的最高指揮官，仍然需對水戰有一定的理解，才能妥適安排水軍的角色。可見南宋的將領或指揮官，不論是否具有水軍專業，多能在戰事中合理運用水軍。

二、金國主要的水軍將領

本文所述的幾次水戰中，金國方面可以確知的幾位指揮官，分別是阿里、兀朮、蘇保衡和完顏鄭家。此四人僅有阿里一人是專業的水軍將領，其他三人中兀朮是金國名帥，但並非專業的水軍將領，另蘇保衡及完顏鄭家兩人的軍事經歷相當淺薄，連將領都稱不上。

阿里是金國軍方著名的水軍將領，在建炎三年金軍進攻南宋的戰事中，多次在水戰中建功，其最著名的一戰自然是入海追擊高宗三百里。阿里所率領的金軍，從長江南岸一路追擊高宗至明州，陸上轉戰千里後，居然可以在第一時間繼續下海追擊，顯見阿里對於水戰深具信心。另外，「黃天蕩之役」時阿里亦在軍中，金軍北返時，他率軍抵達鎮江，與韓世忠軍進行第一波的交鋒。雖然金國水軍大都處於劣勢，卻始終未受到致命性的打擊，其中應該就有阿里的貢獻。

除阿里外，金國軍中還有許多水軍將領，如海陵南侵前組建水軍時，就有不少將領參與其事，負責統管水軍者，有徐文、靳賽、孟彬、王大刀等人。〔註85〕另外，海陵起兵前因東海縣爆發叛亂，派遣徐文率領張弘信、李惟忠、蕭阿窊等人及舟師九百，前往平亂，〔註86〕這些人亦應該是水軍將領。其中徐文的重要性無須再提，另靳賽亦是從南宋叛逃至北方的武將，其他幾人經歷出身雖不知，然從姓名來看，南方人的成分居多。

這些南宋降將的水戰實力，雖大多不清楚，但以徐文爲例，或可窺知一二。徐文叛宋時，從明州沿路轉戰，面對朱師閔、趙琦及沿海制置司水軍等部隊的攔截與追擊，〔註87〕並未落居下風，成功的渡海至山東。顯見其在統領水軍作戰上，相當具有水準。在他甫投靠劉豫之初，即制訂從海上攻宋的計策，〔註88〕顯見此人頗具戰略眼光。

〔註85〕　《會編》，卷230，〈崔淮夫箚子〉，頁5a。
〔註86〕　《金史》，卷5，〈海陵紀〉，頁111。
〔註87〕　《要錄》，卷64，「紹興三年四月辛亥」條，頁1079；卷65，「紹興三年五月丙辰」條，頁1101。
〔註88〕　《金史》，卷77，〈劉豫〉，頁1761。

　　簡單檢視金國水軍將領的數量與實力，可發現金軍不乏專業水軍將領，但他們大多是從南宋投降，擔任中下層軍官，實際作戰時指揮水軍者，往往不知水戰為何物，水師降將便難以發揮了。

三、宋金雙方指揮官的落差

　　宋金雙方水軍在高宗朝直接交鋒的機會僅有一次，即「膠西之役」，此次完顏鄭家與李寶的對抗，很明顯可以看出專業與非專業的差距。除此之外，宋金雙方並無水軍直接交鋒，因此要直接比較宋金雙方指揮官的水戰能力，案例不夠多，結果也不具普遍性。但觀察同一陣營各個指揮官的表現，發現專業與非專業之間的落差，可能是影響雙方勝敗的一個重要因素。

　　前文對宋金雙方的將領及指揮官，以出身和經歷為標準，作簡單二分法，劃分為專業及非專業的水軍將領兩類。雖然這樣的分類並不嚴謹，原本理應評估這些將領在水戰中的表現，才能做出比較準確的分別，但現有資料只能評價少數一二人的水戰素養，故僅比較簡單地觀察個人是否有過多次率領水軍作戰的經歷來作判斷。

　　南宋這兩類將領指揮水戰時的表現，並未出現太大的落差，簡言之，不論是專業或非專業，在運用水軍作戰上，都可以做出適當的安排。如「黃天蕩之役」中韓世忠指揮水軍的能力，與「膠西之役」中的李寶相較，其實差距並不大。李寶清楚地指出要運用海軍主動出擊，尋找金軍船隊進行決戰，韓世忠則看出鎮江是可以運用水軍攔截的地點，顯見兩人都是從水軍的角度思考。實際作戰時，兩人的戰術能力也相去不遠，都是以較少的兵力對抗數量龐大的金軍，還能保持優勢與主動。

　　金國水軍將領實力的落差就比較大，從所收集的幾個例子來看，能夠比較清楚其水戰實力的，僅有阿里與徐文二人。阿里被時人譽為「水星」，多次靠水戰獲得功勳，《金史》稱其「大小數十戰，尤習舟楫，江淮用兵，無役不與」，〔註89〕顯見其水戰能力並不遜於宋人。徐文本就是南宋水軍將領的佼佼者，能力之強無庸置疑。這兩人與南宋的專業水軍將領對陣，並不遜色。但非專業水軍將領，如完顏鄭家則是完全不熟悉如何進行水戰。

　　因此，如果從指揮官的優劣來分析宋金水戰的勝敗因素，宋金雙方關鍵性的差距在於宋軍素質平均，金軍落差較大，亦即雙方優秀的將領能力差距

〔註89〕　《金史》，卷80，〈斜卯阿里〉，頁1798～1801。

並不大，但在非專業將領臨時指揮水戰時，宋軍的表現明顯優於金軍，而宋金水戰的交鋒中，常常出現不懂水戰者，要「客串」水戰指揮官的任務，此時將領平均素質較高的宋軍，自然較佔上風。

所以宋金水軍將領的差距，出現在非專業水軍將領的表現。南宋非專業水軍將領擔任指揮官時，表現不比專業者差。但金軍的非專業水軍將領，卻不能做出正確的決定。

這種落差原本不至於成為致命的缺失，高宗朝的宋金戰史中，雖發生過多次水戰，金軍屢居下風，因水師本非金軍決勝的軍種，金軍也很少組織正規的水軍。然而紹興三十一年的軍事行動中，金軍首度（也是唯一一次）大規模的組織水軍，卻派遣兩位不適任者擔任指揮官，而完顏鄭家一次錯誤的決策，導致這支水軍遭到毀滅性的打擊。

第四節　南宋技術的優勢

南宋水戰技術的先進，在面對蒙元的作戰中，表現得相當出色，其中戰船的先進以及作戰手段的多元，深受重視。〔註 90〕追溯起源，這兩個特色在高宗朝對金作戰時就已經呈現，以下試就戰船以及作戰方式略作介紹。

一、戰船的特色與運用方式

（一）大型船隻為船隊組成主體

南宋時人章誼曾對如何在水戰中運用不同大小的船隻，有著如下的見解：

> 臣聞古兵法：舟師有三等，舟之大者為陣腳船，其次為戰船，其小者為傳令船。蓋置陣尚持重，故用大舟；出戰尚輕捷，故用其次；至於江海波濤之間，旗幟金鼓難以麾召進退，故用小舟。由此觀之，凡舟之大小，皆可以為守戰之備，不必皆用大舟然後濟也。〔註 91〕

此番文字雖然旨在說明船隻不論大小，都有適合的作用，但其中透露出一個訊息，當時船隻的使用，有著注重大型的趨勢，甚至是迷思。大型船艦

〔註 90〕　參見李天鳴，《宋元戰史》（臺北：食貨出版社，1988 年），頁 1991～2006、2023～2027。

〔註 91〕　《要錄》，卷 46，「紹興元年七月丁未」條，頁 824。

的優勢，在於近戰的威力，高
大強壯的船體，可以直接衝撞
敵船，也可居高臨下攻擊敵
軍，接舷戰時，大船可以搭載
的士兵較多，在數量上也具有
優勢。

圖4-1：《武經總要》鬬艦

資料來源：《武經總要前集》，卷11。

　　除去船體本身的優勢外，
大型船艦在實際作戰中的戰
績，可能也是宋軍樂於採用大
型船艦的原因。「黃天蕩之役」
中，韓軍運用海船高大的優
勢，對金軍造成相當大的打
擊。此外，洞庭湖楊么軍在與
宋軍作戰時，高大的車船重創
宋軍。因此，宋廷對於大型船艦的威力，有著深刻的認識。

　　雖然大型船隻的威力巨大，但宋人也很清楚要有其他的船隻相配合，
否則一味追求高大，雖有明顯優勢，但缺點亦同樣顯著，如轉動不靈活，緊
急情況的反應比較遲緩。故宋廷也會生產中小型船隻，負起其他的角色任
務，如紹興五年（1135）五月，宋廷下令生產一批小型車船，其理由是「緩
急遇敵，追襲掩擊，須用輕捷舟船相參」。〔註92〕張浚信任的幕僚劉子羽知
泉州時（紹興七年至八年，1137～1138），〔註93〕亦嘗言「論舟船，當講求
訓練，使大艦利於控扼，小舟利於走集」，〔註94〕顯然亦甚關注各型船艦的
協調。

　　然這些強調中小型船隻輔助作用的言論，更突顯大型船艦在南宋水軍中
主力的地位。紹興三十一年的「采石之役」，宋軍對於水軍使用的規劃，仍是
以大型船隻爲主，如在采石與鎮江時，皆調動久未使用的車船投入戰場，在
改修一般船隻爲戰船時，亦是以大型的「馬船」爲主要改造對象，顯然都是
看重其高大船體的作用。

〔註92〕　《要錄》，卷89，「紹興五年五月癸未」條，頁1483。
〔註93〕　《宋史》，卷370，〈劉子羽〉，頁11508。
〔註94〕　《要錄》，卷155，「紹興十六年十月戊戌」條，頁2517。

可見宋軍的觀念，是將大型船隻當作決定戰場勝負的主力，所以在戰前要盡量集結大型船隻，準備投入戰場。但宋軍也沒有忽略要用其他船隻進行輔助，如采石之戰中，宋軍將戈船分作五隊，主要擔任遊奕攔截、側面進擊和追擊敵艦等輔助性的任務，雖非正面與敵人作戰，但功用亦不容小覷。所以虞允文馳援鎮江時，調集百艘戈船隨行，自有其用意。

（二）車船的使用

南宋戰船的另一個特色，就是車船的大量應用。宋軍大量使用車船的契機，在於楊么之亂。楊么軍是南宋初年（建炎四年至紹興五年，1130～1135）盤據洞庭湖的武裝勢力，建造大量的車船與宋軍作戰，造成宋軍相當大的死傷，高宗初期著名的水軍將領崔增，就是在與楊么軍作戰時陣亡，楊么軍車船的威力，《楊么本末》云：

> 車船者，置人於前後，踏車進退皆可，其名「大德（山）」、「小德山」、「望三州」、「混江龍」之類，皆兩重，載千餘人。又設拍竿，其制如大桅長十餘丈，上置巨石，下作轆轤貫其顛，遇官軍船近，即倒拍竿擊碎之。〔註95〕

除拍竿之外，楊么軍使用的武器，還有挈子、魚叉和木老鴉等，〔註96〕近戰的攻擊手段相當多元。

車船的優點除船體高大外，以「車輪」作為推進的工具，比用槳、櫓的效率要高，相較於使用風力的帆船，以人力為主的車船，工作時間較短，但卻可以在短時間內提供穩定的推進力，而且進退靈活，不必受到風力的限制。

官兵為與楊么車船對抗，李綱曾建議宋廷也建造車船，並分析其優點及使用上的限制云：「運動輕快，施于大江重湖，以破長風巨浪，乃其所宜，要須教閱習熟乃可用。今有小船輕楫，而付之不能操舟之人，雖尋常之瀆，其覆舟必矣，況以巨艦出沒江湖間哉！」〔註97〕

由於優點顯著，又有具體的戰績，一時之間南宋掀起一波「車船」的熱潮。紹興二年（1132）七月，知無為軍（今安徽巢湖）王彥恢設計「飛虎戰

〔註95〕〔宋〕熊克，《皇朝中興紀事本末》，卷23，引李龜年記《楊么本末》，頁 9a。
〔註96〕〔宋〕陸游，李劍雄、劉德權點校，《老學庵筆記》（北京：中華書局，1979年 11 月），卷 1，「鼎澧群盜」，頁 1～2。
〔註97〕〔宋〕李綱，《李綱全集》，卷 120，〈與呂安老龍圖書〉，頁 1165。

艦」，其型制爲「傍設四輪，每輪八楫，四人旋幹，日行千里」，〔註98〕應是一種輕型的車船，但宋廷似乎未大量建造。南宋大量建造車船，是在紹興五年（1135）。該年閏二月，江東、浙東、浙西路受命建造九車或十三車戰船，〔註99〕同年五月，宋廷又下令上述三地及江西路建造五車十槳戰船。〔註100〕

雖然「車船」一時之間建造不少數量，但反對的意見也不少，其中又以吳伸爲代表，其言：

> 臣聞造舟之害，其說有四：一曰不合度而費其工；二曰不適用而損其財；三曰不可戰而費其人；四曰致搔擾而妨民時。何以言之，今之造舟，豫章之工已取法於楊么，諸郡之工復取式於豫章（今江西南昌）。豫章之工猶未洞曉，他郡之匠豈能巧述。況夫輪軸之轉移，高下之增減，若使一舟先成，眾所共睹，隨宜增損，棄短取長，尚恐臨當機要，不中繩墨。今十舟並作，眾役同興，所見不同，互有巧拙，往往施之江湖，必不合度，此費工之一也。其長則二十餘丈，其闊則二百餘尺，高及五尋，厚方十寸。遇風則不可戰，欲速則不得前，火攻則易焚，砲攻則易破，將欲捍江，所用不少，將欲破賊，已出賊計。今一舟之費，動以數萬，若十舟之費，不知幾萬，設使可用，雖勞民役眾，興一時之利，小害何嫌？若曰長則去遲，高則降風，臨戰之日，或不可用，此損財之二也。輪軸之運，用卒數旅，戰鬥之士，不容一師。今十舟之行，須二萬人粗能移動，二萬之卒，用之老弱則力不及，用之強壯則妨戰士，古人造樓船，作戰舸，止以聲爲實，今以實爲聲。況夫出戰之士猶慮不足，豈宜減戰士以操無用之舟，此費人之三也。材植不能天降，必取之於州縣，州縣不能自備，必取之於百姓，加之督責之官，不問有無，唯求事集，不察可否，止欲塞責，至如板之大小，枋之長短，堪兩相接者，竭家資以貿求，貧者攜妻孥而逃竄。臣聞江西之民因戰舟致遁者，十有二三。今農民在田，布種當務，若造舟既急，督責不已，豈不騷動，此妨民之四也。以一路言之，其害如

〔註98〕 《要錄》，卷56，「紹興二年七月丁丑」條，頁983。
〔註99〕 《要錄》，卷86，「紹興五年閏二月乙丑」條，頁1425。
〔註100〕 《宋會要》，食貨50之17，頁5651。

此，其他諸路，往往皆然，所造之舟不下百隻，所費之直不啻萬
金。〔註101〕

　　這段反車船的言論，指出車船製作困難、費用太高和操作人員太多三項
缺失，的確是車船大量使用的障礙。至於認為車船在實戰中的用途不大，恐
怕不盡確實。

　　車船的實戰成績，在高宗朝確實顯眼，最重要的一役就是「采石之役」。
在這場關鍵性的戰役中，車船發揮出相當大的作用，所以孝宗淳熙三年
（1176），建康都統司本欲以新型的多槳飛江船取代原有的車船，孝宗認為車
船是「辛巳歲用以取勝，豈宜改造。」下令沿江車船有損壞，隨時修葺，不
可擅自更易，至於新型的多槳船仍可建造，但不得用以取代車船。〔註102〕由
此可見，車船在南宋軍中有其神聖的地位，但吳伸所指出的缺點，恐怕也是
車船無法普遍，並形成更大戰力的原因，故此後的水戰中甚少見到車船締造
重大的建樹。

二、作戰手段的多元

　　水戰時通常以攻擊船隻為主要目標，殺傷人員在其次，而南宋水軍的作
戰方式相當多元，如知通州郭凝在建炎元年（1127）八月的奏疏中，就可以看
出當時人的創意，其言如下：

> 晝以旌旗，夜以明火為號。應港汊兩岸，多積柴薪之屬，俟賊徒進
> 入，即縱火焚之，仍於要害處築土臺覘望，及募民間諳會出船入水
> 之人，相兼土軍使喚。凡出海船用篛篷便於使風，添長槳速於追寇。
> 或颺石灰以眯其目，或塗泥漿以滑其足。行則用蒙衝以長鐮刀割其
> 帆幔，止則使善沒者以利刃斷其碇紲，以至火箭、手砲、木橦、竹
> 牌、手弩、戈矛等，從宜用之。〔註103〕

　　這一段言論中，指出如何針對船艦的機動性、接舷近戰以及破壞敵船等
方面加強戰力。同時指出水戰中合適使用的器具，值得注意的是火箭的應用。
這樣的建議十分具體，因此，宋廷要求有水戰需求的州軍，都要作相同的準
備。此外，他對於如何進行江岸的防護，也有其見地。

〔註101〕　《全宋文》一八四冊，卷4050，〈吳伸三・論移蹕建康進討劉豫書〉，頁298
　　　　　～299。
〔註102〕　《宋會要》，食貨50之27，頁5656。
〔註103〕　《要錄》，卷8，「建炎元年八月戊午朔」條，頁195～196。

（一）近戰的作戰方式

從實際的戰例中觀察，近戰是宋軍主要的作戰方式，即使是紹興三十一年戰役中有大量使用弓弩的例子，但是近戰還是決定勝負的關鍵。南宋水軍近戰的手段相當多元，除上述郭凝所言之外，從實際戰例中，還可觀察到其他的方式。

躍入敵船與敵短兵相接，是最直接的作戰方式，「黃天蕩之役」，宋將解元就曾經「躍入敵舟，以短兵擊殺數十人」。〔註104〕「膠西之役」中，李寶面對頑抗的金軍船隻，指揮「壯士躍登其舟，短兵擊刺，殲之舟中」。〔註105〕〈馮湛行狀〉也稱馮湛在膠西一戰中，「躍入敵船，以刀擁千戶」。〔註106〕

「黃天蕩之役」中，韓軍海船利用大鉤鐵索，居高臨下，掀翻敵船。無獨有偶，金軍在該次戰役中，也使用頗為類似的手段，駕駛小船使用長鉤，欲「抓」住韓軍海船，其目的可能有二，一是限制韓軍海船的移動力，二是藉此攀援而上宋艦，進行白刃戰。

近戰中直接衝撞敵船，也是宋軍主要的攻擊方式。這種作戰方式，在采石之役中發揮很大的功效，宋軍憑藉相對高大強壯的戰船，直接壓沈或撞毀金軍船隻。除此之外，建炎四年的海道之行，張公裕率領船隊攔截金軍追擊船隊時，將金軍船隊「衝散」，看來應是以撞擊戰術為主。

提到撞擊戰術，勢必要談到一個問題，就是宋軍船隻是否有安裝「撞角」。撞角是安裝在船首的尖銳物體，材質可能是木頭或是金屬，目的是增加撞擊的殺傷力以及加固船首。高宗時期與船隻相關的資料中，有提到一種「鐵頭船」，建炎四年金軍入海追擊，就是搭乘這種船隻，應是從明州當地徵集的船隻，從名稱上來看，似乎有在船首加裝金屬，只是不清楚更具體的情況。然《宋會要》提到這種船是運輸用的船隻，〔註107〕似非戰船。另外一份為人所熟知的材料，提到寧宗（1195～1224）嘉泰三年（1203），秦世輔造「鐵壁鏵觜船」，〔註108〕從名稱上看，似乎有在船頭加裝金屬，但是缺乏更詳細的資料，所以無法判斷。總之，目前仍無法斷言，當時的船隻是否有加裝撞角。

另外，楊么軍也擁有非常多近戰的手段，其中「拍竿」和「木老鴉」，更

〔註104〕 《宋史》，卷369，〈解元〉，頁11488。
〔註105〕 《宋史》，卷370，〈李寶〉，頁11501。
〔註106〕 〈馮湛行狀〉，頁14a。
〔註107〕 《宋會要》，食貨50之11，頁5648。
〔註108〕 《宋會要》，食貨50之32～33，頁5658～5659。

是箇中利器，拍竿的近戰威力巨大，可以對敵船造成嚴重損害，但是體型太大，攻擊的範圍以及頻率仍有所限制。木老鴉，又稱「不藉木」，以堅固沈重的木頭製成，長約三尺（92.16 公分），兩端削尖，〔註109〕如何使用雖然沒有詳細的記載，但其型制與《武經總要》中記載的棒類武器頗為相似，〔註110〕故作用應該相去不遠。楊么軍的攻擊手段，當有被南宋水軍所吸收，成為其作戰方式之一，只是目前史籍中並未見到宋軍有使用。

　　除上述比較傳統的作法外，南宋水軍還有一些比較特殊的攻擊方式。前述郭凝有提到灑石灰使敵軍視線模糊，其實在宋軍對抗楊么時，也採用過類似的手段，在脆薄的瓦罐中，放置毒藥、石灰和鐵蒺藜，作戰時砸在敵船之上，灰飛如煙霧，可以給敵軍製造相當大的麻煩。〔註111〕據楊萬里的記載，宋軍在采石之役時，也使用相同概念的武器，只是作法及配方略有不同，該武器是以紙包裹石灰與硫磺，名為「霹靂礮」的砲彈，需用投石器拋擲。〔註112〕雖然以上兩條記載的可信度都還有待考證，但與《武經總要》中「蒺藜火毬」、「霹靂火毬」等物品的作法，頗為類似，在製作難度上，兩種火毬

圖4-2：「蒺藜火毬」、「霹靂火毬」

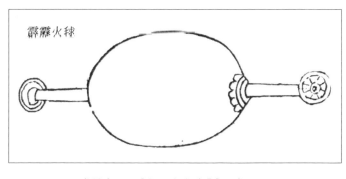

資料來源：《武經總要前集》，卷12。

〔註109〕　〔宋〕陸游，《老學庵筆記》，卷1，「鼎澧群盜」，頁2。

〔註110〕　〔宋〕曾公亮、丁度奉敕纂編，《武經總要前集》載：「取堅重木為之，長四、五尺……」。見卷13，〈器圖〉，頁16a。

〔註111〕　〔宋〕陸游，《老學庵筆記》，卷1，「鼎澧群盜」，頁2。

〔註112〕　〔宋〕楊萬里撰，辛更儒箋校，《楊萬里集箋校》，卷44，〈海鰌賦・後序〉，頁2286。

甚至更爲複雜，〔註113〕因此當時宋軍使用這類武器的可能性，就技術而言完全沒有問題。據《金史》的記載，宋軍在「膠西之役」中使用「火砲」攻擊金船，〔註114〕很可能就是這類武器。

（二）遠程攻擊的手段

宋軍遠程攻擊的手段，主要還是透過弓弩進行攻擊，此在前文已經有所論述，故不再多言。除此之外，宋軍也有運用投石器攻擊的戰例，前面就提到「采石之役」中，宋軍使用名爲「霹靂礮」的「投石器」。《武經總要》記載的「樓船」，其上就置有砲車，〔註115〕顯然將這種具有巨大殺傷力的武器放置在戰船上的構想，前此已有，楊萬里〈海鰌賦‧後序〉中，稱采石之役時，「霹靂礮」是從戰船上發出，〔註116〕該論屬文學作品，且僅此一說，很難肯定該役中宋軍已使用投石器發射火砲，但至少反應南宋的確曾將「投石器」放置在戰船之上。除投石器之外，另外一種重型遠程武器床弩，也可能被安置到船上，但卻沒有實際的戰例，或是任何的記載顯示，南宋戰船上有裝置床弩。

由於木造戰船大多怕火，所以宋軍的遠程攻擊經常搭配火器使用，使破壞力倍增。宋人很早就知道可以將火藥運用在水戰上，李綱嘗言：「以水夫駕舟，以官軍施放弓弩、火藥。」〔註117〕最常見用的火器應是「火箭」，這種武器《武經總要》中也有記載，顯然很早就是一種通用的武器，〔註118〕黃天蕩與膠西兩場水戰中，火箭都發揮出應有的作用。除此之外，「投石器」也可發射前文提過混有石灰的「砲彈」，以及「蒺藜火毬」、「霹靂火毬」等火器。

（三）其他特殊方式

除上述兩種攻擊方式之外，宋軍還有其他特殊手段。郭凝就提到派遣擅

〔註113〕 〔宋〕曾公亮、丁度奉敕纂編，《武經總要前集》，卷12，〈守城〉，頁56a、57a、59b、61a～61b。
〔註114〕 《金史》，卷65，〈完顏鄭家〉，頁1554。
〔註115〕 〔宋〕曾公亮、丁度奉敕纂編，《武經總要前集》，卷11，〈水戰‧戰船〉，頁7b。
〔註116〕 〔宋〕楊萬里撰，辛更儒箋校，《楊萬里集箋校》，卷44，〈海鰌賦‧後序〉，頁2286。
〔註117〕 〔宋〕李綱，《李綱全集》，卷82，〈奏議‧論福建海寇札子〉，頁829。
〔註118〕 〔宋〕曾公亮、丁度奉敕纂編，《武經總要前集》，卷13，〈器圖〉，頁3a～3b。

潛水之人，從船隻吃水線下直接破壞敵船，這也是是宋軍非常鼓勵的一種作戰方式，建炎元年九月，宋廷下詔「沿河控扼州縣團練民兵明遠斥堠，若金人欲乘船渡河，先使善沒水手，鑽穴其舟，併力掩殺，上下應援，毋為自守之計，有能沒兩舟者，白身與進義副尉，沿海州軍依此，」〔註119〕給予鑿船成功者重賞。紹興三十一年，劉錡在淮陰與金軍對峙時，發現金軍補給船隊的行蹤，於是派遣擅於潛水者入水，鑿沈敵船，〔註120〕可見這種作法並不是僅停留在理論階段，而是確有執行。

圖4-3：火船

資料來源：《武經總要前集》，卷12。

　　宋軍的攻擊模式中，還有一種是用「火船」攻擊。這種攻擊方式，據《武經總要》所載，是用破舊的船隻，或木伐載運柴草等助燃物，引燃後從上風處或是順流施放。〔註121〕據〈馮湛行狀〉的紀錄，「膠西之役」時，馮湛奪下一艘敵艦後，「即其船實薪草，沃以膏油，乘風熾火縱之北岸」，造成金軍船隻連環大火。〔註122〕姑不論這段記載的可信度，至少說明這種戰法，是南宋水軍曾採用的作戰方式之一。

〔註119〕　《要錄》，卷9，「建炎元年九月乙巳」條，頁217。
〔註120〕　《要錄》，卷193，「紹興三十一年十月壬子」條，頁3239。
〔註121〕　〔宋〕曾公亮、丁度奉敕纂編，《武經總要前集》，卷11，〈火攻・火船〉，頁12a～12b。
〔註122〕　〈馮湛行狀〉，頁14a。

第五章　水戰對高宗朝國防政策之影響

　　南北宋的國防線特徵相去甚遠，北宋所累積的經驗，對南宋的幫助並不大，因此，高宗朝君臣所面對的是一個完全陌生的局面，也是一個新的挑戰。南宋的國防型態，受限於地理環境，勢必大量依靠水軍及水戰。所以南宋朝廷對於「水戰」此一重要議題有何反應，將是本章觀察的重點。

　　首先探究宋廷朝野對江海防禦的相關討論，及其所提出的應對之策。眾多對策是否曾執行，甚難考察，但加強水軍建設是不易之論，也是最容易看到的成果，前章已論及高宗朝水軍的建置，此處再略論南宋水軍戰船及水手的來源，從另一個角度觀察高宗朝對水軍建設的努力。海洋在南宋國防體系中扮演與前代不同的角色，除去是趙宋皇室的退路外，其實也是一個另類的邊境線，高宗朝君臣對海道的軍事戰略價值，自有一番見解，值得加以探究。

第一節　宋室江海防禦之認知與對策

　　紹興五年（1135）三月，李郴奉詔上書，他提到水戰及江海防禦的重要性，其言曰：

> 臣度金人他年入犯，懲創今日之敗，必先以一軍來淮甸，為築室反耕之計，以緩我師。然後由登、萊泛海窺吳、越，以出吾左；由武昌渡江窺江、池，以出吾右；一處不支則大事去矣。願預講左枝右梧之策，夫兵之形無窮，願詔臨江守臣，凡可設奇以誘敵者，如吳

人疑城之類，皆預爲措畫。〔註1〕

由此可見，當時的國防形勢，江、海防線隨時可能可能受到金軍的考驗，所以必須嚴加防範，故宋廷對這兩個議題相當關切，並提出許多討論。

一、江防的討論與相關對策

宋室南渡之後，江淮成爲前線，時人對於守江、守淮各有見解，甚至引發政治人物之間的扞格，〔註2〕然守淮的目的之一，是在爲長江防線爭取防禦的縱深，故不論守江或守淮，都是從穩固長江防線出發。因此，如何鞏固長江的守備，成爲高宗朝初期重要的議題之一。

（一）江防的重點

南宋中興之初，許多江防的論述就紛紛出籠。這些論述大多是根據歷史經驗出發，進行探討，如建炎三年（1129）二月，衛膚敏一一指劃長江中下游的防禦重點：

> 長江數千里，皆當守備。如陸口直濡須、夏口直赤壁、姑孰對歷陽、牛渚對橫江，以至西陵、柴桑、石頭、北固，皆三國、南朝以來戰爭之地。至於上流壽陽、武昌、九江、合肥諸郡，自吳而後，必遣信臣提重兵以守之。而江陵、襄陽尤爲要害，此尤不可不扼險以爲屯戍也。〔註3〕

此番言論，以南北朝時期僻處江東地區的政權，在軍事防禦上的經驗出發，提出建議。

另有從切身經驗提出看法者，如建炎二年（1128）六月，論者從潰卒張遇，憑藉舟師縱橫長江，給南宋帶來嚴重困擾的事件中指出水軍及江防的重要：

> 東南武備，利於水戰，如張遇乃河朔潰卒，未嘗習舟楫之利，一旦有急，即劫舟張帆，蔽江東下。金人既破唐、鄧、陳、蔡，逼進淮、漢，去大江直一閒耳。爲今之策，宜於大江上游如采石之類，凡要害處，精練水軍，廣造戰艦，仍泊於江之南岸，緩急之際，庶

〔註1〕　《要錄》，卷87，「紹興五年三月癸卯」條，頁1459。
〔註2〕　參見黃繁光，〈論南宋趙鼎政治集團與張浚的分合關係〉，《淡江史學》第六期（1994年6月），頁23～50。
〔註3〕　《要錄》，卷20，「建炎三年二月丁巳」條，頁395～396。

幾可倚。〔註4〕

此一建議是從南宋當時所面對的問題出發，引伸出長江防線及水軍的重要。類似的言論，在邵青橫行江南，劉光世征討失利時，章誼也提出類似的意見，認爲「劉光世以梟將銳兵而不能應時擒制者，邵青所乘皆舟楫，而光世皆平陸之兵。故國家既憑大江以爲險阻，而於舟師略不經意，今邵青小醜，光世大帥，乃敢越境深寇，使賊有大於此者，將何以禦之！」他強調要整建水軍的重要性。〔註5〕

建炎二年底，呂頤浩上〈備禦十策〉，就建議要「備水戰、控浮橋」，〔註6〕翌年開春不久，又再度進言「水戰之具，在今宜講，然防淮難，防江易，近雖於鎮江之岸，擺泊海船，而上流諸郡，自荊南抵儀鎮，可渡處甚多，豈可不豫爲計。望置使兩員，一自鎮江至池陽（今安徽池州）；一自池陽至荊南，專提舉造船，且詢水戰利害」。〔註7〕建炎三年（1129）二月，宋廷果然根據呂頤浩的建議，做出兩項措置：

> 龍圖閣待制知江州陳彥文爲沿江措置使，總領江陵府至池州沿江防守等事，及措置戰船。承議郎新通判襄陽府程千秋充副使。〔註8〕

> 尚書吏部員外郎鄭資之爲沿淮防扼，自池州上至荊南府。監察御史林之平爲沿海防扼，自太平州下至杭州。……資之請募客舟二百艘，分番運綱把隘；之平請募海舟六百艘防扼。從之。〔註9〕

然長江綿延千里，要防守緊密，實屬艱鉅任務。因此，對於如何進行防衛，也有人提出其看法，如紹興二年（1132）八月，左司諫吳表臣對長江沿線的防禦提出建議，其言云：

> 大江之南，上自荊、鄂，下至常、潤，不過十郡之間，其要緊處不過七渡。上流最急者三，荊南之公安（今湖北荊州）、石首（今湖北石首），岳之北津（今湖南長沙）。中流最緊者二，鄂之武昌，太平之采石。下流最緊者二，建康之宣化，鎮江之瓜州是也。惟此七渡，當擇官兵，修器械，其餘數十處，或道路迂曲，或水陸不便，

〔註4〕　《要錄》，卷16，「建炎二年六月己卯」條，頁332。
〔註5〕　《要錄》，卷46，「紹興元年七月丁未」，頁824。
〔註6〕　《要錄》，卷18，「建炎二年十二月戊寅」條，頁377。
〔註7〕　《要錄》，卷19，「建炎三年正月戊戌」條，頁382。
〔註8〕　《要錄》，卷20，「建炎三年二月己未」條，頁398。
〔註9〕　《要錄》，卷20，「建炎三年二月庚申」條，頁399。

非大軍往來徑捷之處，略爲之防足矣。又十郡之間，地不過三千餘里，有一州占江面五百里者，有占百餘里者，遠近多寡、勞逸大不均。如七處渡口外，宜每縣分定百里，專令巡尉守之，則力均而易守。〔註10〕

前述李郍的建議中，對於如何進行江防，其看法也頗爲類似：

今長江之險綿數千里，守備非一，苟制得其要，則用力少而見功多。願差次其最緊處，屯軍若干人，一將領之，聽其郡守節制，次緊稍緩處，差降焉。有事宜則以大將兼統之，既久則諳熟土風，緩急可用，與旋發之師不侔矣。〔註11〕

從上可知當時的觀念認爲，防守長江最重要的是守住主要渡口。因爲，長江防線雖然漫長，沿岸大小渡口眾多，但適合大軍往來者有限，所以江防的關鍵，就看能否確實掌握各重要渡口。至於其他地方，大軍往來不便，只要注意是否有敵軍偷渡即可，不必動用太多人力屯駐各地。

這種防禦布置的概念，可以將有限的軍隊作最有效率的應用。因此，在這種觀念主導下的長江防務，必須做到幾件事：(1)擁有良好的水軍以控制長江，並馳援各渡口。(2)至少有兩到三支具反登陸能力的野戰部隊，駐守在重要的渡口，或可迅速抵達渡口的城市。(3)長江沿線必須具備基本的抵抗能力，對金軍渡江的攻勢，能夠做出適時的反應。

上述三點，第一項的水軍建設，容後再論。第二項的具體表徵就是屯駐大軍的逐步形成，但詳細情況並非目前可以解決。所以下文將就第三項的內容作比較具體的論述。

（二）江防的方式

由於金軍南下，大多未事先準備船隻，而是抵達長江邊時，再設法製作簡單的濟江工具，或是就地徵集船隻，所以南宋爲防金軍過江，經常使用一種釜底抽薪的方式，嚴密監管長江下游兩岸的船隻。

建炎二年九月，爲防備金軍突然逼近長江北岸，展開渡江行動，御營使司都統制王淵建議監管長江下游沿岸的公私船隻，規定入夜後一律停泊於長江南岸，並派遣官員管理所有的官方渡口。〔註12〕建炎三年夏，宋廷再度採

〔註10〕《要錄》，卷57，「紹興二年八月辛丑」條，頁994。
〔註11〕《要錄》，卷87，「紹興五年三月癸卯」條，頁1459。
〔註12〕《要錄》，卷18，「建炎二年十月癸丑」條，頁357。

取類似的作法，此次是因爲通判池州郭偉指出：「濱江之民，皆善操舟，萬一敵騎掩至，所謂巡檢，勢力單弱，不能拒捕，則沿江習水之人，必爲敵用」。因此朝廷下令監管當地船隻水手，「詔淮南沿江民間水手小舟，並委守令籍其姓名，俟有探報，其巡檢各部，赴江岸與本處地分同備戰守，優給錢米，候事定日放散。」〔註13〕

紹興二年（1132）七月，呂頤浩建議自九月開始，長江下游北岸各緊要渡口，只留一到二艘船隻，以備傳遞訊息文書，其餘船隻一律停泊南岸，十月後更是封鎖長江兩岸往來，所有船隻隱蔽於長江南岸，違令者以軍法處置。〔註14〕

高宗初年沿江的守備，是大量倚靠民間的力量。建炎三年夏，宋廷爲防止金軍渡江，曾大事徵調丁夫守江，「戶點一丁、五丁點二，使自備糧糧器械，而蠲其稅賦」。〔註15〕「委守令按戶籍丁產簿，選眾所推伏之人爲隊長，分認地分，廣置刀弩，具舟檝」。〔註16〕但這種徵調民力的作法，招來不少抨擊，反對者認爲「烏合之眾，素不諳戰陣，一旦有風塵之警，則鳥驚魚潰之不暇，尚能安心而用命乎？徒費民財，又損官賦而不適於用」。〔註17〕建炎三年，長江迅速被金兵突破，除去杜充無能、將帥不合等因素外，民兵不能擔負守江重任，也是其原因之一。

以上這些手段，皆是爲防止金軍就地徵集船隻渡江，但這種作法似乎只在高宗初年施行，紹興二年以後，相關的規定就比較少見，可能是因爲南宋的防禦體系已逐漸建立，金軍要突然接近長江防線，已經很困難，宋軍可以在兩淮地區，遲滯金軍腳步，給予長江防線足夠的反應時間。

宋廷爲防止金軍以小部隊偷渡長江，紹興二年（1132）九月，根據李光的建議，在長江沿岸設置烽火臺，「自當塗之褐山、東采石、慈湖、繁昌、三山，至建康之馬家渡、大城堰、池州之鵲頭山，凡八所，且舉煙，暮舉火，各一以爲信，有警即望之」。〔註18〕關於沿江烽火臺通報的情況，《清波雜志》記曰：「每日平安，即於發更時舉火一把，每夜平安，即於次日平明舉煙一把。

〔註13〕　《要錄》，卷25，「建炎三年七月乙巳」條，頁516。
〔註14〕　《要錄》，卷56，「紹興二年七月庚辰」條，頁984～985。
〔註15〕　《要錄》，卷22，「建炎三年四月戊午」條，頁474。
〔註16〕　《要錄》，卷23，「建炎三年五月丁亥」條，頁484。
〔註17〕　《要錄》，卷22，「建炎三年四月戊午」條，頁474。
〔註18〕　《要錄》，卷58，「紹興二年九月乙丑」條，頁1006。

緩急、盜賊，不拘時候，日則舉煙，夜則舉火三把」。〔註19〕

此外，宋廷朝野對於如何阻止敵軍渡江，曾經提出不少的方法，其中用柵欄封鎖江岸，似乎是當時的主流思維。建炎三年三月，迪功郎吳若進獻阻江之術：

> 阻江之術，莫如木柵可以速就。侵水際一二丈，以大木爲柱而銳其上，小木支撐交格乎其間。銳上則敵不能踰，支撐交結，則我於內可以施弩，而敵不可入。侵水際一二丈植之，則渡水登舟者，無所措其手足。且木雖大小相格，而勢不相並，順風縱火者所不能焚，群木直立相扶，礮車所不能壞，更使厚踰於丈，則敵之長槍俱廢矣！但須沿江可渡處一一爲之，只此一事，當用浙西民力十分之一，乞毋暴其說，先遣使泛諭民出財助國，財既入，則官自募工庀材而急成焉！〔註20〕

此一作法設想周到，但所費不貲，宋廷也只是讓沿江諸州視情況量力而爲。無獨有偶，該年七月，又有言事者進獻另一條守江之術：「以鐵鎖爲沈綱，橫鎖江岸，以防浮江順流之舟。以木爲臥柵，密藏於岸步之下，使戰艦不可得而入」。〔註21〕此議除防備敵人渡江之外，還用鐵索橫江，防止敵軍運用水道移動，顯得更爲全面。不過由於耗費物資更加龐大，全面布置的可能性並不高。

長江中有許多小島及沙洲，也成爲南宋布防時的要點之一，建炎三年七月，宋廷採納言事者的建議，下令「江心凡有沙磧要害之地，多置寨柵，每柵以卒五百人，戰船十艘爲率」。〔註22〕但以長江主流的長度及寬度，類似的地形眾多，如要確實鋪設周全，所動用的人力物力太過龐大，因此，在大軍往來南北兩岸的航程要道上，布置軍力比較經濟。

在沿岸設置柵欄，及於沙洲屯駐軍隊，雖然因爲所需耗費的物資浩繁，動員人數太大而未全面實行，但宋軍也曾視需要局部實施。如紹興三十一年，宋金於鎮江對峙時，宋軍就曾於長江南岸修築一道三重柵欄的防禦工事，也調集軍隊駐守在靠近南岸的沙洲青沙夾，準備以遠程武器射擊敵軍。

〔註19〕〔宋〕周輝撰，劉永翔校注，《清波雜志校注》（北京：中華書局，1994 年 9 月），卷 10，「烽火」，頁 459。

〔註20〕《要錄》，卷 21，「建炎三年三月壬寅」條，頁 447。

〔註21〕《要錄》，卷 25，「建炎三年七月乙酉」，頁 508。

〔註22〕《要錄》，卷 25，「建炎三年七月丁酉」條，頁 513。

上述各種手段的意圖，僅是「防堵」金軍過江所設施，欲要擊退金軍，必須依靠水軍與野戰部隊的配合，在江面上殲滅金國渡江的船隻與軍隊，並伺機追擊，收復江北失地。

二、沿海防禦的討論與布置

（一）金軍浮海南下的傳聞

南宋國防的另一重心，就是海道防線，這個防禦面頗受時人重視。當時金國從海道南下的消息，從來就沒有斷過。建炎元年（1127）七月，知海州魏蘇就提過金軍有造船浮海南下之意。〔註23〕建炎二年六月，高麗國主告知南宋使者金國大造船艦，打算從海道進攻兩浙。〔註24〕建炎三年九月，「時諜報金人陷登、萊、密州，且於梁山泊（今山東濟寧）造舟，恐由海道以窺江浙」，高宗還爲此特地檢閱水軍。〔註25〕

紹興二年（1132）五月，樞密院得到情報，「敵人分屯淮陽軍、海州，竊慮以輕舟南來，震驚江浙，緣蘇洋之南，海道通快，可以徑趨浙江」，於是宋廷下令，「詔兩浙路帥司速遣官相度控扼，次第圖本聞奏」。〔註26〕另「詔溫、台州募海船土豪，杭、越、秀州措置斥堠」。〔註27〕同時禁止船隻前往山東地區，捕獲者以軍法論處，是「恐賈舟爲僞地所拘，則梢工柁師悉爲賊用。」〔註28〕

紹興四年（1134）七月，齊國劉豫在南宋叛將徐文的規劃下，準備展開一次海上的軍事行動：

> 豫調登、萊、沂、密、海五郡軍民之兵且二萬人，屯密之膠西縣，集民間之舟大小五百，裝爲戰艦，以其僞閤門宣贊舍人・知密州劉某，充都統領，叛將徐文爲前軍，聲言欲襲定海縣。〔註29〕

此次軍事行動，可能啓發了日後海陵從海道南侵的靈感。這次軍事行動似乎是眞有其事，而非停留在傳聞階段，該年夏秋之際，齊國在山東地方大舉徵

〔註23〕　《要錄》，卷7，「建炎元年七月戊戌」條，頁177。
〔註24〕　《要錄》，卷16，「建炎二年六月丁卯」條，頁330～331。
〔註25〕　《要錄》，卷28，「建炎三年九月丙午」條，頁553。
〔註26〕　《要錄》，卷54，「紹興二年五月辛酉」條，頁950。
〔註27〕　《要錄》，卷54，「紹興二年五月辛未」條，頁954。
〔註28〕　《要錄》，卷54，「紹興二年五月壬午」條，頁957。
〔註29〕　《要錄》，卷78，「紹興四年七月是月」條，頁1287。

招船隻，溫州船師林貴反抗，俘獲四名負責執行的土軍，浮海南歸。〔註 30〕

紹興五年（1135）冬，劉豫向金國提出從海道攻宋的計畫，並進獻海道圖及戰船木樣。金國意動，「調燕、雲兩河夫四十萬，入蔚州交牙山，採木爲柀，開河道，運至虎州，將造戰船，且浮海入犯」，但因盜賊蜂起，只得中輟。〔註 31〕紹興三十一年，海陵進攻前夕，金軍浮海南下的傳聞亦不絕於耳，詳情前文已述，不再多言。

（二）海防重要性的政策討論

對於金國從海上來攻的可能，南宋的有識之士，也紛紛提出建言。建炎元年（1127）九月，起居舍人衛膚敏言：「東南之地，繁華富貴，甲於天下，金人所知其航海而可至者，無慮數處，明、蘇、秀、楚、海等州是也。東南城壁不修，屯戍單弱，彼若以數千兵奄忽而至，何以禦之」，於是建議加強東南沿海的防務。〔註 32〕

紹興六年（1136）三月，李綱在一份奏疏中對當時國事提出建議，其中就指出「江南荊湖之眾盡出，敵或乘間擣虛，則上流當預備。海道去京東不遠，乘風而來一日千里，而蘇、秀、明、越全無水軍，則海道當預備」。〔註 33〕這番話指出了海道防禦的重要性。

紹興二十九年（1159）二月，面對宋金之間日益緊張的局勢，時任吏部侍郎的葉義問向高宗建議，藉口近來海盜出沒，進行船隻管制，暗中做好海路方面的防備。〔註 34〕紹興三十年正月，當時的兵部員外郎虞允文，對於金軍即將展開的攻擊方向，做出推測，認爲「必爲五道，出蜀口，出荊襄，止以兵相持，淮東沮洳非用騎之地，他日正兵必出淮西，奇兵必出海道，宜爲之備。」〔註 35〕此一說法與日後戰事發展符合若節，可能是爲美化虞允文而追記，故可信度不高。但該年五月已升任知樞密院事的葉義問，對海道的防備提出更具體的規劃，其計畫內容爲：

> 海道宜備，臣謂土豪官軍不可雜處，土豪諳練海道之險，憑藉海食
> 之利，能役船戶，平日自如，若雜以官兵，彼此氣不相下，難以協

〔註 30〕《要錄》，卷 80，「紹興四年九月壬申」條，頁 1317。
〔註 31〕《要錄》，卷 96，「紹興五年十二月是冬」條，頁 1594。
〔註 32〕《要錄》，卷 9，「建炎元年九月壬辰」條，頁 213。
〔註 33〕《要錄》，卷 99，「紹興六年三月己巳」條，頁 1622。
〔註 34〕《要錄》，卷 181，「紹興二十九年二月戊申」條，頁 3005。
〔註 35〕《要錄》，卷 184，「紹興三十年正月戊子」條，頁 3070。

濟。今欲於江海要處分寨，以土豪爲寨主，令隨其便，使土豪撓於
舟楫之間，官兵振於塘岸之口，則官無虛費，民無橫擾，此策之上
者也。〔註36〕

　　不過亦有人認爲對金軍從海道來攻的傳聞，不需太過緊張，因要展開跨
海作戰，其實要克服相當多的困難。建炎四年（1130）十月，有論者針對海防
提出分析，認爲有三可慮，不足畏者三，其大意爲：

海道風帆，瞬息千里，舟師猝至，勢難支梧；又出沒示疑，牽制我
師；揚旗伐鼓，中夜而至，我若驚潰，彼計得行，此可慮者三也。
冒涉洪濤，敵眾癘病，乘其未定，易以進擊；又或爲風阻，咫尺不
前；港道迴曲，加以泥濘，其隙易乘，此不足畏者三也。由是言之，
無備則可慮，有備則弗畏，今莫若委沿海巡尉及民社，分地防阨，
大抵海舟不能齊一，及其未集而擊之，必可成功。〔註37〕

簡言之，雖然金軍渡海來襲的困難度極高，但己方若毫無防備，在措手不及
下，不免會引起大混亂，如嚴加斥堠，爭取充分的反應時間，乘浮海而來的
敵軍，在靠岸登陸的混亂之際，是一支沒有組織的軍隊，威脅不大。紹興三
十一年六月，當李寶提出要率先進擊時，提舉兩浙路市舶司曾懷（曾公亮之
孫）就提出「航海之役，船有輕重，篷有疾遲，風有大小，竊常聞於高麗之
商，謂敵人之便惟乘騎，縱使至岸，無馬不能舍舟，如猛獸失林，將自投於
穽，若海道亦爲之備，徒分兵耳」。〔註38〕當然這種議論較爲極端，認爲海道
不必分兵設防。

　　話雖如此，紹興二年（1132）五月，呂頤浩指出「賊船雖不能多載騎兵，
然乘秋初北風南來錢塘江上，震驚行朝」。〔註39〕點出金軍浮海而來，能動用
的兵力確實不多，但如一舉直撲錢塘江口，迫近臨安，後果就難以預料。因
此，固然金軍渡海南侵有其本身的困難，實際形成的威脅有限。但南宋行在
臨安位於錢塘江口，由山東浮海而下，如航行順利，十天半個月就可以抵
達，確實有被突襲的可能性，南宋自建炎四年後，海道就是主要的退路，如
被截斷，將會造成極大的恐慌，因此，宋廷不能冒此風險，仍須鞏固沿海的
防禦。

〔註36〕　《要錄》，卷185，「紹興三十年五月辛卯」條，頁3099。
〔註37〕　《要錄》，卷38，「建炎四年十月甲申」條，頁723～724。
〔註38〕　《要錄》，卷190，「建炎三十一年六月乙卯」條，頁3186～3187。
〔註39〕　《要錄》，卷54，「紹興二年五月辛未」條，頁954。

（三）海防據點

雖然南宋海岸線綿長，但當時的航線以及適合登陸的地點，比較固定，只要在幾個重要據點布妥防務，就可以用較少軍力，防禦漫長的防線。高宗朝的海防據點，除有「明州水軍」駐防的明州外，以「料角（今江蘇海門）」最受重視。

建炎四年十一月，甫「逃回」南宋的秦檜，可能是最早提出要注意「料角」守備的人，他據逃亡的經歷指出幾個重要的據點，其云：「海州入海，當由東海縣及淮口丁襪、馬皋地分；通州入海，當由料角及東沙、汲域陸勘地分，乞下逐處取軍令狀，需管專一探報，不得怠慢透漏」。〔註40〕「料角」的重要性，在於其是由山東南下江浙的必經之地。金軍浮海南下的航線，據呂頤浩所言，主要有兩條：

> 虜舟從海道北來，拋大洋至洋山、二孤、宜山、岱山、獵港、岑江，
> 直至定海縣。此海道一也，係浙東路。若自通泰州、南沙、北沙轉
> 入東籈料角、黃牛垛頭，放洋至洋山，沿海岸南來，至青龍港。又
> 沿海岸轉徘徊頭至金山，入海鹽縣澉浦鎮黃灣頭，直至臨安府江岸。
> 此海道二也，係浙西路。〔註41〕

這兩條路線的設想，都是以臨安當作目標，浙東路是入海後直接航向錢塘江口的定海，屬於遠岸航行的路線，浙西路則是沿海岸線而行的近海航線。金軍如走浙東路，大洋之上攔截困難，唯有在明州定海縣設防，如採浙西路而行，則幾個轉向的點：料角、青龍港等地都是駐防的要地，其中又以「料角」最為重要。紹興二年五月，御史中丞沈與求就針對此地做過分析，並建議遣軍設防，其議如下：

> 金若來侵，當由武昌、建康兩路而來，其造海舟慮為虛聲以懼我。
> 議者多欲於明州向頭設備，使敵舟得至向頭，則已入吾腹心之地
> 矣。臣聞海舟自京東入浙，必由泰州石港、通州料角、陳貼、通明
> 鎮等處，次至平江南北洋，次至秀州金山，次至向頭。又聞料角水
> 勢湍險，一失水道，則舟必淪溺，必得沙上水手方能轉掉，況敵人
> 捨馬不能有所為，若用舟行，一舟所容幾馬，彼不為此，不過分遣
> 京東籈軍乘舟以懼我耳。儻於石港、料角等處拘收水手，優給庸直

〔註40〕 《要錄》，卷39，「建炎四年十一月癸亥」條，頁739。
〔註41〕 《宋會要》，職官40之4，頁3145。

而存養之，以待緩急之用，彼亦安能衝突。望分撥耿進、李彥進水
軍，擇人統之，似爲利便。〔註42〕

從沈氏之言可知，宋廷於眾多據點中特重料角之因，在於該地地形險惡，水
文狀況複雜，稍有不慎，船隻便會擱淺。因此，不需動用太多軍隊即可控扼
險要。

　　紹興六年六月，「詔提舉淮南鹽事蔣璨提督措置控扼海道事務。先是分海
舟八十艘屯通州之料角，故命璨領之」。〔註43〕該年十月，更任命行營前護副
軍都統制王彥，爲沿海制置副使，率所部屯料角。〔註44〕紹興九年二月，料
角守備任務一度解除，當時統領該地戰船的王安道改知泗州，舟師撤回鎮江。
〔註45〕但紹興十年閏六月，王安道出任沿海制置司參議官，奉命措置料角斥
堠。〔註46〕隨後不久，似乎改由另一位沿海制置司參議官馮由義負責料角防
務，他在紹興十二年正月改知和州。〔註47〕紹興三十年時，通判楚州徐宗偓
稱「朝廷防慮料角至嚴至備，是注意於海道，可謂親切」。〔註48〕可見宋廷一
直都很注重料角防禦海道的作用。

　　除料角之外，宋廷沿海地區的地方官員，也會從所處政區的立場出發，
強調該地在海防上的重要性。如建炎元年七月，知海州魏鰍即建言：「海州至
登萊最近，而登萊（「登萊」，「文淵閣四庫本」作「登州」）與金人對境。近
聞金人於燕山造舟，欲來東南，望造戈船、修樓櫓，依登萊例，屯兵二三千
人，以備緩急。」朝廷允許此議，下令京東安撫司視情況於登萊至海州沿岸，
安排斥堠烽燧。〔註49〕同年八月，知通州郭凝也提到「通州地界東北正係海
口，南接大江，最爲要害。已措置校閱水戰人兵，及募人許備戰船，入海卓
望。」〔註50〕

　　建炎四年十一月，越州守臣建議將三江口三千守軍撤回城中。三江口是
連接海道的處所，所以派遣神武右軍三千人駐守該地，但守臣認爲，「三江口

〔註42〕　《要錄》，卷54，「紹興二年五月癸未」條，頁958。
〔註43〕　《要錄》，卷102，「紹興六年六月丁酉」條，頁1665。
〔註44〕　《要錄》，卷106，「紹興六年十月壬寅」條，頁1719。
〔註45〕　《要錄》，卷126，「紹興九年二月己巳」條，頁2054。
〔註46〕　《要錄》，卷136，「紹興十年閏六月甲申」條，頁2190～2191。
〔註47〕　《要錄》，卷144，「紹興十二年正月庚申」條，頁2308。
〔註48〕　《要錄》，卷186，「紹興三十年九月庚辰」條，頁3117。
〔註49〕　《要錄》，卷7，「建炎元年七月戊戌」條，頁177。
〔註50〕　《要錄》，卷8，「建炎元年八月戊午朔」條，頁195～196。

圖 5-1：山東浮海南下兩浙路線示意圖

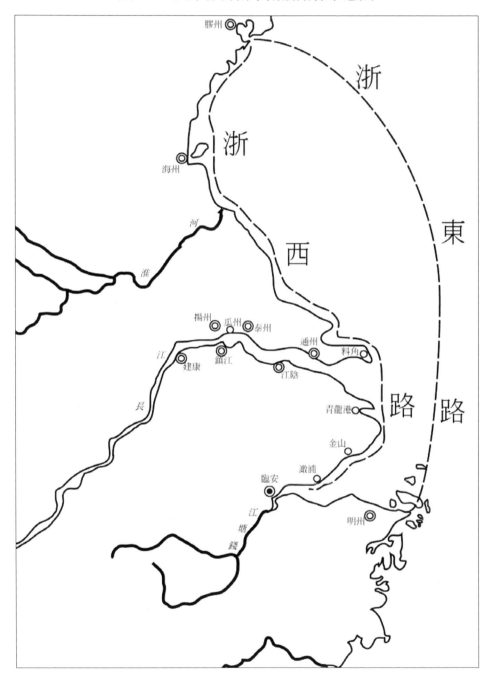

資料來源：底圖據《中國史稿地圖集（下冊）》，〈金主亮南侵之戰〉，頁 55～56。部分地名參
　　　　　考《中國歷史地圖集》，第六冊「宋遼金時期」，〈南宋・兩浙西路 兩浙東路 江南
　　　　　東路〉，頁 59～60。

乃平敞河地，中有民居，恐戍兵無以存泊，兼去城止十八里，請俟有警，然後遣兵」。此議獲宋廷採納，將軍隊撤回，但另外派十艘小海舟，負責斥堠的任務。〔註51〕

　　整體而言，南宋因國防形勢的需求，對江海防禦特別重視，許多議題和政策被提出討論。自從高宗決定駐蹕臨安後，江防的重要性就已經無須多費言語，需討論的是如何布置防務。宋廷從歷史中尋找經驗，採用固守重要渡口的方式，防止金軍過江，針對此一目的發展出許多守江的手段。因金軍浮海南侵的傳聞不絕於耳，所以宋廷對於海防也十分重視，仍是採重點式防守，其中以明州定海與通州料角爲兩大重點。在這種防禦態勢下，江海防線成爲宋廷的最後防線，只要這兩道防線被突破，就表示宋廷將面臨滅亡的危機。因此，宋廷高度關切水軍與海防的措置，也做好妥善的準備。

第二節　南宋水軍兵員及戰船之整建

　　由於國防形勢的需要，南宋必須對水戰做好充分準備。建炎元年李綱就提出具體的建議，在〈乞造戰船募水軍札子〉中建議：「沿河、沿江、沿淮帥府、要郡，凡臨流去處，宜仿古制以造戰船，上設樓櫓可以施弓弩，下運櫓棹可以破風濤。頒法式以授之，仍募習水者爲水軍，以時校閱激賞，賊舟濟渡，會合掩擊，以吾之夙昔，擊彼之半渡。」〔註52〕該年九月，知揚州呂頤浩認爲滄、濱二州（今河北滄州、山東濱州）與金國鄰接，每州應整備魛魚戰船三十艘以因應作戰需求。〔註53〕

　　建炎三年夏末，胡寅上陳〈中興七策〉，其中第四點就提到，「命兩浙募水手，并發諸州撩湖、捍海等兵，盡付水軍，教習戰艦」。〔註54〕紹興五年三月，李邴奉詔上書建議，「乞倣古制，建伏波、下瀨、樓船之官，以教習水戰，俾近上將佐領之，自成一軍而專隸於朝廷，無事則散之緣江州郡，緩急則聚而用之」。〔註55〕

〔註51〕　《要錄》，卷39，「建炎四年十一月癸亥」，頁739。
〔註52〕　〔宋〕李綱，《李綱全集》，卷62，〈奏議‧乞造戰船募水軍札子〉，頁666～667。
〔註53〕　《宋會要》，食貨50之8，頁5646。
〔註54〕　《要錄》，卷27，「建炎三年閏八月庚寅」條，頁539。
〔註55〕　《要錄》，卷87，「紹興五年三月癸卯」條，頁1459。

以上諸人都談到水軍整建的重要性，並大力提倡，而水軍的組建，需要戰船與人員，組建後又要有適當的訓練才能投入戰場，故本節就對此三部分稍作陳述，以期顯示高宗朝水軍組建的概梗。

一、戰船的來源

（一）官方建造或改造

官方自行建造船隻，或是改造現有的官船，是比較合理的方式，這也是南宋主要的戰船來源。以下表列目前所收集，高宗朝建造戰船的例子，見其概況。

表 5-1：高宗朝戰船建造簡表

時　　間	關係人	地　點	船隻名稱	備　　　　　　註
建炎元年七月（1127）	尚書省	江浙	魟魚船（釣槽船）	◎ 資料來源：《宋會要》，食貨 50 之 8，頁 5643。 ◎ 型制：頭方小，俗謂盪浪斗。尾闊可分水，面敞可容人兵，底狹尖如刀刃狀，可破浪。糧儲、器仗置黃版下，標牌矢石分兩披，可容五十人者，面闊一丈二尺，身長五丈。 ◎ 數量：六百艘。 ◎ 造價：每艘四百餘貫。
建炎元年九月十六日（1127）	呂頤浩	河北滄濱二州	魟魚戰船	◎ 資料來源：《宋會要》，食貨 50 之 8～9，頁 5646～5647。 ◎ 數量：每州三十隻。 ◎ 改造官船或購買民間船隻。
建炎三年四月十二日（1129）	尚書省	平江府	四百料八櫓戰船	◎ 資料來源：《宋會要》，食貨 50 之 11，頁 5648。 ◎ 型制：四百料八櫓戰船，通長八丈；四櫓海鶻船，長丈五尺。
			四櫓海鶻船	◎ 造價：八櫓戰船，每艘一千一百五十九貫；四櫓海鶻船，每艘三百二十九貫。
紹興三年十二月一日（1133）	王　燮	江南東、西、荊湖南、北路	鼎州戰船	◎ 資料來源：《宋會要》，食貨 50 之 15，頁 5650。 ◎ 數量：每路各造一二十隻。
紹興三年十二月二十七日（1133）	趙　鼎	江南西路	戰船	◎ 資料來源：《宋會要》，食貨 50 之 15，頁 5650。 ◎ 數量：戰船，二百隻；般載錢糧船，一百隻。 ◎ 造價：不下十餘萬貫。
			般載錢糧船	◎ 僅批准二萬貫經費，建造搬載錢糧船。

紹興五年閏二月（1135）		江東浙西路	九車戰船	◎ 資料來源：《要錄》，卷 86，「紹興五年閏二月乙丑」條，頁 1425。 ◎ 數量：九車戰船，每路各造十二艘；十三車戰船造八艘。
		浙東	十三車戰船	
紹興五年五月（1135）	吳 革	兩浙東、西路	湖南五車十槳船	◎ 資料來源：《宋會要》，食貨 50 之 17，頁 5651。 ◎ 數量：兩浙東西路各十四隻；江東路十二隻；江西路十六隻。
		江東		
		江西		
紹興二十八年七月（1158）	福建安撫轉運司		尖底海船	◎ 資料來源：《宋會要》，食貨 50 之 18，頁 5651。 ◎ 型制：每面闊三丈、底闊三尺，約載二千料。 ◎ 數量：六隻。 ◎ 僅是建議，建造與否未知。
紹興二十八年九月（1158）	楊存中		海戰船	◎ 資料來源：《宋會要》，食貨 50 之 18，頁 5651。
紹興三十一年六月（1161）	王 憲	福建	溫州平縣莆門寨新造巡船	◎ 資料來源：《宋會要》，食貨 50 之 18～19，頁 5651～5652。 ◎ 型制：面闊二丈八尺，上面轉板平坦如路，堪通戰鬥。
紹興三十一年十一月（1161）	虞允文	鎮江	改修馬船	◎ 資料來源：《歷代名臣奏議》，卷 233，〈請改修馬船廣立木柵以圖戰勝疏〉，頁 17a～17b。

　　上列所述是目前所知，南宋官方自行建造或改造戰船的紀錄，從此又引伸出兩個問題必須有所交代，即造船地點與經費來源。南宋官方的造船廠，根據日本學者斯波義信的研究，宋代的公私造船地主要集中於華南，尤其是兩浙、江西、福建與廣南，更具體的地點則是明州、溫州、泉州、廣州、吉州（今江西吉安）、贛州（今江西贛州）和江州等地。造船業發達之地的特徵，就是出產優良的造船材料，或者是材料的集散地。〔註56〕斯波義信的研究段限，雖然是整個宋代，但造船業比較發達的地點，大多位於南宋疆域之內，故不致於有太大的誤差。

　　造船的經費，前表所見紹興三年十二月，趙鼎請求打照戰船及運輸用船隻時，是由「吉州榷貨務」支撥經費。〔註57〕另由《宋會要》〈食貨・船〉的

〔註56〕〔日〕斯波義信著，《宋代商業史研究》，頁 74～76。
〔註57〕《宋會要》，食貨 50 之 15，頁 5650。

資料中，可以看到尙有幾種來源。建炎元年七月尙書省計畫打造六百艘魛魚船，一艘造價四百緡，造價總計高達二十四萬餘貫，江浙州縣無力承擔，建議許「人戶入中」，由民間出資興建。其辦法《宋會要》記錄如下：

> 每十五隻，進士補迪功郞；十八隻，補承節郞；十四隻，補承信郞。不以進納出身爲官戶。有官人願入中，四隻，許占射便鄕【鄕便】合入差遣一次；非流外出身人減半。道尼女冠願入中，二隻，與四字師號，仍先降空名告敕下官司收管，候有人入中，先次書塡。仍止許本州知州措置勸誘第一等以上人戶入中，餘戶不得預造船之役。有情願出財者，申措置官相度，非州縣抑勒，聽依例入中。〔註58〕

建炎二年八月，發運司請求加收「添酒錢」作爲造船之用，宋廷頒令：「詔上色酒每升許添三錢，次色酒添二文，令轉運司置曆拘收，逐旋與發運司打船使用」。〔註59〕建炎三年八月，兩浙州軍抽稅竹木，十分之三供造船之用。〔註60〕翌年六月，發運司更要求將其中的五成用於造船。〔註61〕紹興四年，知鼎州（今湖南常德）程昌寓爲與楊么軍作戰，要建造車船，宋廷先後兩次給予度牒共千道，共值十二萬貫，所得專用於打造車船。〔註62〕紹興五年十二月亦有販賣度牒打造戰船的紀錄。〔註63〕紹興五年五月湖南打造的五車十槳船，每支撥給經費一千貫，由客人貼納鹽錢內取撥。〔註64〕紹興二十八年七月，福建安撫轉運司打造供陳敏軍使用的戰船，經費來源是由該路轉運司上供錢糧支應。〔註65〕

從《宋會要》的資料來看，建造船隻似乎沒有固定的經費，主要的來源約有三種方式：臨時販售度牒籌措、從其他收入中支應，以及增加特別稅。

（二）招募或徵調

除自行建造之外，招募或徵調民間的船隻，亦是南宋戰船的一大來源。

〔註58〕《宋會要》，食貨50之8，頁5646。
〔註59〕《宋會要》，食貨50之10，頁5647。
〔註60〕《宋會要》，食貨50之11，頁5648。
〔註61〕《宋會要》，食貨50之11～12，頁5648。
〔註62〕《宋會要》，食貨50之15～16，頁5650。
〔註63〕《宋會要》，食貨50之17，頁5651。
〔註64〕《宋會要》，食貨50之17，頁5651。
〔註65〕《宋會要》，食貨50之18，頁5651。

而招募與徵調雖然性質有所不同，但是在實際操作中，招募往往形同徵調。故將此兩種形態劃歸一類介紹。

建炎二年，御營司招募沿海州軍的海船，以守衛海道，將船隻分為三個梯次，半年輪換一次。〔註66〕翌年二月，鄭資之與林之平出任沿淮和沿海防扼時，宋廷准許前者招募客舟二百，後者募海舟六百艘的請求。〔註67〕其中林之平從閩廣招募的海舟，是正好趕上建炎三年底高宗逃亡海上所用。

紹興二年五月，為防備金軍可能從海道來攻，於是招募溫台地區的海船土豪，前往杭、越、蘇、秀等州擔負斥堠任務。〔註68〕六月，福建兩浙淮東沿海制置使仇悆為擴充船隊，「乞立募船推恩體例」，故朝廷下詔「沿海制置司在募到海船，每一隻及一丈八尺以上，白身人與進義副尉；有名目人與轉一官資，仍減三年磨勘」。〔註69〕募得海船百隻，每隻面闊一丈八尺至二丈，十支結甲，命官一員管轄。〔註70〕

紹興二年八月，侍御史江躋針對福建海船徵調太頻繁提出建議，其議如下：

> 福建路海船，頻年召募把隘，多有損壞，又拘縻歲月，不得商販，緣此民家以有船為累，或低價出賣與官戶，或往海外不還，甚者至自沉毀，急可憫念。乞令本路沿海州縣籍定海船，自面闊一丈二尺以上，不拘隻數，每縣各分三番應募把隘，分管三年，周而復始。過當把隘年分，不得出他路商販，使有船人戶二年之間，得二年逐便經紀，不失本業，公私俱濟。其當番年分輒出他路，及往海外不肯歸回之人，重坐其罪，仍沒船入官。如本州縣綱運，即輪差不及一丈二尺海船，其係籍把隘船戶，本州縣綱並不得差使。」詔權令官戶並同編民，仍委帥臣監司，自紹興三年，將本路海船輪定番次，其當番年分輒出他路，並從杖一百科罪，其船仍沒官。所有今年募到人，與理充一次。〔註71〕

上述這段文字，雖然是稱招募，但從其中所透露的情況看來，很明顯就是

〔註66〕〔宋〕梁克家，《淳熙三山志》，卷14，〈版籍〉，「海船戶」，頁12a。
〔註67〕《要錄》，卷20，「建炎三年二月庚申」，頁399。
〔註68〕《要錄》，卷54，「紹興二年五月辛未」條，頁954。
〔註69〕《宋會要》，食貨50之12，頁5648。
〔註70〕〔宋〕梁克家，《淳熙三山志》，卷14，〈版籍〉，「海船戶」，頁12a。
〔註71〕《宋會要》，食貨50之13～14，頁5649。

強制徵調，只是此前的徵調顯得沒有章法。江躋建議規定的重點有兩項，一是規定船隻在一丈二尺以上者，才可徵為軍用。二是制訂輪調的順序，分為三組，每船三年一調。由此可見，紹興二年八月之前，徵調福建路海船，是不分船隻大小，且年年徵發，導致靠海為生的人民生計受到很大的壓抑。

紹興五年三月，李邴嘗言：「臣聞朝廷下福建造海船七百隻，必如期而辦」。〔註72〕雖然聲稱是建造，但數量達七百艘，短時間內要完成，難度頗高，因此，其中部分可能是用徵調或招募。紹興十年六月，時任福建安撫大使的張浚，整備號稱千艘海船，〔註73〕如此龐大的數量，大部分應是徵調而來。

紹興五年後，招募或徵調的例子比較少見，這是因局勢逐漸穩定，且南宋戰船的建造能力已經步上軌道，如非情況緊急，已不需要大量從民間徵取船隻。

紹興二十九年，由於宋金局勢的緊張，宋廷於福建地區徵調海船，要求闊一丈二尺以上的船隻，十艘中要有三艘隨時待命，接受徵調，之後因數量不足，將闊一丈以上的也列入徵調行列。如此一來，符合條件的船隻共五百九十二艘，有一百七十九艘，需接受徵調，其中九十艘隨即開赴明州。翌年，朝廷定下重賞，勸募土豪水手，募得土豪二十四人，一百三十艘船，水手五千六百三十人。紹興三十一年，膠西之役前夕，共有二百五十七艘船發往平江，準備參與軍事行動。〔註74〕

不論是招募或是徵調，都是南宋政府動員民間船隻的手段，從高宗朝的情況來看，多是出於臨時性的徵取，而不是常規的方法，除非國防情勢相當緊張，否則宋廷不會輕易動員民間的船隻。

（三）和買或和雇

和買或和雇是另一種動員民間船隻的形式，不過高宗朝這種例子似不多見，目前僅收集到兩例。建炎元年八月，知通州郭凝，為加強當地海防，曾向朝廷請求和買戰船，獲得同意。〔註75〕

〔註72〕《要錄》，卷87，「紹興五年三月癸卯」條，頁1459。

〔註73〕《要錄》，卷136，「紹興十年六月庚午」條，頁2188～2189。

〔註74〕〔宋〕梁克家，《淳熙三山志》，卷14，〈版籍〉，「海船戶」，頁13b～14a。

〔註75〕《要錄》，卷8，「建炎元年八月戊午朔」，頁195～196。

紹興三年九月，岳飛上奏：「本軍即日並無舟船，若遇緩急，乞於本路州縣沿江不以官私舟船，和雇權借使用，事畢給還」。顯見是存在雇庸船隻這種形式，但宋廷給予岳飛更大的權力，於情況緊急時可以徵調當地所有船隻。〔註76〕

整體而言，高宗朝戰船的來源，主要還是官方自行建造或是改造，但是當局勢緊急的時候，就會透過招募、徵調，以及雇買等方式動員民間的船隻。

二、水手來源

（一）山東義軍

南宋水軍初期的水手，一個重要的來源是山東地區的義軍。建炎初年，山東淪陷之時，許多不願降金之人，紛紛聚眾於海島。後來率眾浮海南下歸宋的就有徐文、〔註77〕李進彥、〔註78〕范溫等人。〔註79〕這些山東義軍所率領的軍隊，最後大多被整編成南宋的水軍。這些水軍前文大多談過，故從略。

（二）招安群盜潰軍

南宋初年，盜賊與潰軍造成很大的社會問題，但不可否認的是，南宋軍力重建的主要方式，就是招撫盜賊與潰軍。南宋初期水軍主要來源之一，即是招收盜賊潰軍。

御前忠銳軍中的崔增、邵青就是潰軍改編爲正規水軍的代表。另外，紹興元年三月，宋廷下令李進彥、耿進兩支水軍接受呂頤浩節制，〔註80〕耿進就是杜充麾下的潰軍。〔註81〕

盜賊改編爲水軍的代表性例子，即是楊么黨徒。紹興五年二月，洞庭湖寇楊么的黨羽周倫等人，率先投降，宋廷赦免其罪，命其赴張浚或劉光世軍中效力，仍舊擔任水軍。不願從軍者，給予鈐轄等職務，願歸農者，發給田

〔註76〕　《宋會要》，食貨50之14~15，頁5649～5650。
〔註77〕　《要錄》，卷34，「建炎四年六月壬辰」條，頁668。
〔註78〕　《要錄》，卷37，「建炎四年九月是月」條，頁714。
〔註79〕　《要錄》，卷44，「紹興元年五月丙辰」條，頁802；卷46，「紹興元年八月丁卯」，頁830。
〔註80〕　《要錄》，卷43，「紹興元年三月戊辰」條，頁777。
〔註81〕　《要錄》，卷41，「紹興元年正月癸亥」條，頁760。

地。〔註82〕紹興五年七月，楊么平定後，投降徒眾願意從軍的，仍舊充任水軍。〔註83〕一般認為岳飛接收楊么軍力後，水軍實力躍升為沿江之冠。

紹興五年三月，「詔廣東福建路招捕海賊朱聰」。〔註84〕八月，朱聰接受招安，補水軍統領，〔註85〕十月，受命率海船三十艘駐守鎮江。〔註86〕紹興六年八月，福建海賊鄭慶、鄭廣等人接受安撫使張致遠招安，皆獲授官。〔註87〕兩人都成為南宋水軍，鄭廣主管福建延祥寨水軍，〔註88〕鄭慶於紹興三十年，因鎮守福建海道十八年有功而獲賞。〔註89〕

以上列舉的幾個例子顯示，高宗朝招安盜寇整編成水軍，的確發揮出不小的功效。

（三）招 募

高宗朝招募水軍的例子，並不多見，大多是與建造或徵募戰船同時進行，也就是在擴充戰船數量時，同步增加相應所需的水手。

建炎元年李綱建議組織水軍時，就希望招募習水、善沒、操舟便利之人充當水手，「袛刺手背，除以時教閱外，許自便，遇有使喚，旋行勾集，仍止披帶充駕舟之人」。〔註90〕該年七月，尚書省建議大量打造六百隻鰂魚船，並招募三萬名水軍。〔註91〕同年八月，知通州郭凝在一份要求加強江海防禦的奏疏中，就建議招募民間善水性之人，配合土軍一起進行守禦任務。〔註92〕同年九月，呂頤浩建議在滄、濱兩州改造鰂魚戰船的同時，「逐州召募能沒水經時伏藏之人，以五十為額，每月請給外，更支食錢三百文，百姓支食錢二百文，月給米一石」。〔註93〕紹興二十八年，殿前司招募水手組成虎翼水軍，也是因為新建造一批戰船，需要配置操作船隻的水手。〔註94〕

〔註82〕 《要錄》，卷85，「紹興五年二月戊子」條，頁1399～1400。
〔註83〕 《要錄》，卷91，「紹興五年七月丙子」條，頁1515。
〔註84〕 《要錄》，卷87，「紹興五年三月壬辰」條，頁1445。
〔註85〕 《宋史》，卷28，〈高宗紀〉，頁521。
〔註86〕 《要錄》，卷94，「紹興五年十月癸丑」條，頁1555～1556。
〔註87〕 《要錄》，卷104，「紹興六年八月甲辰」條，頁1696。
〔註88〕 〔宋〕岳珂，《桯史》，卷4，〈鄭廣文武詩〉，頁41。
〔註89〕 《要錄》，卷186，「紹興三十年九月丁丑」條，頁3115。
〔註90〕 〔宋〕李綱，《李綱全集》，卷62，〈奏議・擬水軍號〉，頁667。
〔註91〕 《宋會要》，食貨50之8，頁5646。
〔註92〕 《要錄》，卷8，「建炎元年八月戊午朔」條，頁195～196。
〔註93〕 《宋會要》，食貨50之9，頁5647。
〔註94〕 《要錄》，卷180，「紹興二十八年九月戊寅」條，頁2985。

另外也有單獨招募水軍的例子，如，紹興四年七月，「詔江東安撫司許招水軍千五百人」。〔註95〕紹興三十年，李寶於平江府任提督海船時，就招募三百名水軍效用。〔註96〕招募水軍，雖然是要投充者自願，但仍不免有強制徵調的情事。紹興五年八月，知江州程昌寓被罷，罪名之一是「招刺水軍不合人民情願。」〔註97〕

由目前所收集到的資料顯示，高宗朝的水手，大多是改編自義軍或盜賊，招募的例子較為少見。

三、水軍訓練

紹興六年五月，宋廷下令沿海制置副使馬擴加強水軍訓練，因左司諫王縉發現當時水軍疏於訓練，船隻年久失修，其言曰：

> 舟師實吳越之長技，將帥之選既慎矣。而舟船數百，多閣海岸；士卒逾萬，未聞訓習。欲乞明詔將帥相視舟船，損漏者修之，士卒疲弱者汰之。船不必多，取可乘以戰鬪，人不必眾，取可資以勝敵，分部教習，周而復始，出入風濤，如履平地；則長技可施，威聲遠震，折衝千里之外矣。〔註98〕

可見平時訓練的重要性，李綱在分析車船的優點時，也指出「要須教閱習熟乃可用」。南宋水軍的訓練，有一套官方模式，李綱於倡議建立水軍時，就提到水軍的訓練要「依新降校閱水戰法式指揮施行」。〔註99〕顯然在此之前，水軍的訓練就存在一套官方標準模式，但這些水戰法式，現今已不存，故難明其中詳情。但在類書及少數的兵書中仍有若干資料，可窺知其大略。成書於北宋的《虎鈐經》有一段文字如下：

> 夫水戰之時，擂一通鼓，吏士皆嚴肅；再擂一通鼓，士伍皆就船整持櫓棹，戰士各持兵器就船，各一當其所幢幡，鼓角各隨所戰船；鼓三通，大小船以次發，左不得右，右不得左，前後不得易越，違令斬之。〔註100〕

〔註95〕　《要錄》，卷78，「紹興四年七月丙寅」條，頁1280。
〔註96〕　《要錄》，卷186，「紹興三十年九月己丑」條，頁3119。
〔註97〕　《要錄》，卷92，「紹興五年八月癸卯」條，頁1530。
〔註98〕　《要錄》，卷101，「紹興六年五月乙亥」條，頁1652～1653。
〔註99〕　〔宋〕李綱，《李綱全集》，卷62，〈奏議‧擬水軍號〉，頁667。
〔註100〕　〔宋〕許洞，《虎鈐經》（景印《文淵閣四庫全書》本，臺北：臺灣商務印書館，1985年，據國立故宮博物院藏本影印），卷2，〈船戰第十〉，頁10b～11a。

此一內容，與《太平御覽》所引〈魏武軍令‧船戰令〉，〔註101〕文字雖略有小異，意義大抵相同，故《虎鈐經》的內容當是源自於〈魏武軍令‧船戰令〉。雖然這段文字反應的是東漢末年的水戰指揮方式與作戰的基本通則，但將其與《武經總要》的記載相比較後，就可以發現主要的指揮工具與方式其實並無太大的差異，《武經總要》所言如下：

> 凡水戰，以船艦大小爲等勝，人多少皆以米爲準，一人不過重米二石，帆櫓輕便爲上，以金皷旗幡爲進退之節。……諸軍視大將軍之旗，旗前亞，聞皷則進；旗立，聞金則止；旗偃即還。若先鋒、遊奕等船爲賊所圍，以須外援，則視大將赤旗，向賊點則進。每點一船進，旗前亞不舉則戰船徐退；旗向內點，每點一船退。若張疑兵，則於浦泥廣設旌旗帆櫓以惑之。此其大畧也。〔註102〕

《武經總要》的文句，很明顯就是當時水戰法式中的隻字片語，其中可以看出水軍的指揮是以金鼓旗幡等爲主，訓練的主要目的，則是讓船隻能夠按照指揮官的指令行動，指揮官透過金鼓旗幡等來協調船隊的行動。此外，也有運用輕快的小型船隻傳遞命令，章誼就指出「江海波濤之間，旗幟金鼓難以麾召進退，故用小舟」。〔註103〕這種訓練的重要性，可以從邵青對戰李成黨羽周虎的戰例中看出：

> 時（李）成之黨周虎據蕪湖，水軍統制邵青與戰，一日七敗。參議魏曦以小舟觀戰於中流，既而告青曰：「吾知所以勝矣！彼以『紅巾軟纏』，與我之號一同，故與戰則不能分彼我，所以必敗。宜易其號，則勝矣！」青然之，乃令其徒更作「鑽風角子」，一戰勝虎。青遂據蕪湖。〔註104〕

邵青因爲號令與敵軍相同，因此軍隊對於指令混淆不清，導致一日七敗，更改指揮方式後，由於軍令可以清楚的下達，順利擊敗敵軍。戰時要能正確執行指揮官的指令，必須注重平時的訓練，熟悉各種指令所代表的意義。船隻移動時的協調，亦是演練中需要注意之事，〈魏武軍令〉就特別強調船隻在移

〔註101〕 〔宋〕李昉等撰，夏劍欽、勞伯林校點，《太平御覽》（石家莊：河北教育出版社，1994年7月），卷334，〈兵部六十五‧戰艦〉，頁973。

〔註102〕 〔宋〕曾公亮、丁度奉敕纂編，《武經總要前集》，卷11，〈水戰‧戰船〉，頁4a～4b。

〔註103〕 《要錄》，卷46，「紹興元年七月丁未」，頁824。

〔註104〕 《要錄》，卷30，「建炎三年十二月是月」，頁595～596。

動時，必須保持在其應有的位置上，違者處以極刑，顯見在水戰中，維持戰鬥序列的完整，是作戰時相當重要的一件事。黃天蕩之役的鎮江之戰時，韓軍駐兵江心，分五隊，結圓陣，顯然就是注重陣型的作用。

采石之役時，宋軍船隻分為五隊行動，其中二隊沿兩岸游走伺機而動，一隊駐中流攔截敵艦，其餘兩隊在東岸港中作為預備隊使用。倉皇之間要將船隊分作五隊，次第出江抵達作戰位置，如非平時訓練有素，很難如此井然有序的進行戰鬥，可見宋軍平時的訓練，成效不錯。

第三節　宋室對海道價值的認識

南宋朝廷在軍事上相當倚重海洋，所以對海洋的功用有深刻體認，故也對海道的各種價值有新穎的見解。這種新的見解，表現地最明顯的，就是對軍事價值以及經濟價值的利用。

一、軍事價值——從海道進攻金國

南宋除防備金國從海上的進攻之外，也計畫過要從海道發動攻勢。不過第一次類似計畫的對象，不是金國而是高麗。建炎二年六月，宋廷遣使者至高麗，要求假道至金國，但遭到高麗拒絕。〔註105〕使者於九月回國後，〔註106〕報告高麗的態度，時為右相的黃潛善就建議「以巨舟載精甲數萬，徑造其國」，準備用武，然朱勝非以海上之盟的歷史教訓勸解之下，此議擱置未行。〔註107〕不過參與討論的幾個人，似乎都未考慮南宋是否有遂行此一軍事行動的實力，如非不自量力，即是南宋確有如此能力，只需考量此舉的得失。

建炎四年九月，出任建康府路安撫大使的呂頤浩，在赴任前向高宗提出來年的戰守計畫，首要之務是防禦金軍可能的進攻，然如金軍該年未採取行動，呂頤浩建議進行一次北伐反擊，其計畫如下：

> 萬一今冬敵不渡江，則願宰執預為之計，俟來夏則遣兵北向，分二萬由海道區文、登，以搖青、齊。分二萬由淮陽趨彭城，以撼鄆、濮。蓋金人用兵，深忌夏月，我必乘其忌而攻之，故大暑用兵。〔註108〕

〔註105〕《要錄》，卷16，「建炎二年六月丁卯」條，頁330～331。
〔註106〕《要錄》，卷17，「建炎二年九月癸未」條，頁351。
〔註107〕《要錄》，卷18，「建炎二年十一月甲申」條，頁364。
〔註108〕《要錄》，卷37，「建炎四年九月辛丑」條，頁701～702。

呂頤浩計畫的主要目的只是騷擾金國，這點從整個計畫只動用四萬之數的軍隊，就可知，他應該是宋人第一個提出從海道進攻金國，並做出具體規劃者。

紹興二年十月，右相朱勝非針對偽齊劉豫規劃一項軍事行動，建議兵分三路，「聲言取徐邳，而實取淮陽；聲言趣京師，而實取陳蔡；聲言入濱海，而實取青密，使逆豫聞之，必分兵拒守，然後大軍出廬壽，直搗宋亳，豫必成擒矣」。〔註109〕此一計畫，從海道而行雖是虛晃一招，但要使敵方上當，宋軍必須具有執行海上之行的實力，才能對金國形成威脅。

幾乎與此同時，左相呂頤浩也制訂了一個軍事計畫，「令世忠由宿泗，劉光世由徐漕以入。又於明州留海船三百隻，令范溫、閻皋乘四月南風北去，徑取東萊」。〔註110〕在呂頤浩的規劃中，海軍明顯是一大主力。

紹興五年三月，高宗下詔歷任宰執官求問戰守方略。當時已離開中樞的呂頤浩，再度提出一個進軍規劃：

> ……四論分道進兵之策。大畧謂京東之民企望王師日久，宜分兵二萬人由泗上搗汴京，二萬人由海上攻沂密，又二萬人駐濠為援，不可深入。俟八月班師，明年復出。五論軍糧供軍事，大略謂海道之兵至山東則有糧可因，濠上軍糧由江淮可運，惟趨汴之軍當持十萬糧，過南京則糧亦可因矣。乞於明州支米一萬二千斛為海道諸軍一月之糧。及委江浙漕臣揀選精米五萬斛前期運至泗州，準備趨汴諸軍附帶入界。……九論舟檝之利，大畧謂北方之木與水不相宜，海水鹹苦，能害木性，故舟船入海不得耐久，而又不能禦風濤，往往有覆溺之患，今當聚集福建等路海船於明州岸，以擾偽齊京東河北及平營諸郡，如范溫、崔邦弼、王進等可令北去，（王進本登州界遞鋪兵士）金人雖有鐵騎百萬必不能禦。〔註111〕

這個進軍規劃，從海上進攻顯然仍是一大重點，故專門討論南宋在舟師方面的優勢，明確提出要騷擾敵後方沿海地帶，負責諸人皆是由山東地區浮海南下，熟悉當地形勢的義軍領袖。

紹興十年六月，時任福建安撫大使的張浚，整備號稱千艘的海船船隊，向宋廷提出從海道進擊山東的計畫，高宗雖嘉獎其用心，但並未採取任何行

〔註109〕　《要錄》，卷59，「紹興二年十月是月」條，頁1027。
〔註110〕　《要錄》，卷60，「紹興二年十一月己巳」，頁1034。
〔註111〕　《要錄》，卷87，「紹興五年三月癸卯」條，頁1451～1452。

動。〔註112〕

　　紹興二十九年四月，歸朝官李宗閔上書言金國近期形勢，並建議幾項攻守方略，其中一項是「吾方與之相持於江淮之間，別以陳敏所招數萬人，興戰船，取海道，不旬日可至山東，徑入燕山，擣其巢穴，此所謂攻其所必救者」。〔註113〕紹興三十一年李寶的進擊，是高宗朝唯一一次實際從海道進攻的軍事行動，詳情前已論及，不多贅言。

　　由海道進攻的價值相當明顯，但僅停留在討論的階段，甚少付諸實行，其原因除高宗朝總體戰略以守勢爲主外，另一個原因可能就在於其對陸戰的信心不足。有學人指出宋軍的登陸作戰能力不佳，故強大的海軍無法在戰略上對敵軍形成威脅。〔註114〕但高宗朝時人已有從海上威脅青齊等地的想法，卻是不能否認的。然而此一觀念沒有成爲主流，從而被執政者所考慮，納入國家總體戰略中，並規劃相配套的政策，以遂行此一思想。

二、經濟價值

　　宋廷對金的海上防禦，除去正常的軍事布置外，還有經濟方面的封鎖，在情勢比較緊張的時候，是進行全面性的封鎖。如紹興二十九年海陵南侵前夕，宋廷宣布「海商假托風潮輒往北界者依軍法」，〔註115〕禁止任何商人從海上進入金國境內。

　　但大部分的時間，南宋封鎖海道是僅限於某幾種商品，目的是使金國無法透過海上走私的手段，取得南方生產的重要物資。如建炎四年夏就連續發佈幾道封鎖走私的禁令：七月六日，「詔閩越商賈，常載重貨往山東販賣，令沿海諸州禁止」；〔註116〕七月十九日，「詔明、越州禁山東游手來販糴者」；〔註117〕八月二日，「詔福建、溫、台、明、越、通、泰、蘇、秀等州，有海船民戶及當作水手之人，權行籍定，五家爲保，毋得發船往京東，犯者並行軍法」。〔註118〕建炎四年夏季會如此雷厲風行的發佈禁令，是因該年山東米價

〔註112〕　《要錄》，卷136，「紹興十年六月庚午」條，頁2188～2189。

〔註113〕　《要錄》，卷181，「紹興二十九年四月是月」條，頁3016。

〔註114〕　粟品孝等著，《南宋軍事史》（上海：上海古籍出版社，2008年11月），頁74～75。

〔註115〕　《要錄》，卷181，「紹興二十九年二月己丑」條，頁3002。

〔註116〕　《要錄》，卷35，「建炎四年七月丙午」條，頁674。

〔註117〕　《要錄》，卷35，「建炎四年七月己未」條，頁678。

〔註118〕　《要錄》，卷36，「建炎四年八月壬申」條，頁686。

大漲，「積粟之家利其高價，皆傾廩以鬻之，恐因緣爲姦，以泄中國之機，又且耗吾國計以資寇糧」。〔註119〕爲嚴格執行禁令，宋廷「詔遣官措置海道」，〔註120〕並「詔沿海諸州置水斥堠」。〔註121〕

紹興二年三月，因山東地區糧價居高不下，言者奏：「山東艱食而帛踴貴，商人多市江浙米帛，轉海而東，一縑有至三十千者」，故朝廷再度重申禁令，「詔許告，捕獲人補承信郎，賞錢三千緡。犯者依軍法。巡捕官失察者抵罪」。〔註122〕

除糧食禁止渡海外，也封鎖軍事物資的出口，如紹興三年二月，下令「禁箭幹往山東，犯者抵死，官吏失察，流三千里，不以原赦」。〔註123〕然而金於山東境內的沿海州縣設置通貨場，「以市金漆皮革羽毛之可爲戎器者，以厚直償之，所積甚眾」，顯見禁不勝禁。紹興四年九月，齊相張孝純曾向劉豫進諫：「聞南人治舟久矣，且暮乘風北濟，而所在岸口，視之恬然，苟利於吾，彼寧不爲之禁。」劉豫遂罷通貨場。〔註124〕但不久後似乎又再度開設，紹興五年五月，宋廷「詔諸路沿海州縣應有海船人戶，以五家爲一保，不許透漏海舟出界，犯者籍其資，同保人減一等。時金齊於沿海諸州置通物場，以市南物之可爲戎器者，商人往者甚眾，多自平江之黃魚垛頭易水手以去，故譏察之」，〔註125〕顯見仍有大量的軍事物資經過海道流出宋境。

當時還有許多銅錢透過海道流出境外，紹興四年八月，太常少卿陳桷談到貨幣問題時，就指出「僞境利之所在，民以死趨之。江淮海道難於譏察，其日夜泄吾寶貨者多矣」。〔註126〕紹興五年二月，侍御史張致遠也提到「銅鐵利源也，而大賈擅之，比屋鬻器，取直十倍，海舟販運，遠出山東」。〔註127〕如此情況下，宋廷埋當有所查禁。

雖然宋廷三令五申的防堵銅錢出海，但成效似乎不大，尤其是在閩廣地區，更是形同具文。紹興十三年，有一名泉州商人乘夜載銅錢十餘萬緡出海，

〔註119〕《要錄》，卷35，「建炎四年七月己未」條，頁678。
〔註120〕《要錄》，卷35，「建炎四年七月辛亥」條，頁675。
〔註121〕《要錄》，卷36，「建炎四年八月甲申」條，頁692。
〔註122〕《要錄》，卷52，「紹興二年三月庚子」條，頁919。
〔註123〕《要錄》，卷63，「紹興三年二月丁亥朔」條，頁1067。
〔註124〕《要錄》，卷80，「紹興四年九月乙丑」條，頁1312～1313。
〔註125〕《要錄》，卷89，「紹興五年五月壬辰」條，頁1491。
〔註126〕《要錄》，卷79，「紹興四年八月癸巳」條，頁1295。
〔註127〕《要錄》，卷85，「紹興五年二月乙酉」條，頁1395。

遭遇大風沈沒，官方「知而不敢問」。〔註128〕至紹興二十二年八月，高宗仍稱「比累禁私商泛海，聞泉州界尚多有之。宜令沿海守臣常切禁止，毋致生事」。〔註129〕但成效依舊有限，紹興二十五年六月、二十六年五月，宋廷又兩度重申禁令。〔註130〕

　　從上述可知，高宗時期宋金之間的海上走私十分嚴重，其中又以糧食、軍事物資和銅錢最受關注，因此，宋廷不時三令五申，希望能加禁絕。直接原因是要斷絕金國重要物資的來源外，尚有軍事上的考量，即走私的南宋人船到敵境之後，若被金國所俘，船隻成為敵軍浮海南下的工具，水手成為嚮導，甚至沿海的軍事布置等重要情報，都可能從此洩漏。所以，南宋並不是把海洋當作後方，而是另一條國境線，是與敵國接攘的國防線。

〔註128〕《要錄》，卷150，「紹興十三年十二月是歲」條，頁2422。
〔註129〕《要錄》，卷163，「紹興二十二年八月戊子」條，頁2666。
〔註130〕《要錄》，卷168，「紹興二十五年六月壬辰」條，頁2753；卷172，「紹興二十六年五月甲子」條，頁2842。

結　論

　　作為戰史研究，本文的討論範圍僅限於高宗朝宋金水戰，主要探討的問題有三：一是重要水戰的詳細經過及其得失；二是影響水戰勝負的因素；三是南宋國防政策如何看待水戰此一課題。歷來對於第一個課題的研究，大多輕輕帶過戰役經過，只強調水戰結果對宋金關係的影響。後兩個課題，現有的解釋太過簡單，且多未作深入分析，只是就表面現象論述，難免有隔靴搔癢之憾。

　　本文一至三章試圖耙梳零星散亂的史料，加以整理排比，盡力重現「海道之行」、「明州之戰」、「太湖之戰」、「黃天蕩之役」、「膠西之役」和「采石之役」等六次水戰經過的原貌，並分析敵對雙方在戰略、戰術上的得失。透過分析發現，宋軍幾次水戰勝利的時機，都是宋廷絕續存亡的關鍵。如非有「明州之戰」和「海道之行」的奮戰，或許就不會有延續一百五十餘年的南宋政權。「太湖之戰」固然只是小勝，卻大為鼓舞南宋民心士氣，一度被廣為傳頌。「黃天蕩之役」雖功敗垂成，但成功地展現水師戰力，帶給金軍極大的威脅，使金人此後不敢輕言渡江。高宗初年能在顛沛流離中，逐步穩固政權，幾次水戰的勝利，實功不可沒。

　　紹興三十一年，宋廷再度面臨重大的軍事危機，金海陵帝動員大軍，兵分四路南下侵宋，迅速迫近長江北岸，高宗甚至已準備入海逃亡，此時扭轉局面的是兩次水戰勝利。「膠西之役」宋軍殲滅金國海道水師，破壞海陵從海上進攻的計畫，解除南宋後顧之憂，同時威脅金兵主攻的東路軍側翼。「采石之役」則是成功阻止金國的渡江行動，將金軍封堵在長江北岸，它被視為該次戰爭中最關鍵的一役。因此，幾次水戰的意義十分重要，正因如此，所以

大部分研究者都忽略幾場水戰中戰術、戰略的得失。

戰術、戰略上的得失，端視各場戰事的情況，以及雙方的反應而定，並無一套放諸四海皆準的規律。不過這幾場戰事都有一個共通的關鍵因素，即能否充分掌握戰船機動運輸的特性，將軍隊適時運送至預定地點，展開行動，以達成戰略、戰術的目的。戰術性作用如「明州之戰」中，宋軍得以擊退金軍第一波攻勢，就是在雙方僵持時，運用船隻先後將楊沂中部和李質部，送到金軍戰線的弱點，遂行戰術性攻擊，打破敵軍陣線的平衡。又如「采石之役」，宋軍船隻迅速出動，進入作戰位置，攔截金軍船隻，使金國後續部隊無法登陸，斷絕率先搶灘金軍的後援。

戰略性運用水軍最好的例子，莫過於紹興三十一年的「膠西之役」，由於宋金雙方都注意到海洋的戰略價值，爲爭奪海上優勢而爆發此次戰役。金軍的計畫中，海軍是運輸奇襲部隊南下的妙招，但宋軍搶先主動出擊，殲滅來自海上的奇兵。簡言之，雙方都認同海洋的重要性，不願喪失對「海上航線」的控制，所以雙方皆在海洋戰場上爭取主動，連一向採取守勢作戰的南宋，也罕見地主動出擊。

觀察高宗朝的宋金戰史，其在江淮地區的防線，是倚靠長江天險與金軍對抗。由於南宋經濟核心在東南沿海，必須注意來自海上的威脅，加上南宋以海洋爲退路，對於沿海的防禦，自然格外留心。因此，在這種國防態勢下，江海防線是維繫南宋政權的最後一道關卡，兩道防線若被敵所突破，則宋廷將面臨滅亡的危機。至於嚴守江海防線的重要關鍵，就是做好水戰的準備。

水戰的準備，始終都是高宗朝國防政策討論的要點之一。水戰中最重要的是擁有訓練有素的水軍，宋廷十分重視水軍的建置工作，從中央到地方都曾組建水軍。主力水軍，則是屯駐大軍與沿海制置司的水軍，地方政府的水軍主要是負責平定海盜等治安任務，但必要時可以隨時調往前線。至於組建水軍的戰船與水手之來源，高宗朝戰船以官方建造或改造現有船隻爲主，情況緊急時則徵調或招募民船充當。而其水手來源，是以改編浮海南下的山東義軍及招安盜賊流寇爲主。

水軍建置之外，南宋在將領的素質以及作戰技術方面，相較於金軍，皆佔有優勢。宋軍將領的素質，在實戰中的表現均能維持一定水準，而金軍指揮官的落差就較大，專業者可與宋軍相抗衡，但非專業者往往造成致命失

誤。宋軍戰船是以大型船為主力,輔以其他中小型船隻所組成,作戰的手段除多樣化遠近距用武器外,還有「火船」、「水鬼」等特殊的作戰方式,在在都顯示宋軍水戰技術的優勢。

除組建水軍外,江海防線的建立,也是宋廷甚為重視的要務。高宗朝江海防線的構建,主要是採用據要地而守的策略。長江防線緊守主要渡口,在這些要點駐守重兵,南宋的幾支屯駐大軍,就是分佈在長江南來北往的要地上,防止金軍渡過長江。而海防則是選擇沿岸重點布置,其中又以「料角」和「明州」兩地最受重視。

雖然江海防禦都是擇要地而守,但在實際操作上,卻是兩種不同的戰略思維在運作。長江防線是採取「縱深防禦」,亦即不將防守重心,設定在國境的淮河一線,而是設在比較容易防守的長江沿線,將兩淮作為縱深區,前者在戰況不利時可以暫時棄守。

海道守備,則是採取「前沿防禦」的態勢,即在國境線上布防,並與敵決戰於境外。固然因地理特性,所以海道並不存在所謂的「縱深」,所以宋廷也無法採取「縱深防禦」的方式。然而高宗朝諸臣中,許多人對於從海上進擊的想法,有濃厚的興趣,並做出各種規劃,只是一直沒有在國防政策中付諸實行。但當金軍試圖從海上進攻宋廷時,南宋水軍乃主動出擊,尋找敵軍主力進行對決,這種決戰境外的作法,正符合「前沿防禦」的精神。無論宋軍採取何種作法,皆抱持水戰隨時發生的心態下,著手備戰。

眾所周知,南宋的國防政策,十分依靠水軍,其因除疆域位置的地理特徵及歷史經驗外,另一個原因就是肇建之初幾場水戰勝利,使宋廷信賴水戰,而從海上逃亡,更是成為趙宋皇室在危難之秋的絕招。因此,高宗朝的國防戰略雖以保守為主,卻能對水戰做好充足的準備,故高宗朝宋金水戰的經驗,奠定了南宋此後看重水軍角色的國防基調。

徵引書目

一、史　料

1. 〔宋〕王存撰，王文楚、魏嵩山點校，《元豐九域志》，北京：中華書局，1984 年 12 月。

2. 〔宋〕王明清，《揮麈錄》，上海：上海書店出版社，2001 年 8 月。

3. 〔宋〕王明清撰，汪新森、朱菊如校點，《玉照新志》，上海：上海古籍出版社，1991 年 2 月。

4. 〔宋〕王象之撰，李勇先點校，《輿地紀勝》，成都：四川大學出版社，2005 年 10 月。

5. 〔宋〕司馬光編著，〔元〕胡三省音注，「標點《資治通鑑》小組」校點，《資治通鑑》，北京：中華書局，1956 年 6 月。

6. 〔宋〕史彌堅修，盧憲纂，《嘉定鎮江志》，收入《宋元方志叢刊》，北京：中華書局，1990 年，據道光二十二年（1842）丹徒包氏刻本影印。

7. 〔宋〕宇文懋昭撰，崔文印校證，《大金國志校證》，北京：中華書局，1986 年 7 月。

8. 〔元〕佚名著，李之亮點校，《宋史全文》，哈爾濱：黑龍江人民出版社，2005 年 1 月。

9. 〔宋〕李心傳，《建炎以來繫年要錄》，北京：中華書局，1988 年，據商務印書館《國學基本叢書》重印。

10. 〔宋〕李心傳撰，徐規點校，《建炎以來朝野雜記》，北京：中華書局，2000 年 7 月。

11. 〔宋〕李昉等撰，夏劍欽、勞伯林校點，《太平御覽》，石家莊：河北教育出版社，1994 年 7 月。

12. 〔宋〕李綱著，王瑞明點校，《李綱全集》，長沙：岳麓書社，2004 年 5 月。

13. 〔宋〕李壁，《中興戰功錄》，收入《叢書集成續編》二七六冊，臺北：新

文豐出版公司，1989 年，據清宣統江陰繆氏刻本《藕香零拾》影印。

14. 〔宋〕李燾撰，上海師範大學古籍整理研究所、華東師範大學古籍整理研究所點校，《續資治通鑑長編》，北京：中華書局，2004 年 9 月第二版。

15. 〔宋〕周煇撰，劉永翔校注，《清波雜志校注》，北京：中華書局，1994年 9 月。

16. 〔宋〕岳珂，《桯史》，北京：中華書局，1981 年 12 月。

17. 〔宋〕岳珂編，王曾瑜校注，《鄂國金佗稡編續編》，北京：中華書局，1989 年 2 月。

18. 〔宋〕胡榘修，方萬里、羅濬撰，《寶慶四明志》，收入《宋元方志叢刊》，北京：中華書局，1990 年，據清咸豐四年（1854）《宋元四明六志》本影印。

19. 〔宋〕員興宗，《九華集》，收入《宋集珍本叢刊》第五十六冊，北京：線裝書局，2004 年，據清東武劉氏嘉蔭簃鈔本影印。

20. 〔清〕徐松輯，《宋會要輯稿》，臺北：新文豐出版股份有限公司，1976年 10 月。

21. 〔宋〕徐夢莘，《三朝北盟會編》，上海：上海古籍出版社，1987 年，據清光緒三十四年（1908）許涵度校堪本影印。

22. 〔宋〕祝穆撰、祝洙增訂，施和金點校，《方輿勝覽》，收入《中國古代地理總志叢刊》，北京：中華書局，2003 年 6 月。

23. 〔宋〕袁燮，《絜齋集》，景印《文淵閣四庫全書》本，臺北：臺灣商務印書館，1985 年，據國立故宮博物院藏本影印。

24. 〔宋〕馬光祖修，周應合纂，《景定建康志》，收入《宋元方志叢刊》，北京：中華書局，1990 年，據清嘉慶六年金陵孫忠愍祠刻本影印。

25. 〔元〕馬端臨，《文獻通考》，北京：中華書局，1986 年 9 月，據商務印書館萬有文庫十通本影印。

26. 〔宋〕張守，《毘陵集》，景印《文淵閣四庫全書》本，臺北：臺灣商務印書館，1985 年，據國立故宮博物院藏本影印。

27. 〔元〕張鉉纂修，《至正金陵新志》，收入《宋元方志叢刊》，北京：中華書局，1990 年，據文淵閣四庫全書本影印。

28. 〔宋〕梁克家，《淳熙三山志》，收入《宋元方志叢刊》，北京：中華書局，1990 年，據明崇禎十一年刻本影印。

29. 〔元〕脫脫等撰，《宋史》，北京：中華書局，1986 年 6 月。

30. 〔元〕脫脫等撰，《金史》，北京：中華書局，1975 年 7 月。

31. 〔宋〕許洞，《虎鈐經》，景印《文淵閣四庫全書》本，臺北：臺灣商務印書館，1985 年，據國立故宮博物院藏本影印。

32. 〔宋〕陳騤撰，張富祥點校，《南宋館閣錄》，北京：中華書局，1998 年
7 月。

33. 〔宋〕陸游撰，李劍雄、劉德權點校，《老學庵筆記》，北京：中華書局，
1979 年 11 月。

34. 〔宋〕章穎，《宋南渡十將傳》，收入《叢書集成續編》二五五冊，臺北：
新文豐出版公司，1991 年，據民國二十四年南海黃氏彙印本《芋園叢
書》影印。

35. 〔清〕傅恒等編纂，《御批歷代通鑑輯覽》，臺北：夏學社出版事業股份
有限公司，1980 年 5 月。

36. 〔宋〕曾公亮、丁度奉敕纂編，《武經總要》，收入《中國兵書集成》第
三～五冊，瀋陽：解放軍出版社，1988 年 8 月，據遼寧省圖書館藏明萬
曆金陵書林唐富刻本影印。

37. 〔宋〕華岳撰，馬君驊點校，《翠微北征錄》，《翠微南征錄北征錄合集》，
合肥：黃山書社，1993 年 11 月。

38. 〔明〕黃汴纂，楊正泰點校，《一統路程圖記》，附於楊正泰，《明代驛站
考（增訂本）》，上海：上海古籍出版社，2006 年 11 月。

39. 〔明〕黃淮、楊士奇編，《歷代名臣奏議》，臺北：臺灣學生書局，1964
年，據明永樂十四年內府刊本影印。

40. 〔宋〕楊萬里撰，辛更儒箋校，《楊萬里集箋校》，北京：中華書局，2007
年。

41. 〔宋〕楊潛修，朱端常、林至、胡林卿纂，《雲間志》，收入《宋元方志
叢刊》，北京：中華書局，1990 年，據清嘉慶十九年華亭沈氏古倪園刊
本影印

42. 〔宋〕葉夢得，《石林奏議》，收入《續修四庫全書》四七四冊，上海：
上海古籍出版社，1997 年，據復旦大學圖書館藏清光緒十一年（1885）
陸心源皕宋樓影宋本影印。

43. 〔宋〕熊克，《皇朝中興紀事本末》，北京：北京圖書館出版社，2005 年
3 月，據北京國家圖書館藏清抄本影印。

44. 〔宋〕熊克著，顧吉辰、郭群一點校，《中興小紀》，福州：福建人民出
版社，1984 年，據清光緒十七年廣雅書局廖廷相刻本整理。

45. 〔宋〕趙彥衛，《雲麓漫鈔》，北京：中華書局，1996 年 8 月。

46. 〔宋〕趙鼎，《建炎筆錄》，收入《全宋筆記》第三編第六冊，鄭州：大
象出版社，2008 年 1 月。

47. 〔清〕趙翼著，王樹民校證，《廿二史劄記校證（訂補本）》，北京：中華
書局，1984 年 1 月。

48. 〔明〕鄭若曾，《江南經略》，景印文淵閣四庫全書，第七二八冊。

49. 〔清〕穆彰阿纂修，《大清一統志》，收入《續修四庫全書》，上海：上海古籍出版社，1997 年，據《四部叢刊》續編本影印。

50. 〔宋〕寋駒，《采石瓜洲斃亮紀》，上海：上海古籍出版社，1997 年，據清乾隆三十四年陸氏奇晉齋刻奇晉齋叢書本影印。

51. 〔清〕顧祖禹撰，賀次君、施和金點校，《讀史方輿紀要》，北京：中華書局，2005 年 3 月。

二、專　書

1. 三軍大學中國歷代戰爭史編纂委員會編，《中國歷代戰爭史》，臺北：三軍大學，1972 年。

2. 王兆春，《中國科學技術史：軍事技術卷》，北京：科學出版社，1998 年 8 月。

3. 王曾瑜，《宋朝軍制初探》，北京：中華書局，1983 年。

4. 王曾瑜，《岳飛新傳》，臺北：谷風出版社，1986 年 10 月。

5. 包遵彭，《中國海軍史》，左營：海軍出版社，1951 年 2 月。

6. 史滇生主編，《中國海軍史概要》，北京：海潮出版社，2006 年 2 月。

7. 〔日〕外山治軍著，李東源譯《金朝史研究》，牡丹江市：黑龍江朝鮮民族出版社，1988 年 4 月。

8. 〔日〕寺地遵著，劉靜貞、李今芸譯，《南宋初期政治史研究》，臺北：稻禾出版社，1995 年 7 月。

9. 何光岳，《女真源流史》，南昌：江西教育出版社，2004 年 2 月。

10. 李天鳴，《宋元戰史》，臺北：食貨出版社，1988 年。

11. 李東華，《泉州與我國中古的海上交通（九世紀末～十五世紀初)》，臺北：臺灣學生書局，1986 年 1 月。

12. 〔英〕李約瑟（Joseph Needham）著，鮑國寶等譯，《中國科學技術史》，四卷二分冊《物理學及相關技術：機械工程》，北京：科學出版社，1999 年 9 月。

13. 沈起煒，《宋金戰爭史略》，武漢：湖北人民出版社，1958 年。

14. 軍事科學院主編，韓志遠著，《中國軍事通史：南宋金軍事史》，北京：軍事科學出版社，1998 年。

15. 張峻榮，《南宋高宗偏安江左原因之探討》，臺北：文史哲出版社，1986 年 3 月。

16. 張鐵牛、高曉星，《中國古代海軍史》，北京：解放軍出版社，2006 年 1 月。

17. 郭沫若主編，《中國史稿地圖集（下冊)》，北京：中國地圖出版社，1990 年。

18. 陳高華、陳智超等著，《中國古代史史料學（修訂本）》，天津：天津古籍出版社，2006 年 9 月。

19. 陳智超，《解開《宋會要》之謎》，北京：社會科學文獻出版社，1995 年 5 月。

20. 陶晉生，《金海陵帝的伐宋與采石戰役的考實》，臺北：國立臺灣大學文學院，1963 年。

21. 〔日〕斯波義信著，莊景輝譯，《宋代商業史研究》，臺北：稻禾出版社，1997 年 8 月。

22. 曾棗莊、劉琳主編，《全宋文》三六〇冊，上海：上海辭書出版社，2006 年。

23. 粟品孝等著，《南宋軍事史》，上海：上海古籍出版社，2008 年 11 月。

24. 趙永春，《金宋關係史》，北京：人民出版社，2005 年 9 月。

25. 鄧恭三（鄧廣銘），《宋韓忠武公世忠年譜》，臺北：臺灣商務印書館，1986 年 6 月。

26. 鄧廣銘，《岳飛傳》，北京：三聯書店，2007 年 3 月。

27. 燕永成，《南宋史學研究》，蘭州：甘肅人民出版社，2007 年 1 月。

28. 閻平、孫果清等編著，《中華古地圖珍品選集》，西安：西安地圖出版社，1995 年 7 月。

29. 譚其驤，《中國歷史地圖集》，北京：中國地圖出版社，頁 198～210，第六冊「宋遼金時期」。

30. 顧宏義，《天裂：十二世紀宋金和戰實錄》，上海：上海書店，2000 年 9 月。

三、單篇論文

1. 〔日〕中嶋敏，〈南宋海將李寶事蹟〉，《東洋研究》一一三期，頁 1～17。

2. 方豪，〈宋代戰史隨筆〉，《方豪六十自定稿》，臺北：臺灣學生書局，1969 年，頁 1281～1298。原題〈宋代戰史〉，收於《中國戰史論集》第一冊，臺北：中國文化初版事業委員會，1954 年 6 月。

3. 王云裳，〈世界歷史上首次使用火藥兵器的著名海戰──膠西海戰〉，《軍事歷史》2000 年第二期，頁 22～23。

4. 王曾瑜，〈世界上首次使用火藥兵器的海戰〉，《軍事史林》1989 年第一期，頁 42～45。

5. 王曾瑜，〈宋代橫跨長江的大浮橋〉，《社會科學戰線》1983 年第四期，頁 141～142。

6. 王曾瑜，〈南宋對金第二次戰爭的重要戰役述評〉，《紀念陳寅恪先生誕

辰百年學術論文集》，北京：北京大學出版社，1989 年 12 月，頁 315～
332。

7. 王曾瑜，〈就整理和校點《皇朝中興紀事本末》與辛更儒先生商榷〉，《古
籍整理》2003 年第六期，http://www.guoxue.com/gjzl/gj386/gj386_05.htm，
2008 年 12 月 31 日。

8. 王寶芝，〈海陵王南侵的心理分析〉，《蒲峪學刊（哲學社會科學版）》1997
年第四期，頁 48～49。

9. 朱保書，〈宋金陳家島大海戰〉，《開封大學學報》1994 年第一期，頁 22
～28。

10. 李天鳴，〈宋元戰爭中元軍的水陸協同三面夾擊水戰戰法〉，《國際宋史
研討會論文集》，臺北：中國文化大學出版部，1988 年 9 月，頁 273～
296。

11. 李天鳴，〈北宋的弩和弩箭手〉，《故宮學術季刊》十五卷二期（1998 年 1
月），頁 103～138。

12. 李天鳴，〈南宋的弩和弩箭手〉，《故宮學術季刊》十六卷三、四期（1999
年 4 月、7 月），頁 89～112、163～182。

13. 周寶珠，〈宋代沿海人民在海上舉行的起義鬥爭〉，《河南大學學報（社會
科學版）》1977 年第六期，頁 68～75。

14. 周寶珠，〈關於宋金黃天蕩之戰的幾個史實問題〉，《史學月刊》1981 年
第五期，頁 35～39。

15. 林建曾，〈采石之戰及其指揮者虞允文〉，《華西師範大學學報（哲學社會
科學版）》1982 年第二期，頁 69～75。

16. 林瑞翰，〈建炎明州之戰及紹興宋與偽齊之戰〉，《大陸雜誌》十一卷十二
期（1955 年 12 月），頁 18～23。

17. 施征，〈李寶黃海奔襲戰〉，《海洋世界》2002 年第四期，頁 41、40。

18. 范立舟、曹家齊，〈「乾道十三處戰功」考辨〉，《徐州師範大學學報（哲
學社會科學版）》1998 年第一期，頁 64。

19. 殷勇，〈梁山泊水軍泰州抗金〉，《江蘇地方志》1999 年第四期，頁 55。

20. 袁曉國，〈韓世忠激戰金兀朮故址黃天蕩究竟在何處〉，《南京史志》1985
年第五期，頁 10～13。

21. 張墨，〈唐島海戰：世界上首次使用火藥兵器的海戰〉，《中學歷史教學參
考》1998 年第四期，頁 25。

22. 陳學霖，〈「水寇」抑「義軍」？——南宋初邵青事蹟考述〉，《香港中文
大學中國文化研究所學報》2000 年第九期，頁 191～213。

23. 陶晉生，〈完顏昌與金初的對中原政策〉，氏著《邊疆史研究——宋金時
期》，臺北：臺灣商務印書館，1971 年 6 月，頁 33～49。

24. 陶晉生，〈南宋利用山水寨的防守戰略〉，《食貨月刊》復刊七卷一、二期（1977 年 4 月 20 日），頁 1～10。

25. 陶晉生，〈金完顏宗弼論〉，《國史釋論：陶希聖先生九秩榮慶祝壽論文集》，臺北：食貨出版社，1988 年 4 月 30 日，頁 141～146。

26. 彭友良，〈宋代福建沿海人民的海上起義〉，《福建論壇（文史哲版）》1993 年第二期，頁 67～72。

27. 〔日〕曾我部靜雄，〈南宋の水軍〉，氏著《宋代政經史研究》，東京：吉川弘文館，1974 年 3 月，頁 279～271。中譯爲〈南宋的水軍〉，收劉俊文主編，索介然譯，《日本學者研究中國史論著選譯：第五卷「五代宋元」》（北京：中華書局，1993 年 9 月），頁 370～391。

28. 黃寬重，〈兩淮山水寨——地方自衛武力的發展〉，氏著，《南宋地方武力——地方軍與民間自衛武力的探討》，臺北：東大圖書館份有限公司，2002 年 3 月，頁 203～238。

29. 黃繁光，〈論南宋趙鼎政治集團與張浚的分合關係〉，《淡江史學》第六期（1994 年 6 月），頁 23～50。

30. 楊宇勛，〈南宋紹興和議前的財政政策〉，《史耘》第三、四期（1998 年 9 月），頁 1～37。

31. 楊倩描，〈宋金鎮江「金山大戰」考實——宋金黃天蕩之戰研究之一〉，收於姜錫東、李華瑞主編《宋史研究論叢：第五輯》，保定：河北大學出版社，2003 年 11 月，頁 160～178。

32. 楊培桂，〈金宋采石之戰研究〉，《台北商專學報》1973 年第一期，頁 317～342。

33. 董克昌，〈采石之戰新論〉，《北方論叢》1993 年第四期，頁 50～56。

34. 熊燕軍，〈南宋沿海制置司考〉，《浙江大學學報（人文社會科學版）》三十七卷一期，頁 47～55。

35. 管秋惠，〈險惡黃天蕩〉，《江蘇地方志》2003 年第二期，頁 30～31。

36. 劉子健，〈背海立國與半壁山河的長期穩定〉，氏著《兩宋史研究彙編》，臺北：聯經出版事業股份有限公司，1987 年 11 月，頁 21～40；〈包容政治的特色〉，《兩宋史研究彙編》，頁 41～77。

37. 劉川豪，〈宋金膠西海戰勝敗因素分析〉，《中國歷史學會史學集刊》第三十九期（2007 年 9 月），頁 33～53。

38. 劉川豪，〈南宋初期將領陳思恭〉，《中正歷史學刊》第十期（2007 年 12 月），頁 229～265。

39. 劉川豪，〈二十世紀中葉以後南宋戰船之研究回顧與展望〉，《第八屆科學史研討會彙刊》，臺北：中央研究院科學史委員會，2008 年 12 月，頁 41～61。

40. 劉浦江，〈關於金朝開國史的眞實性質疑〉，《歷史研究》1998 年第六期，頁 59～72。

41. 蕭啓慶，〈蒙元水軍之興起與蒙宋戰爭〉，《漢學研究》八卷第二期（1990 年 12 月），頁 177～199。

42. 藍文徵，〈海上的女眞〉，《民主評論（半月刊）》1953 年 12 月 16 日，頁 2～4。

43. 顧宏義，〈南宋兩浙沿海的水軍〉，朱瑞熙等主編，《宋史研究論文集（十一輯）》，成都：巴蜀書社，2006 年 8 月，頁 153～168。

44. 顧宏義，〈南宋許浦御前水軍考論〉，龔延明、祖慧主編，《岳飛研究（第五輯）》，北京：中華書局，2004 年 8 月，頁 311～325。

45. 龔延明，〈虞允文和采石大戰〉，《歷史月刊》第三十七期（1991），頁 52～56。

四、學位論文

1. 王青松，〈南宋的海軍〉，河北大學碩士學位論文，2004 年 6 月。

2. 石文濟，〈南宋中興四鎮〉，臺北：中國文化大學史學研究所博士論文，1974 年。

3. 何鋒，〈十二世紀南宋海上防衛力量考察〉，湖北大學碩士學位論文，2004 年 5 月。

4. 宋志紅，〈南宋名將韓世忠研究〉，廣州：暨南大學博士論文，2006 年。

5. 黃德輝，〈宋蒙（元）戰爭背景下的南宋水軍〉，四川大學歷史文化學院碩士學位論文，2007 年 4 月 28 日。

6. 黎周寶珠，〈宋代水師之建立及其影響〉，香港：香港大學碩士學位論文，1970 年。

7. 譚溯澄，〈宋代之軍隊〉，臺北：國立政治大學政治學研究所博士論文，1983 年。

五、外文文獻

1. Jung-Pang Lo（羅榮邦）"CHINA'S PADDLE-WHEEL BOATS: Mechanized Craft Used in The Opium War And Their Historical Background"（〈中國之車輪船：鴉片戰爭中的機械化船隻及其背景〉），《清華學報》二卷一期（1960 年 5 月），頁 189～215。

2. Jung-Pang Lo（羅榮邦）"The Emergence of China as a Sea Power During the Late Sung and Early Yuan Periods"（〈宋元之際中國海權的萌芽〉）*The Far Eastern Quarterly*, Vol. 14, No. 4, Special Number on Chinese History and Society.（Aug., 1955）: pp. 489-503.